你几岁，我就几岁

郑春霞　主编

100个中国妈妈的育儿故事

ZHEJIANG UNIVERSITY PRESS
浙江大学出版社

图书在版编目（CIP）数据

你几岁，我就几岁——100个中国妈妈的育儿故事 /
郑春霞主编. — 杭州 ： 浙江大学出版社，2019.5
（2019.11重印）
　　ISBN 978-7-308-18997-2

　　Ⅰ．①你… Ⅱ．①郑… Ⅲ．①儿童教育—家庭教育
Ⅳ．①G782

中国版本图书馆CIP数据核字（2019）第039569号

你几岁，我就几岁——100个中国妈妈的育儿故事
郑春霞　主编

选题策划	平　静
责任编辑	赵　坤　赵　伟
责任校对	沈巧华
封面设计	周　灵
出版发行	浙江大学出版社
	（杭州市天目山路148号　　邮政编码　310007）
	（网址：http://www.zjupress.com）
排　　版	杭州林智广告有限公司
印　　刷	浙江省邮电印刷股份有限公司
开　　本	710mm×960mm　1/16
印　　张	20
插　　页	2
字　　数	305千
版 印 次	2019年5月第1版　2019年11月第2次印刷
书　　号	ISBN 978-7-308-18997-2
定　　价	50.00元

浙江大学出版社市场运营中心联系方式：0571-88925591；http://zjdxcbs.tmall.com

孩子，爱你是母亲的需要

"妈妈！"当孩子喊出这个美妙而迷人的称呼的时候，我相信每一位母亲都会毫不犹豫地想要把自己的一切奉献给孩子。你的子宫、你的乳汁都为他所有，那是他最初的居所和香甜的粮食。你整个的青春年华、婀娜的腰肢、曼妙的笑容换来一个活蹦乱跳的孩子。他一生都不会再跟另一个人这么心心相印——一个母心，一个胎心，同时跳动在自天地玄黄而来的生生不息的胎盘里。

当助产师把那团毛茸茸的小东西抱过来，当他无师自通地用皱巴巴的小嘴四处找着乳头，当你拉开衣襟，手忙脚乱地第一次给他哺乳，当你们第一次四目相对。似乎在一霎间，我们就学会了做母亲。我想，天底下再也没有比母亲更具有想象力和细节美的职业了。一想到自己的母亲，没有一个人不是满满的画面感。一想到自己的孩子，所有母亲都会把烦恼和辛劳忘得一干二净。

是的，孩子，千难万险都不会跟你说，千辛万苦也不会跟你说。母亲，只想让你一辈子过得无忧无虑，一辈子生活在美好之中，而不必去知美好从何而来。看着你慢慢长大，渐渐远去，像亲手完成一件作品。感慨是多余的啊，我的孩子，岁月流逝，而你留下来了呀。

新时代的母亲，越来越得是个多面手。你得会做几个可口的小菜，要让孩子记得住家乡的味道，妈妈的味道；你得会朗诵诗篇、会讲故事，亲子阅读，妈妈带路；你得是个心理学家，观察孩子、发现孩子，跟孩子好好沟通，做好孩子叛逆期的心理疏导；你得是个美学家，要在生活中发现美，引导孩子欣赏美；你得是个旅行家，带孩子四处旅行，走万里路；你得是个规划师，孩子读什么幼儿园，读什么小学，读什么中学，将来走什么路，根据孩子的兴趣、特长因势利导，步步为营；你得是个演说家，在孩子灰心失落的时候，给他打气、加油，在孩子骄傲自满的时候，教会他谦逊、内敛。你还得是半个医生（头痛脑热，摸一下就知道严不严重）、半个老师（从教拼音口算到辅导高三功课）、半个教育家（不然怎么教育孩子呢）。当然，你还得会理财，智力的投资从来都需要金钱的参与。

是不是觉得母爱是一个很沉很沉的蜜罐呢？有时候，沉得让人喘不过气来。然而，母亲在孩子面前的形象又应该是温柔的、美丽的、优雅而又睿智的。既能扛事，又能飞舞；既能烧饭，又能吟诗。要管吃喝拉撒，还要管理想、远方。母亲，几乎是一个无所不能的职业，也是一场永无止境的修炼。

然而，我们又是多么感谢上苍给予我们做母亲的权利，这简直就是一顶荣耀的桂冠。孩子，爱你是我的需要。我到这世上，最重要的事情难道不是爱你吗？

孩子，你几岁，我就几岁。你在哪里，我就在哪里。母亲永远与你一起成长。即便将来，天涯海角，也若在咫尺。

好了，请打开看吧，这本厚重的书，这沉甸甸的100份母爱。这些妈妈有的是教育专家、教授、作家、企业家，有的是公务员、小超市的运营者、公司的小职员、全职妈妈。她们的孩子有的考上名校，令人艳羡；有的调皮捣蛋，让人头疼；有的是星星的孩子，让母亲操碎了心，但母亲依然微笑着带领孩子艰难地迈出常人看来微乎其微的每一小步。你会在这里看见自己的母亲，也会在这里看见自己的孩子。或许，这世上所有的母亲就是同一个母亲，又或许，每一个母亲身上都汇聚了有史以来的所有母爱。

在这本充满着孩子的呼吸和母亲的呢喃的育儿书里，你会微笑，也会落泪。你会重新思考，怎么做一个母亲。

谢谢浙江大学出版社的编辑们，谢谢100个中国妈妈，谢谢100多个中国孩子，谢谢此刻温柔的晚风和亲爱的你们。

郑春霞

2018年6月27日夜于钱塘江畔

目 录

CONTENTS

CONTENTS

CONTENTS

第三辑　大手拉小手

CONTENTS

CONTENTS

亲爱的宝贝

1 儿子，谢谢你，我们一起成长

◎ Amy

我儿子不满14岁就到美国开始独立生活，现在在美国读量子物理。当初很多人不理解，你怎么舍得让儿子这么小就一个人远渡重洋？其实这份不舍的心情，我已经准备了好多年。从儿子一出生我就一直把儿子作为一个有独立思想的男子汉来与他交流，做好人是人性第一要素，同时要重视做事的专注性和持久力。

客观对待家庭环境和社会环境

我们周围所有的人、所有的事其实时时刻刻都在潜移默化地教育孩子，你想拥有的人生要你自己努力去创造。家长要做的是培养孩子怎么去观察、去思考。对于生活状况比较需要帮助的人群，我告诉儿子的是，我们的原则是帮助那些知道努力的人。

我们小区附近有一家弹棉花的人租住在一个简易车库里，一对年轻夫妇带两个10岁左右的孩子。我提醒儿子注意那对夫妇脸上阳光的笑容和他们努力的工作状态，以及他们那两个儿子对着马路就着凳子认真做作业的样子。我和儿子一致认为这是一家大人认真工作、孩子认真学习值得我们帮助的对象，于是我们定期送去一些衣物和学习用品。我对他们说我儿子年龄比他们的孩子大些，有些衣服穿不着了；学习用品是买多了，或者有些是因为我儿子学习努力老师奖励的奖品。他们每次都开心地表示感谢，然后对他们的孩子说小哥哥真是好榜样。因为资助别人，也要考虑别人的尊严，而且不能滋长他们不劳而获的想法。

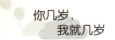

如何培养孩子爱学习

培养孩子爱学习的习惯是家长要在孩子进学校之前就做好的。最好的教育是家庭教育。家长日常生活中的所有言行举止都在潜移默化地影响着孩子。从我儿子在我肚子里开始，我就和他聊天，告诉他妈妈在看书在学习。从他婴儿期开始我就每天抽一定的时间和他一起看书，慢慢地我们分别看各自的书，然后交流看书心得。儿子几个月大的时候我就带着他在公园里触摸不同的树干树叶小花小草，通过身体去体验，比如粗糙的和光滑的东西、四季的轮回和小草的生命力。当他指着一朵漏斗形的小花说像马桶时，我表扬他的观察力；当他抚摸皮肤说光滑时，我表扬他的语言表达能力。

读万卷书，也行万里路

从儿子6岁开始，我们每年都出门旅行一次。每次出门之前我们一起准备行李，把需要携带的东西分装在不同颜色的袋子里，方便记忆和寻找。我们出门各自背一个双肩包，各自负责自己的随身东西。我每次都会制造一些困难，让儿子自己找人寻求帮助。每次都会给他一定的零花钱，他可以自己决定怎么用。他13岁时，我带他参加户外俱乐部的爬山，第二次他就可以独自参加了。到美国时，他不满14岁，但是他可以淡定地搞定机票，转车转机，小假期找美国家庭暂住，参加美国夏令营野外考察等。我一直相信，一个人看得多了，经历多了，视野就会大，格局就会大。这个要从小开始培养。

狠妈妈培养懂事的孩子

儿子2岁时，我妈妈每天帮我从托儿所接儿子回家，我下班后再去妈妈家接他回自己家。那阵子妈妈家住的地方比较拥挤，电饭煲放在厨房的地上，我妈妈整天很紧张，生怕我儿子不小心碰到电饭煲被烫到。有一天我把儿子叫过来，告诉他为什么外婆那么紧张电饭煲，因为烧饭时电饭煲温度很高，那个不锈钢的盖子就很烫，喷出来的蒸气更烫，如果人的皮肤碰到，就会受伤。然后我告诉他让他感受一点点大概会有多烫，我抓住他的手在蒸气上方迅速熏了一下，他感受到烫马上把手缩回去了。我妈妈在阳台上看到了，惊呼着冲过来："你怎么可以这样？怎么会有你这么狠心的妈妈？他烫伤了怎么办？"我说我抓住他的，会控制好的，不会受伤的，这样孩子就记住了。我儿子拉拉外婆说："这个啊，哇，外婆当心！"后来连续好几天，我妈妈都说，还真神了，现在宝贝每次都远远离开电饭煲走，还经常提醒我当心啊！

在我儿子小时候，我经常回家时在门外假扮陌生人，用变调的声音求开门。我儿子会搬个小凳子站上去，从猫眼里看看，我有时会躲起来不让他看见，过一会儿再用正常的声音叫儿子开门。儿子会和我描述刚才有个陌生人敲门他没有开，可能是有人敲错门了，也有可能是坏人。我会表扬他遇事很冷静，处理得很好。这样亲身经历依靠自己的判断处理，才会真正锻炼孩子处理问题的能力，即便以后真遇到状况，也不至于慌乱。

回顾陪伴儿子成长的点滴，我感觉很幸福，我一直对儿子说，谢谢他让我成为一个妈妈，让我的生活如此有滋有味。

妈　妈: Amy，做过十多年幼儿园和小学老师。儿子留学后，她开始学英语，一年后申请美国的大学念时尚造型设计。现在是造型设计师。

孩　子: Cosmos，不满14岁就赴美留学，今在美国学习物理。

育儿理念 ～～～～～～～～～～～～～～～～～～～～～～～～～～

家长要多蹲下身以孩子的视角看世界，和孩子做朋友，一起成长。

2 幼时

◎ 草白

一

作为一个能独立行走的两足动物，她的理想竟然是变成一只长翅膀的鸟，去飞! 在被我们忽视的时间里，她常常独自躺在床上等待起飞，把两个枕头垫在左右肩胛骨后面，想象着它们是长在身体上的翅膀。她安静地躺在床上，用意念驱使翅膀扇动起来。有时候，等待的时间太长了，她会自己站起来，托住作为翅膀的枕头，用力向上一跃，再一跃，最后从床上摔了下去。

为了飞翔，她伤痕累累，却毫不气馁。有很多次，我撞见她在黄昏的房间里练习飞行。那个沉浸在邈远事物中的她，很快就会被长大后的她彻底遗忘。

不能起飞的日子，她开始在地面上练习舞蹈。张开双臂，作扇动状，宛如鸟儿展翅。我以为她的地面上的舞蹈，是为将来的飞翔做准备。就像飞机起飞前在跑道上的滑行。

"我梦见自己变得很轻很轻，很小很小，就像一片树叶或一片羽毛……"她居然能让自己在梦里飞起来。

现实中，她时刻寻找起飞的可能性。比如借助遥控器或蝴蝶的翅膀，比如等待一场大风的来临。

有一次，她很认真地问我："台风来的时候，人就能飞了吗?"那么大的风，树叶、果皮、种子都往天上飞，或许还有瓦片、屋顶、神话中的人物……它们都能飞，她以为自己也可以。

她出生时恰逢台风夜。或许，她就是被这阵风刮来的。以后的日子，她一直琢磨着如何飞回去。

"我什么时候才能飞起来啊？"有一天，她叹了口气问我。

二

起初是模糊的发音，简单的开口音，类似于M——A——M——A，是人和动物在懵懂之时，小小的嘴唇开出的花朵，是潜意识里带来的母音。到后来，单音节字，双音节词，简单的句子……从对日常事务的指认，到对不断变化的理想的表达，越来越灵巧的舌头，她竟然和我们说得一样好。

她不断学习事物的命名，她要在语言的王国中竖立指示牌。很遗憾，如果凳子不叫凳子，花朵也有别的名字，一切都按照她的意愿来，她会给世界带来什么惊喜？

我们不断地纠正她，给她树立榜样，为了让她从枝杈分布的小径回到大路上（她也愿意接受这样的暗示和指引），直到她能顺利地模仿和表述。那含糊而颤抖的第一声是夏夜仰望星空时对"月亮"的呼唤。那遥远苍穹的星光和月影，唤起了她身上潜存的对神秘事物的表达欲望。自此，所有的日子开始分为两部分，言说之前与之后。

有时候，她会出现轻微的口吃，急切的表达欲阻碍了这方面能力的拓展。似乎只有当她模仿猫的哭腔，狗的叫声以及植物的呓语时，一切才变得正常。

那最初的话音，是露珠，是鸟鸣，也是神秘的巫语，不用学习，她就会使用它们，不过最终她还是遗弃了它们。

后来，她开始借助书本和放大镜来观察世界，还借助陶笛和古筝来发音。她因自己的声音隐藏在别人的声音里而愤怒。她似乎找到了自己的言语，又远远没有成功。

有一次，她忽然问我，我怎么才能听懂小鸟说话？

我忘了自己是怎么回答她的。对于这样的问题，我一直没能寻找到合适的答案。

三

时间过得太快了。如果没有照片，这些日子就像从未现身的传说中的歌女。

我们怀着要得到一块块稚童时期切片的心情，为她留下了大量的照片，各种生活场景、玩具、服饰、口水和欢笑。当我们凝视旧照，当我们凝视她涉世之初的第一张照片，第一个感觉就是：这是她吗？变化如此之大！

连她自己，每看到照片中的人，起先是吃惊，继而茫然不已：这是我吗？很快，她就哧哧地笑开了，一脸得意。照片美化了她，并把笑脸和糖果留在记忆里。我们总千方百计地逗弄那个进入镜头里的人，让她完美地笑。

对镜子和摄影的热爱，源于那令人不安的自我意识的萌芽。随着时间的推移，她逐渐相信那个镜中人就是自己，并学会在照片中打量自己。照片加强了她对往事和细节的记忆，也为她的回忆提供了佐证。我真不敢确定，是不是只有留在照片中的她才是真实存在的。

有一次，她忽然问我，我怎么才能回到那个框里去？

我抬头，看见墙上木框里3岁的她，在花园的秋千上，小嘴粉嘟嘟的，食指和中指比成剪刀状。

我甚至还记得那日的天气，拍照前后所经历的琐屑事情，可是，对于那个日子，我们已经永远都无法占有它了。

妈　妈：草白，写作者，家庭主妇，一个12岁女孩的母亲。
孩　子：性格沉静，喜欢阅读、绘画、音乐和冥想。

育儿理念 ～～～～～～～～～～～～～～～～～～～～～～～～～～～～～～～

孩子的成长是一个不可逆的过程，以赞赏的眼光默默关注。养育孩子的过程，也是自身不断修炼的过程。

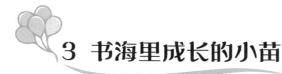

3 书海里成长的小苗

◎ 陈军

　　孩子还在肚子里的时候，门口地里翠绿的豆苗正迎风摇摆着，孩子爸信口说道："生个男孩就叫豆豆，女孩就叫苗苗。"于是，女儿出生后，苗苗就成了她的小名。

　　苗苗爱看书，我自然满心欢喜，可随着她的长大，我在阅读上遇到的困难越来越多。先是给孩子选书时，就碰上了大麻烦，常常站在书店密密麻麻的书架前，茫然失措。没办法，老老实实向人请教，更多的是自己坐在书店里，一本本翻着孩子的书，一本本看，一本本想，看看作者，看看出版社，看看别人对这本书的评价，想想自己的阅读感受，想想孩子的年龄特点，就在这翻翻看看中，我找到了《家庭作业》《再见，小兔子》《石头汤》《不一样的卡梅拉》《小蝙蝠德林》……"认识"了金波、梅子涵、严文井、任溶溶、王一梅、汤汤、安房直子、E.B.怀特、西顿、吉卜林、罗尔德·达尔、林格伦……在和这些优秀的作家作品的相处过程中，女儿体会到了阅读的快乐。在写童年趣事时，她写自己是一条小书虫，半夜偷偷起来看书，心里比喝了蜜还甜；在阅读《小王子》时，她写道："独一无二的意思并不仅仅是只有你有我没有，还有更深的一层意思是人或事物之间互相帮助，彼此付出，成为彼此眼中最独特的——这才是独一无二的真正意思。"

　　看到苗苗写的文字，真切地感受到她对阅读的热爱，心想这阅读的习惯算是培养好了。没想到在苗苗二年级的时候，一件小事打破了我的自信心。那天，和朋友家的几个孩子一起外出旅游，火车上，被问到企鹅生活在哪里，苗苗全然不知。原来，我给她选的书基本都是文学类，很少有涉及百科知识等方面的书籍。我限定了孩子的阅读视野，导致她的阅读虽然食量很大，却营养单一。这发育不良的局面让我十分后悔，然而事已至此，也只能亡羊补牢。《写给儿童的中国历史》《让孩子着迷的77×2个经典科学游戏》《小牛顿科学馆》《中国科普名家名作·数学系列精选辑》《希利尔讲世界史》《小狗钱钱》等书又来到了我家。陪读陪玩了一段时间后，苗苗似乎接受了这些书，然而她却从不主动阅读它们。

　　内心着急的我，很想迅速改变现状，但怕适得其反，激起孩子的逆反心理。于是，只能利用一些小招数：在和孩子道晚安的时候，讲一小段历史故事；饭桌上，假装无意和爱人聊起一些科学现象；带孩子外出时，询问其他小朋友最近在阅读的科普书，和对方聊得哈哈大笑；看一些和历史、科学有关的动画片，然后说书里比这丰富多了……费尽心机后，终于赢得苗苗对这些书的青睐，渐渐地也能跟我聊点历史，说点地理，卖弄点科学小道理，再加上她爸爸时常发出"是这样的吗""这你都知道啊""哇，太厉害了"，于是，苗苗的阅读范围终于打开了，她的书籍朋友又多了许多。在一次调查"五水共治"的社会实践活动中，苗苗无意中发现了粉红色的福寿螺的卵，通过查阅资料，她发现福寿螺对于水环境的破坏很大。于是她组织小朋友一起到丁桥的千桃园，向人们发放关于福寿螺危害的宣传单，并且踩碎了不少福寿螺的卵。回家后，看到她像打了胜仗的样子，我真是为她感到骄傲。我想，对科普书籍的阅读是不是潜移默化中让她对我们的世界有了更多角度的关注呢？

　　解决了科普书籍阅读的问题，眼下又赶上了英语阅读的问题。那天遇到一个初中生，他捧着一本世界经典英语美文读本，读得津津有味，询问他是否是学校要求的，他说只是喜欢。是啊，把英语作为一门考试科目学习该是多么枯燥乏味啊，如果能够自己阅读英文，那和世界上许多作家的距离将会亲近不少。特别是名著，遇到优秀的翻译大家，自然是享受了精神盛宴；若遇到不靠谱的翻译，那真是如喝了掉进苍蝇的咖啡，反胃得很。感谢万能的网络，书籍的选择似乎不是那么困难，买了丽声妙想英文绘本和牛津阅读树。但这一次的阅读进展得十分慢，我们自己对英语仅限于当年考试的那点单词和语法，对英语作品的阅读十分陌生；而苗苗也渐渐长大，书籍的滋养使她颇有主见，她不接受这些英语绘本。确实，从单词量来说，她只能阅读相对初级的绘本；但从故事的内容来说，这已经不能吸引她的阅读兴趣了。是放弃还是坚持，我陷入矛盾……

想想自己当年，一味地沉浸在小说的世界里，和许多好书失之交臂，现在常常感慨为何没有早点与之相识。我想还是应该带着苗苗尝试一下英语阅读，也许她最终还是不喜欢，但起码不会留下遗憾。于是，在每周的一两个夜晚，我和苗苗一起打开一本英语绘本，听她讲那半生不熟的故事，听她诉说如何推断其中词语的意思，虽然进展缓慢，但依然坚持着。

"书海无涯"，我们从小时候就挂在嘴边，但真正体会到其无涯，还是陪着孩子走进阅读的世界，才发现此处天地无涯而胜有涯。我愿和孩子一起在这片海洋中乘风破浪，去追逐美丽的风景和未曾到达的彼岸。

妈　妈：陈军，初中教师，闲暇时博览杂书，不求甚解；追剧观影，甚是挑剔；东西南北，四处游走；各地美食，从不放弃；至交好友，喝茶打趣。

孩　子：小女年方十二，活泼开朗，大方善良。

育儿理念 ～～～～～～～～～～～～～～～～～～～～～～～～～～～～～

言传不如身教，立德方可成人。

4 我和男孩莫莫

◎ 陈巧莉

莫莫是一个爱唱歌、爱看红绿灯、爱说"妈妈是小孩子"的狮子座小男孩，是我的臭儿子。

莫莫出生后的六个月里，因为吐奶严重，我便没日没夜地抱着他，生怕他出一丁点事。还不到百日时，我已瘦得看不出是刚生过孩子的样子。可尽管这样，我还是坚持母乳，因为我相信他需要。那时，每隔两小时，他便开始用他的方式找我，直到喂满十三个月后，在他一周的哭泣和近乎一个月对奶粉的抗拒中，终于结束了我们母子间最亲密的日子。

想到这里，我觉得自己错过了记录他的很多事的机会：第一次笑，第一次长乳牙，第一次咬我，第一次叫妈妈，第一次站立，第一次摔倒，第一次完整地唱完一曲三段的《东方红》……还有，他第一次搂着我的脖子说"妈妈不怕，莫莫在，莫莫保护你"时的神情。

他爱看红绿灯，这让他早早地建立了规则意识。过马路的时候，他总是稚气地不停地叮嘱我们"红灯停，绿灯行，黄灯一闪一闪亮晶晶时要等一等"。

白天，他醒着的时候，他的小嘴对着我和家人说个不停；夜晚，他睡着的时候，我便搂着他，轻轻地在他耳边和他说个不停。

我希望莫莫是个内心充满阳光和自信的人。

每当我想起自己和小弟在父母信奉的"棒头出孝子"的教育下长大的那些灰蓝色的往事，我便告诉自己，这一生我都不要用打骂的方式替代与莫莫的交流。哪怕再懊恼、再迷茫、再有难处，我也宁愿背负着对他太过温柔和宠爱的看法，不能去"以大欺小"。

是的，我不会在他情绪不好紧紧抓着衣服喊着不要脱时，仗着自己力气大去硬生生地扒下他的衣服。这一生，我希望自己除了是他的母亲外，还能做他最好的朋友。我相信，好朋友间的相处，首先就是平等。正如他再小，却也和我一样，是一个独立的有思想的人。

我想起那一日，我们一起看动画片《恐龙世界》时的情景。

当看到恐龙妈妈被凶狠的霸王龙咬得鲜血淋漓，又被对方推下悬崖时，他挨着我小声地说："妈妈，小恐龙没有妈妈了！"

再等看到失去了母亲和兄弟姐妹的那只小恐龙孤零零地一边要忍受饥饿和伤痛，一边还要到处躲避着食肉恐龙的追捕时，他拉着我的衣袖说："妈妈，我不要看小恐龙了！我要看挖土机！"

那时，我以为自己听错了，或是觉得他不过是随口一说罢了，没想到他说了一次又一次，好好的声音也开始变了。我在低头看他的一刹那，发现他微微泛红的眼睛。很快，眼泪就从他的眼窝里滚落了下来。

我轻轻地拍他："怎么了，为什么不要看了？是觉得小恐龙太可怜了吗？"

"嗯，小恐龙太可怜了！"他流着泪，把头埋进了我的臂弯里。

自那以后，他真的再没向我要求看之前一直很喜欢的恐龙，包括我买的十多本关于恐龙的绘本。

老实说，不满三十个月大的孩子能有这般善良的感知，让我在惊喜之余，也有些不知所措。特别是在那之后，若遇上他难缠耍赖时，只要我提起恐龙，他便会安静下来。

那一刻，我在微微自责中看到了写在他眼神里的三个字——怕失去。我知道，恐龙已经对小小的他有一定的杀伤力，我不该以任何理由去吓唬他，但转念一想，既然他已经有感知，那么，我也是希望他能对"失去"有所领悟。

因为会失去，所以要珍惜。

不看血腥的恐龙后，我开始会有意识地与他分享我看到的那些因为战争和贫穷而被迫流浪乞讨的孩子的图片，讲他们的故事，告诉他这个世界上并不是每个孩子都有奶喝、有饭吃。每次，他都听得很认真。他会告诉我，他有奶喝、有饭吃。我们因此约定，每天都要珍惜食物好好吃饭。

每当看着小小的他捧着碗筷自己吃饭的样子，我就觉得有种稳稳的幸福。

我相信，世上的每个妈妈，都会有自己与孩子的相处之道。我也是。

我开始渐渐了解狮子座的莫莫性格中的一个特点：你弱，他便强。

比如，今天是他和姐姐小柠檬一起第一天上幼儿园的日子，可早上，任凭大家怎么说，他都不肯起床，我便只好拿出了我的"撒手锏"。

我说："莫莫，妈妈一个人上班会害怕，你能不能起来送送我？"

如我所料，他果真一骨碌爬起来，嚷着要送我。

当然，最后肯定是我送的他。

当我的生命快要抓不住青春的尾巴的时候，莫莫的世界才刚刚开始。

"你是妈妈的作业本，你是妈妈的青葡萄，无论你长到多大多高，妈妈的胸怀始终把你绕……"就是这样，我和世上所有的妈妈一样，珍惜与孩子的母子情缘，并希望在未来的人生路上，能给孩子更多好的指引。

妈　妈：陈巧莉，从事人事管理的工作，业余写作。著有散文集《姐弟坡》，童话集《种星星的孩子》，故事集《汗水的光芒》《向科学家挖宝》，古诗演绎系列《说说唱唱学诗趣》等。

孩　子：儿子黄思博（将改黄义博），小名莫莫，正是"三岁成精"的年龄。莫莫安静的时候很多，专注力很好，很善良，时不时会语出惊人。他还有一个同年同月同日生的舅舅家的小姐姐，两人到目前为止几乎形影不离。

育儿理念

母子间的缘分和相处，除了母与子，还能有很多别的角色，比如朋友。我希望在尊重和快意的前提下，做孩子成长路上的好朋友。

5 哄妈妈开心是男子汉的必备技能

◎ 陈树

　　初夏的时候我和儿子都喜欢吃车厘子和草莓，那次我同时买了这两样水果，一回家，儿子就迫不及待地挽起袖子，将草莓和车厘子倒在同一个不锈钢的大盆子里要拿去洗，而我就躺在沙发上坐享其成。

　　突然，厨房里传来尖叫，吓得我一身冷汗从沙发上跳起来。我满怀疑惑地走近一看，水池里搁着的装满水的不锈钢盆里正泡着车厘子和草莓呢，一切都再正常不过了。

　　我皱皱眉头，问道："你大呼小叫地让我来干什么？"

　　"哎呀！你快仔细看呀！"他清澈的双眼睁得老大，指着水里的水果说道，"妈妈，你看，水里的草莓全浮在水面上，可是车厘子却全部沉在水底。这是为什么呀？"

　　我眨巴着眼睛，反问道："你觉得这是为什么呀？"

　　儿子黑水晶般透亮的小眼珠往上一翘，立即有了想法，他说道："我觉得车厘子有心，重，所以沉到水底。草莓没心，轻，就浮在水面上了。"

　　我若有所思地点点头，又与他探讨道："有心就是有内容，所以它就沉淀下去了，对不对？"

　　"对，草莓是没有内心的，所以它就浮在水面上了。"儿子顺着我的话补充道。

　　"那么你要做草莓，还是车厘子呢？"我举起右手的食指在儿子的眉心轻轻点了点。

　　他爽朗地回答道："我要做一个有文化有内涵的人。"

　　我开心地挑了颗最大的车厘子塞进儿子的嘴里，并向他竖起了大拇指！

　　我们经常将一些优于他人的能力说成是"与生俱来"的，儿子在我肚子里陪着我整理、出版了我的第一部长篇小说。在出版前校稿时，看到书中跌宕的情节，他总是激动异常地拳打脚踢，如果真有"胎教"的话，也就是说儿子在出生之前就已经看了我呕心沥血的24万字的长篇小说了，更别说我平时在看的其他书籍资料。我想这就是儿子有突出的语言逻辑能力的原因之一。

　　另一个原因一定是我们每晚的睡前故事。我们从他3岁开始就给他讲睡前故事。有一天，我和儿子坐在床头看落地窗外的星星，儿子说了一句话，大概的意思是天上的星星一定很害怕。这个年龄的孩子都会说星星很漂亮，星星很幸福，星星像眼睛一眨一眨的，可是他却说星星很害怕，我顿时来了兴趣，问他为什么说星星害怕？儿子改坐为趴，小胖手托着脑袋，眨巴着眼睛，带着一脸愁容地说道，星星那么小，却要生活在黑黑的天上，它们努力地发光，一定是想让月亮妈妈看见它们，可是月亮妈妈有那么多孩子，她一定心疼不过来。当时，我真以为产生了错觉，这是一个5岁孩子说的话？我的一颗心在胸腔里扑通扑通地乱跳，一边急吼吼地喊着"哲学家，哲学家"，一边使劲用脚踹躺在另一头正在玩手机的爸爸。从那以后，我们就很少照本宣科地读书本上的故事了，而是看到什么给什么编故事，我想这些故事日后一定能成为儿子文学宝库里不可或缺的最宝贵的财富。

　　暑去秋来，终日的绵绵细雨让正在上幼儿园的儿子十分不悦，因为不能去操场上做早操了，也不能去户外活动区搭房子（一种用大木块搭积木的游戏），更不能去沙坑玩沙子，儿子每天都指着阴沉沉的天说，一定是雨婆婆跟太阳公公吵架了，太阳公公气得去外太空旅行了。唉，小气的太阳公公，作为男子汉大丈夫怎么能跟女人一般见识呢？看我，妈妈平时骂我，我从来不生气，还要虚心接受批评，因为肯定是我做得不够好，妈妈才会批评我的。一旁看书的我正听得一愣，儿子胖乎乎的小手推推我的手臂继续唠叨着："妈妈，你说是不是啊？男子汉是不是不该惹女孩子生气？"不等我点头，他又笑眯眯地说道，"爸爸就从来不惹妈妈生气，妈妈说什么都是对的！爸爸说，哄女孩子开心是男子汉的必备技能。"这一席话说得我一愣一愣的，只能点点头，看我接不上话，可把儿子得意坏了。

那天下午，我撑一把大黄伞去接儿子，与老师道别后，再次撑开黄伞，与儿子一同走进雨中，小家伙突然抬起头看着我说道："妈妈，谢谢你给我撑起一片没有雨的天空！"

"你怎么会说这句话？"听着这句似曾相识的话，我惊讶地问道。

"妈妈，你忘记了吗？"儿子刻意地抓紧了我的手，像是在提醒我似的，"前几天你在看书的时候，我问你在看什么？你说在看海爷的《秋风渡》，然后还读了一段话给我听，凤鸣在下很大很大很大的雨的时候，撑了一把黑伞挡在他喜欢的人的头顶，给她撑起一片没有雨的天空。我记得那个凤鸣喜欢的女孩子叫招娣。"

"妈妈，你还说你很感动呢！"儿子嬉皮笑脸地看着我，神气活现地又说道，"我现在要加一句让你更感动的话，你听好！"

听儿子这么一说，我索性停下脚步，蹲下来，和他一般高，认真地点点头，说："好！你说！"

"妈妈，谢谢你给我撑起一片没有雨的天空！等你老了，我长高了，我也会给你撑起一片没有雨的天空的！我爱你！"

说实话，那一刻我的心都被这小子的甜言蜜语给融化了。

妈　妈：陈树，儿童文学作品"海小枪枪系列"首席主创，执笔出版的作品有"大侦探海啦啦系列"，参与创作"疯狂火枪兔系列"等。

孩　子：儿子5岁，活泼外向，能言善辩，喜爱阅读，动手能力强。

育儿理念 ～～～～～～～～～～～～～～～～～～～～～～～～～

不强求，善引导，同努力，共探索。

6 14年后，再做妈妈

◎ 陈月华

　　喝完奶后的小铃铛安静而满足，幸福地躺在妈妈的怀里。今天小铃铛刚顺利通过出生42天的检查。

　　一年前，压根就没想过40多岁的我还会再做一回妈妈。

　　8月18日上午9点45分，我的小铃铛来到了这个世界，我清晰地听到护士说："男孩，3450克。"正在这时，一声嘹亮的啼哭划破了静谧的产房，躺在手术台上的我眼泪瞬间下来了："小宝贝啊，妈妈期待你好久了！"我眼睛高度近视，看不清抱到我眼前的孩子的脸庞，但嘹亮的哭声告诉我，我的孩子很健康，那一刻孕期所遭受的所有的苦都值了！

　　14年前，我的炅儿也以这样嘹亮的哭声来到我的身边，那时我年轻不懂事，三个月的产假一过，我和老公就过起了"甩手掌柜"的生活，完全由我妈带炅儿。记得那时我到浙江师范大学读在职研究生，回到家，已经3岁的炅儿叫我"阿姨"，那时没有什么特别的感觉，现在想来特别心酸。特别是炅儿上幼儿园的时候，别的孩子哭时都叫妈妈，唯有我的炅儿叫外婆，每天望眼欲穿地瞪着窗口等外婆，有一次甚至我到了教室他还定定地守着窗口全然没有看到我。俗话说"三岁看大，七岁看老"，当孩子慢慢长大，越来越有自己的主见，越来越"叛逆"，越来越让我感到手足无措，我明白我已经错过了孩子的成长期。现在老天又给了我一次机会，我不想再有太多遗憾，小宝贝，妈妈一定会全身心地陪伴你慢慢长大，用一切力量来保护你，帮助你，爱护你，用妈妈所有的阳光来照耀你的人生。

　　术后回到病房，月嫂就抱着小生命躺在我身边让他吸奶，也真奇怪，可谓母子连心，小宝一吸我竟然出奶了，虽然奶水不多而且像清水一样，但小生命却吸得欢。喝饱后的小铃铛眯着眼睛，时而吮嘴，时而微笑，时而委屈的表情让人欢喜不已；有时翻个白眼，撇撇小嘴，做做鬼脸，让人忍俊不禁；有时又瞪大眼睛定定地注视着你，似乎认识你一样，又让人喜不自禁……可爱的小铃铛啊！天生的表情男，你让14年后再做妈妈的我沉醉在你的双眸里。

带孩子很辛苦，小宝从出生到现在，我基本上没有睡过整夜觉，两三个小时喂一次奶，有时小宝还要夜闹，我都忘了一觉睡到天亮是什么滋味了！有时当你正津津有味地吃着饭，小家伙突然"哇"的一声惊叫，当妈的你一定会本能地丢下饭碗去安抚他；有时你正准备舒舒服服地洗个热水澡，小家伙一阵比一阵高的哭闹声却揪着你的心，你只能草草收场百米冲刺来安慰他；最糟糕的是半夜三更当你刚进入梦乡，小家伙突发奇想，想要耍一耍"还我漂漂拳"的时候，可怜的你只能蒙眬着双眼硬撑着去围观手舞足蹈的小宝贝。

有时小宝哭闹得厉害的时候，炅儿会笨拙地抱着小弟弟，嘴里念叨着："小弟不哭，小弟不哭，哥哥在。"俨然一个小大人的样子。有一次炅儿很严肃地告诉我："妈妈，小弟弟长大的时候，你不要让他玩水，不要给他托管，让小弟弟有自己的爱好，好吗？"我很惊讶，炅儿怎么这么说？原来，炅儿刚读一年级的时候，我和老公要17点到家，而他们15点30分就放学了，于是我就让一个退休老师带他，这个老师特别严格，甚至有点不近人情，每天饭后站着朗读课文20分钟，背课文时不能错一个字，作业必须全对，半年后炅儿说什么也不肯去了。现在看来，是当年的托管给他留下了阴影。读二年级的时候，我带炅儿去漂流，当皮筏稳稳地漂到一个池塘的时候，很多小朋友在玩水，我也让炅儿下水去玩，殊不知水还是慢慢地向下游流去的，到了下水口，水突然变得湍急起来，一不留神，炅儿随着水流冲下去了，万幸旁边的人一手抓住了孩子，但我的炅儿还是受伤了，肚子上腿上都有皮被蹭掉，鲜血直流，我当时害怕得直哭。从那以后，炅儿不敢去漂流甚至不敢游泳。虽然意外总是难免的，但我们要用心呵护孩子成长的每一步：加强安全教育，扶持他慢慢走向成熟，当好孩子人生路上的拐杖。炅儿小时候很喜欢下围棋，但那时我嫌接送麻烦又觉得围棋对学习没用浪费时间，于是当孩子拿到业余一段证书的时候，让他放弃了学围棋。兴趣是最好的老师，很羞愧当老师的自己当年怎么就扼杀了孩子的兴趣。现在炅儿重提这些事，我也要深刻检讨自己，既然生了孩子，就得负责，就得多陪陪他们。陪孩子慢慢长大，用心守护孩子的每一步。

漫漫育儿路才刚刚开始，但一天天长大的小铃铛带给我的快乐和幸福足以让我心甘情愿地放弃那些名和利。幸福，不是拿到世界上最好的东西，而是珍惜生命中的所有。孩子，妈妈愿意用自己柔弱的身躯为你撑起一片天。正如泰戈尔的诗句："我愿我能在我孩子的自己的世界的中心，占一角清静地，我知道有星星同他说话，天空也在他面前垂下，用它傻傻的云朵和彩虹来娱悦他。"自己的宝宝，就是世界上最美好的，宛如小天使一般的存在。小宝还小，不可避免地会有闹腾的时候，但小生命带给我这个二胎妈妈的快乐和爱是无可替代的！

妈　妈：陈月华，绍兴人，中学语文高级教师。
孩　子：大儿子炅乙，15岁，阳光活泼爱旅行；小儿子，2个月，活泼可爱惹人疼。

育儿理念 ——————————————————————

言教不如身教，身教不如境教。用自己的爱心和耐心在孩子的心灵中播下善良的种子，让其常怀感恩之心去触摸这个多彩的世界。

7 人生如棋

◎ 池瑞辉

周末跟家宝下棋，下他自己画的棋盘。

不给我讲故事后退2格，玩手机后退3格，偷喝牛奶后退1格……他把这样的一副棋交给我时，我很惊讶，第一反应是：天啊，他居然写了这么多字。再看内容，我心里是想笑的，因为我在棋盘里看到了他，也看到了我自己。

孩子真的是一面镜子。

家宝知道"会独立""吃饭快"是好的，可以前进几格；"不听话""闯祸"是不好的，要后退几格。他还知道，妈妈给他讲故事是好的，玩手机就有点不可爱了。所以我看到他标注的"不给我讲故事后退2格"的提示时，天空中仿佛飘来他的一声——"哼"。我想起了那个曾经每天给他讲睡前故事的自己。

三分钟热度，是我这个白羊座的妈妈常有的状态。想法特别多，想做就做，只是很难持久。

有一阵子我学蒙台梭利的教育方法，很快把到手的几本书都啃完了，经常拿家宝做实验。那个阶段，看到什么都觉得可以拿来当教具。巧克力、餐巾纸、筷子、包装盒、瓶瓶罐罐，都拿来给他进行日常生活教育，练习最多的是分类整理。

吃饭的时候，我夹起花蛤，发现每一个花蛤都有花纹，左右对称，而且没有一对是重复的，太适合找对子了。所以吃完后，我就开始收集花蛤壳，对半分开，又洗又晒。那段时间，家宝特别快乐，每天都在做"有趣的工作"。

我们在家里经常玩角色扮演。我问家宝你最喜欢妈妈的什么角色，妈妈、小池姐姐、给你按摩的大池还是什么？他回答最喜欢蒙台梭利学校的池老师。

而这，对我来说，好像挺遥远了。

有段时间，全家人看《最强大脑》。我突然迷上了魔方，从三阶魔方玩起，玩到了七阶魔方。自己学会了，就开始教家宝。家宝很快学会了三阶魔方，复原六面的速度在三分钟左右。但是教四阶魔方的时候，棱块的还原成了小家伙的一个坎。后来也没有了后来……

这个教魔方的池老师，也不知道跑哪里去了。

坚持真的好难。

晚上陪家宝上电子琴课，《伦敦桥》《蜜蜂采蜜》《洋娃娃和小熊跳舞》三首曲子，家宝都得了两颗星。这几首曲子都需要左右手合作，有的左手要弹和弦，有的要配低音，但他弹得特别好，以前那些单手弹的练习家宝都只有1颗星，这次一节课下来拿了6颗星，是单次课最棒的表现了。新授课《跳吧跳吧》新增了切分音，家宝也心领神会，上课回答问题的声音特别洪亮。

我虽然只是陪练，但跟他其实是荣辱与共的。所以他受表扬，我也美滋滋的。

何以如此，唯手熟耳。他这一周来，每天回家都有练琴。家宝应该不会忘记，国庆停课两周后再去上课，坐在老师旁边弹琴，因为没练琴，台上的他和台下的我都如坐针毡，日子过得何其艰难。

"所以，你的每一分努力，你自己都能感觉到，老师也都看得到。"我在教育家宝，也在提醒自己。

成长，是一点一滴的积累，是日复一日的坚持。

家宝从小就识字，这些字是他从路边的广告牌上、每天乘坐的公交车上捡来的。日积月累，字朋友越积越多，他也从中打开了新世界。

渐渐地，知识不再那么粗犷，而是抽丝剥笋般变得越来越有层次。

当他对量词感兴趣的时候，我就把家里一双、一对、一张、一块的东西都摆出来，一边教，一边记。

一支笔、一张餐巾纸、一双鞋子……从最常见的三样东西着手，我们在家里头脑风暴似的找"量词"，家宝拿着纸笔抢着做登记。

我领着家宝从客厅的一面墙，说到厨房的一口锅。一把剪刀、一条裤子、一面红旗、一卷双面胶、一根头发、一件衣服、一包东西……量词源源不断地跑出来，家宝边兴奋边苦恼，还有一幅画的幅呢，可是宝宝不会写啊……

写量词的字条不够了，家宝让我再剪一点。我剪完彩纸，告诉他：你看，彩纸原来是一"张"，我剪成很多张后堆在一起变一"堆"，如果足够多放在一个袋子里会变一"包"。量词太有意思了。

给所有的物品标注完量词后，我们反向来玩，我随口说物品，他取"量词帖"。

衣服！

他飞快地拿来了"件"。

画！

他飞快地拿来了"幅"。

屁！

他在一排"量词帖"前爬来爬去，自言自语：一包屁肯定不是，一条屁肯定不是，那应该是一块屁吗？

哈哈哈，一个屁难倒一个好汉！

妈　妈： 池瑞辉，在机关单位工作，喜欢一切美好的人、物、事。作为一个二胎妈妈，可以一次次陪着孩子"重温童年"，感受生命的新鲜与活泼。

孩　子： 儿子翁启然，小名家宝。孩子沉稳内敛，天真烂漫，对学习抱有喜悦之心，爱好涂涂、写写、画画，用他喜欢的方式感知和记录世界。

育儿理念

教育不是雕刻，而是唤醒与陪伴。每一个生命都需要成长，无论是家长还是孩子，都要保持学习力，学会从社会、自然、自我中获取养料和力量，各自做最好的自己，一起享受生命的美好。

8 一一小妞的"优点"

◎ 戴升平

　　上幼儿园大班后，一一小妞的个头嗖嗖地往上冒，也懂事了许多，除了像只小狗似的贴到别人身上表示亲昵，还常常抢着帮我晒衣服、洗个杯子什么的。有一天，我去卫生间洗手，看到一一小妞正坐在自己的黄色小鸭马桶上，她没有表情地看了我一眼，突然嘟起小嘴，气鼓鼓地说："我是一个没有优点的人。"

　　我愣住了，盯着这个发脾气的伤心小孩仔细看了看，觉得她的样子又滑稽又可爱，心里想笑，但努力忍住了。我若是真的笑出声来，一一小妞铁定要哭闹。一一小妞五官精致，小嘴能说会道，是个精灵一样的小姑娘，虽然她也有发脾气哭闹的时候，但总是能把快乐带给周围的人，怎么突然间成了一个没有优点的人呢？我认真地在她面前蹲下来，看着她清澈的眼睛问："为什么你觉得自己是个没有优点的人呢？"一一小妞扭了下头，表示自己的不满，然后说："老师给我们发了优点纸条，让我们发给有优点的小朋友，我没有收到优点纸条。"隐隐的泪光在她的大眼睛里闪动，我更好奇了："那么，请问，你的优点纸条发给谁了？""我把我的优点纸条分别送给了三个小朋友，陈某某、张某某、吴某某，因为我觉得他们都很棒，学习好，又爱举手，虽然吴某某很淘气，他午睡的时候老是说话，但他还是一个聪明的孩子，和我一样聪明。"

　　我问："那他们有把自己的纸条送给你吗？"

　　"没有，他们都把自己的纸条送给了别人，某某收到的纸条最多，有九张呢！"一一小妞还是有些伤心。

　　我拧了拧她的小脸说："没有优点纸条也没关系呀，妈妈觉得你的优点好多呢。"我边掰指头边说，"你看，你爱笑，有礼貌，会讲故事，会背唐诗，会拖地，会晒衣服，还会给妈妈捶背，会和朋友分享，胆子大，跳舞也跳得好……优点有点太多了，我都数不过来了。"

一一小妞果然笑了，过了一会儿，她就在玩具堆里玩得不亦乐乎了。她还边玩边唱："张家有个小胖子，自己穿衣穿袜子，还给妹妹梳辫子；李家有个小柱子，天天起来叠被子，打水扫地擦桌子……"

虽然心里有些疑虑，如果以后遇到这种事情时该怎么安慰她，但是我以为这件事情现在就这样过去了。然而，没过一会儿，一一小妞又跑过来了，她慎重地跟我说："妈妈，其实我也收到了三张优点纸条，跟我发出去的一样多，但是因为我是她们的好朋友，她们才送我的，所以我觉得不算。只有一个小朋友说我爱干净，但是她没有把优点纸条给我，不知道为什么。我都没有把我的优点纸条送给我的好朋友，我的好朋友太多了，我只把纸条送给有优点的小朋友。"一一小妞的嘴巴又嘟起来了，但是我却笑了。这也是一一小妞的可爱之处，她从不掩饰自己，愿意承认乐意分享，所以便没有能让她烦恼好久的事情。我告诉小妞："你知道吗？朋友多也是你的优点啊，你像阳光一样，会给周围的人带来温暖快乐，所以大家都愿意和你做朋友啊！你自己想想看，是不是这样？"每个母亲都会觉得自己的孩子可爱，我觉得一一小妞的优点蛮多的。

一一小妞最让人佩服的是她的坚强和毅力。在她2岁多的时候，我便带小妞去绍兴游玩。她跟在一群大人的屁股后面走得屁颠屁颠的，一会儿牵着这个阿姨的手去喂鱼，一会儿又搭上个叔叔一路跟着拍照，还收获了好些礼物。到安昌古镇时，下起了小雨，她不知道淋湿的石板路会打滑，结果狠狠地跌了一跤，被扶起来时满脸的眼泪，趴在我的肩头大哭了几声，刚被拍了一张挂眼泪的照片，马上又对着别人笑了。后来，一一小妞爬虎山、从虎山走到梅溪、上下龙脊梯田……大人们觉得累的行程，她却都能独立完成，小小年纪表现出不一样的坚持和决心，让人刮目相看。

一一小妞有张甜嘴巴，虽然她看心情和人打招呼，但是能说会道，一会儿工夫就能和陌生人交上朋友。她的经典语录超级多："我觉得肚子里有东西动来动去想往上爬！你猜是什么东西？""那你再猜猜这些糖果哪个是圆的？我今天吃了一个好像是方的。""对了，你猜对了，这个是圆的。我觉得肚子里的蔬菜都要跑出来了，它们在里面那么孤单没朋友，你能不能帮我把这颗先剥起来呢？"她和我的对话常是这样的："我要喝了奶再睡。""你不是刚喝了？""我刚才喝的是牛奶，现在要喝奶粉。牛奶和奶粉是好朋友，我把奶粉喝下去，它就去找牛奶了。你晓得吗？"

——小妞还有个优点就是她的奇思妙想。她想不听话的时候，别人的威胁基本没什么用，2岁的时候她就会这么干了。我说："你还吵闹不睡觉我把你扔外面去了。"——小妞说："扔哪儿去？"我说："扔外面垃圾桶和小猫小狗一起睡。"然后，她说："我有一只小狗一条鱼。我的小狗不会汪汪叫不会打架。小鱼不会游。外面的小鱼会游，小猫小狗会汪汪叫……"

——小妞每天不停地说啊说，变成一个话匣子小孩，常常逗得大人捧腹大笑。但也有许多时候，她是一束月光，眼神清澈，静静地想，在心里记录下美好的一切。我相册里存着她认真用镜头认知世界的瞬间，也有她低头安静看书的样子，她会把自己的零食分给刚认识的伙伴，她喜欢各种芭比姑娘，还有问不完的问题，画不完的画。这些，都是我眼里她的优点，真多啊，写都写不完。

这时，她在被窝里睡着了。我写着关于她的文字，回头看了她一眼，心里暖暖的，都是爱。

妈　妈： 戴升平，工作时是个"拼命三娘"，安静时喜欢阅读写作，浪漫时喜欢旅行看风景，也喜欢烹饪做家务，风格善变，内心却始终坚守着最初的愿望。

孩　子： 女儿杨乘月，刚上小学，因为在妈妈肚子里多待了11天，小名一一。她爱笑爱说爱闹，天性活泼好动，似阳光般热烈，似月光般美丽。

育儿理念

不压制孩子纯真善良的天性，努力给予她自由成长的空间，相互尊重，相互爱惜做母女的情分。

9 歪歪成长趣事

◎ 邓兴凡

作为每天都忙忙碌碌的80后父母的我和歪歪爸都来自农村，小时候都有过一段留守儿童的经历，所以，无论如何都不想让歪歪成为留守儿童。从他出生到现在，我们一路走来各种艰辛不言而喻。在育娃这件大事上，我们是摸着石头过河，时而战战兢兢，时而元气满满地和这个叫歪歪的小魔王斗法。

整理出微信里平时记录的点滴育儿趣事，回想这些趣事让我边敲键盘边感慨，其实，我们做父母的也在随着孩子成长着，教育也一点一滴地融入平凡的生活里，痛并快乐着。

我要和妈妈结婚

我在厨房里忙碌，歪歪在客厅玩玩具，不时地跑来厨房看看我的进度。后来干脆站我旁边看着我忙碌，看来是饿坏了的样子。

歪歪说："妈妈你煮的东西好香啊！快点煮好给我吃吧。"

我说："马上就好了，你先喝点水吧。"我顺手递给他一杯水。

歪歪又说："妈妈，我好喜欢你呀！我长大和你结婚，好不好呀？"

我回道："可是我已经和你爸爸结婚了呀，我不可以和你结婚的。"

歪歪不服气地说："那等我长大了，让爸爸再找个老婆，你和我结婚不就行啦！"哈哈，小脑袋瓜想得还挺长远。

难做的作业丢掉了

吃过晚饭，歪歪站在厨房门口看着我刷碗，然后跟我闲聊。

歪歪说："妈妈，今天在幼儿园我手工剪纸作业没做完，把纸团吧团吧扔垃圾桶了。"

我假装镇定地问："哦，是吗？为啥啊？"

歪歪回答："实在是太难了，真的超级难的，反正老师也没看到。"脸上还挂着一副极力想要说服我的可怜巴巴的小表情。

我皮笑肉不笑地说道："明白啦，真是不错的好主意哦！所以我应该把你团吧团吧塞楼下垃圾桶呢还是你自己走下去呢？因为我发现养个娃也好难啊，实在是太难啦！麻烦歪歪帮妈妈开一下门。"

歪歪脸上的小表情立马换成苦瓜脸，缩在门边跟我求情："妈妈，我不要！我很好养的！我扔掉作业不对，我错了。"然后就过来抱着我的大腿撒娇了。

我被他逗乐了，问他："那以后觉得作业好难，是不是还要团吧团吧扔了啊？你觉得应该怎么做呢？"

歪歪答道："嗯……我不知道！"倒是挺实诚的。

我趁机教育他："好吧，下次再有不会做的，你可以先看看别的小朋友是怎么做的，再不行就请老师或者同学帮忙，也可以回来问妈妈，不可以把作业再扔掉了。遇到难题就逃避，这要是在战场上就是逃兵哦，是要被枪毙的！如果每个人都逃避难题和责任，爸爸妈妈觉得养娃难，就不管娃了，老师觉得学生们淘气难带，也逃离教师岗位不管你们了，你们怎么健康成长？公车司机觉得上班太累也不开车了，警察叔叔觉得破案好难也不抓坏人了……想想世界会变成什么样？"

歪歪站在那里想了一下，说："嗯，我知道怎么做了。"然后他找来剪刀和彩纸，自己画画剪剪，很认真的样子。

歪歪也想写书

上小学以后，老师让孩子们适当地读一些课外书，我们给他买了不少书，也会去图书馆借书给他看，好在他也有爱看书的好习惯，每天晚上都会看一会儿课外书。

拿到郑春霞老师的书《爱上学的小快快》后回家的路上我们俩一口气就看了一半，我们轮流读给对方听，堵车也不觉得难熬了，他说好羡慕快快哥哥有个会写书的妈妈。

歪歪说："妈妈，郑老师写得真好！卡通老妈很可爱！写书难不难？我突然觉得我也挺想写书的，你觉得我可以吗？"

我说："嗯，写书也难也不难，难在要有好的文学基础，要多读书多积累知识，还要勤奋不偷懒，因为业精于勤荒于嬉；不难在于，只要你想去做这件事，你就大胆去做。郑老师的儿子快快小哥哥的书也快出版了，据说也很精彩哦。"我顺着他感兴趣的点引导着。

歪歪说："好，那快快哥哥的书出来了，你也给我买好不好？我现在就去写我的书，爸爸送我的密码本你不可以偷看哦。"

我应道："哈哈，好的呢！我不偷看，你也别偷懒哦。"

妈　妈：邓兴凡，做过设计，开过淘宝店，喜欢画画，哼歌爱跑调。

孩　子：儿子黎子淇，小名歪歪，善良可爱，有好奇心，积极向上。

育儿理念

我们有幸成为母子，我是你的"笨麻麻"，你是我的"小被子"，那么，互相学习，共同成长哦！

10 我陪你慢慢长大，你陪我慢慢变老

◎ 范敏霞

我陪你慢慢长大，你陪我慢慢变老。2008年11月，范范小天使选择了我当他妈妈，在北京奥运会这年来凑个热闹，当个奥运宝宝。

儿子走路、说话比同龄的孩子要稍晚，小区的其他妈妈说，我家的9个月就会走路了，你家的怎么1周岁了还说不好呢？我笑笑，不回应。每个小孩情况都不一样，孩子有他自己的成长过程。所以我都是让他按着自己的节奏发展。在别的家长思考怎么训练孩子晚上不尿床，在别的家长半夜睡眼惺忪把孩子拉起来把尿时，我一直给他用着尿不湿，他睡得好，我也睡得好。某个夏日，儿子说尿不湿太热，就是不要用，从那天起不再用尿不湿，但他一次都没尿过床。很多时候，家长不要强制孩子去改变，在他慢慢成长的过程中，孩子总有惊喜给你。

儿子2岁半的时候，他爷爷生病，需要动手术，我和他商量："爷爷生病了，我们这几天都要忙爷爷看病的事情，要轮流去医院照顾爷爷，你去四外婆那里待几天可以吗？"儿子一听，马上撇着嘴，红着眼睛说："爷爷生病了，妈妈要去照顾爷爷，我去外婆家。"虽然他不愿意和我分开，但是小小的人儿知道照顾爷爷更重要，连晚上在外婆家哭都没给我打电话。爷爷出院后，他会让爷爷走路慢点，问爷爷疼不疼。我们对于家人的照顾他都看在眼里，在我们生病的时候，他也会照样地给我们拿药，拿水，嘘寒问暖。

儿子到了上幼儿园的年纪，开学第一天，他成了班里为数不多的没有哭的小朋友。他每天回来后会和我分享幼儿园的趣事，也会和我说今天哪个小朋友

拿了书没放回原处，哪个小朋友把桌子弄脏了之类的琐事，一开始我也没当回事，后来慢慢地我听出点问题，他说这些事情他都告诉老师了，老师呢，也有在联系册内说起他喜欢打小报告这件事情，我觉得有必要和他谈谈了。我告诉他："这些事情其实不需要告诉老师。"但是他说："他们做得不对，我就是应该告诉老师啊，为什么不告诉老师呢？"我说："帮助他比告诉老师更有意义。你可以提醒那个小朋友，然后和他一起把书放回原处，和他一起把桌子弄干净，小朋友在你的帮助下，也会认识到自己的错误，下次就会改正。你想想，如果反过来，做得不对的那个人是你，你是希望其他小朋友告诉老师，还是希望小朋友来帮助你一起把事情解决？"儿子托着小脑袋在思考，我继续说："每个人都有优点和缺点，我们要多发现和学习别人的优点，而不要总盯着他们的缺点，知道吗？"儿子点点头。我知道他需要消化，他需要自己学会如何和小朋友相处。

从儿子牙牙学语开始，我就坚持睡前的亲子阅读，从简短的绘本到长篇的童话。我拿着书，他坐在我腿上，我一页一页地读给他听。他慢慢长大了，就会选择绘本让我读，读一遍根本不够，能让我读到口干舌燥。有时候故事太长，我也会偷懒少读几句，他马上就会指出来，虽然他还不认识字，但是记忆力不错。睡前的亲子阅读不但能增强亲子联系，而且能培养孩子的阅读习惯，增长他们的知识。这个习惯一直坚持到儿子上小学，亲子阅读慢慢转变为他自己独立看书。他比较喜欢科学类的书，时不时地会问我一些小问题，有些我还真回答不上来，他告诉我答案的时候，那样子好像自己是一位小科学家似的。

儿子在慢慢长大。幼儿园的时候，他会奶声奶气地和我说，如果爱我你就抱抱我、亲亲我、夸夸我；现在上小学了，我们会拿他和别的同学比较，他拿了一本书，点着上面的一段话让我和他爸看，那段话的意思是，不要拿自己的孩子和别人的孩子比较，这样不仅损害孩子的自尊心，还大大打击孩子的自信心，对孩子的成长毫无益处。我看了后，也反思自己，道理我都明白，为什么就做不到呢？在要求孩子做到我提的要求时，我有没有做到孩子这么微小的要求呢？

我当时就答应儿子，爸爸妈妈会改，以后爸爸妈妈有做得不对的地方，也欢迎他对我们提出来。

孩子在茁壮地成长着，而我们却在一天天老去，我们真正能陪伴孩子的时间不多，终有一天他们会离开我们，去外面的世界发展，请珍惜和孩子在一起的每分每秒！

妈　妈： 范敏霞，物业公司人事主管。

孩　子： 儿子王子范，10岁，是个健康、活泼的孩子，和他妈妈一样，喜欢美食和阅读，是个不折不扣的小书虫。

育儿理念

对孩子的教育不仅仅是文化课的学习，要同时培养孩子的自信、自立、自强意识，促进孩子德、智、体、美、劳全面发展。

11 劳作之中有真意

◎ 方淳

写一封信，跟孩子谈双手做饭的意义。

独生子女，通常不做家务。家务少，一个主妇能够操持。于是，孩子全不动手。18岁，孩子在学校宣誓，度过成人礼。可是周末等我在西湖边闲逛游荡回家，孩子仍然等在家里。他解决吃的问题，自然是通过手机，外卖随叫随到。

城市生活的便捷需求，成为现代服务业兴起的原因之一。人们不再需要通过双手劳动，就能满足吃穿。"汗滴禾下土，粒粒皆辛苦"的劝慰，已经远去。就像鲍勃·迪伦所说的一样，时代变了。短短的时间，我们从农业时代，进入工业时代，又进入信息时代。

你要自己做饭，我希望周末回来能吃一顿你做的饭。我跟孩子在信上这么说。

他7岁时，我曾教他做饭。放米，清洗，加水，按下电饭锅煮饭键。多么简单易行。孩子小，尚不懂得自处之道，找不到理由反驳。他乖顺地做了。

此后，学习考试成了生活的主要内容与追求。不再要求他做饭。有一年暑假，我外出，跟他说，要自己做饭。他堂而皇之地诉说了一大堆理由。

做饭，这么简单的技能，难道我学不会吗？这是他的第一个理由。做饭，在他看来，是一项技能。

等到我将来有好的工作，就会有好收入，我会雇一个保姆做饭。这是他的第二个理由。

我会通过脑力劳动吃饭。他说这些话的时候，只有10岁。

我跌坐在椅子上，内心从吃惊到震撼，难以言表。他的话有错吗？思维有缺陷吗？他说这些话的时候眼睛都不眨，简直舌灿莲花。

不做饭，甚至不会做饭，某段时间，曾是一种社会流行腔调。电视上的相亲节目，男女相对，不少女性堂而皇之地宣称自己不会做饭，而且也不打算学习做饭。言下之意，有意向的男嘉宾必须是会做饭的男生。

不会做饭？面对电视屏幕，我坐在沙发上，掩嘴而笑。

儿媳从来不做饭，天黑了都一定要等儿子回家做饭。一个婆婆在我面前义愤填膺地控诉。这是娶了一个媳妇呢，还是讨了一个祖宗呢？那个媳妇，听说只在银行谋着一个普通的职位，早早下班回家后，就坐着看电视，等着辛苦从商的丈夫回家做饭。丈夫到家，天已黑透，只好驱车带上太太去社区门口饭店用餐。自然，这样的婚姻维持不了多久就结束了。

吃不到一块儿的人，怎能做夫妻呢？柴米油盐是夫妻必备呀！

想起古代诗文里，那种结实朴素的美，那种端庄优雅的格调。参差荇菜，左右采之。荇菜，一种可食用的植物，女人在河水中采摘，回家准备蔬食。十三能织素，十四学裁衣，十五弹箜篌，十六诵诗书。刘兰芝嫁的是府吏，相当于今天的公务员，从阿母的言辞"汝是大家子，仕宦于台阁"来看，焦仲卿家世代为官，也不是寻常人家。但是，鸡鸣入机织，夜夜不得息。被休回家，也能用胭脂首饰装扮自己。纤纤作细步，精妙世无双。就是做了王妃的西施，人们描绘西施的美，依然不忘她曾经浣纱劳作的姿态，"当时浣纱伴，莫得同车归"。而宋代，皇后作为一国之母，每年春天都在亲蚕宫举行仪式，完成整个养蚕过程。

民国时期有专门的女校，比较出名的南京汇文女子中学，以培养"灵性向善、秀外慧中"、自尊、自立、自信、自强的现代女性为任。里面的课程设置很有意思，其中一类是"修身、图画、手工、乐歌、体操、家事、园艺、缝纫"。那时候，知识女性为了精神上的自由解放，是不惜与富贵大家庭决裂的；那时候，穷苦人家的喜儿，为了生活，宁可扎穷爸爸的红头绳，也不愿投入黄世仁的怀抱；那时候，许多女人都没有工作，今天不知道明天的饭在哪里。

而今天，大米就在箱子里，煤气灶一点，电饭煲一按，饭就能好。女人们却不会做饭，并扬扬自得。富养，不是饭来张口，衣来伸手。

儿子渐渐大了，我的床头放着一本《白鹿原》，到了一定的年纪，我要将这本书的某一页翻给他看，那一页，写着白嘉轩的姐夫朱先生的择妻标准，朱先生身逢乱世，不知道自己什么时候会死，他希望找一个能独自带大孩子的女人！

我要跟孩子说，劳作之中有真意。人生的意义，从双手劳作中来，这是人类历史的根。即使机器和日益精细的分工代替了日常劳作，我们依然不能忘本。男女平等的社会，女人要会做饭，男人也要会做饭。恩养的含义，从做饭吃饭这样简单而必需的劳作中来。

作为母亲，我等着吃一顿你做的饭！

妈　妈: 方淳，在机关单位工作，爱写作，出版作品有《病人》《月是故乡明》《麦墅纪》。

孩　子: 渔山，大学二年级学生，爱科学，爱动漫。

育儿理念 ～～～～～～～～～～～～～～～～～～～～～～～～～～～～～

做负责任的妈妈，发掘孩子的潜能，激发他不断向上的能量。

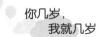

12 功不唐捐

◎ 冯文丽

儿子从小学开始到第一次初中结束，就没少让父母接老师的电话。

在读"预初"的时候，发生了三件大事。

第一件事是儿子在校园里骑车，手里拿着一根木条，自行车差点撞到汽车上，就用木条点了下汽车借力。这辆汽车里坐着一位老师。那位老师认为是儿子在拿木棍戳汽车。这事反映到学校，结果很多老师都发现汽车有损伤。然后这件事变成是儿子蓄意损伤校园里的汽车了，案情重大。教导处出面调查儿子，因证据不足结果不了了之。

第二件事是期末考试之后，儿子把一块拳头大小的石头朝班主任所在方向扔过去。虽然石头落地后离班主任还很远，但它滚到了离班主任脚边不远的地方。班主任大怒，就拿了石头到处说儿子要用石头砸她。他爸爸和我赶紧去道歉赔不是，并让儿子在老师面前承认错误，但当时一脸倔强的儿子昂着头，没有承认错误的意思。一旁上了年纪的年级组长先是帮腔数落儿子的不是，然后以很体恤的态度对我们说："你儿子有问题，你们得带他去看看。""真的，你儿子是有问题的……"

后来，第二学期开学不到一个月时，老公接到班主任的电话，让他到学校去一次。

儿子砸了学校卫生间的镜子！跟班主任并没有冲突！原因是什么？儿子也没有多说，后来知道是儿子要为一个受伤请假在家的女同学送学习资料，但遭到班里同学的反对，有两个女生强烈阻止，其中一个就是儿子曾经的学霸同桌。儿子拿了学习资料，两个女生用言语攻击和笔头戳等方式试图阻止。儿子受了一肚子委屈而无处宣泄，到了卫生间之后突然爆发，拿起卫生间里的一条凳子使劲砸墙上的镜子，直到老师同学来了，也不停手。

班主任没多说什么。他爸爸和我决定先给儿子办休学，另觅途径，虽然根本不知道途径在哪儿。

那一年我考博失利，碰到儿子休学，他的状态不好，我每周还要跑到杭州去工作几天，顿时觉得前路茫茫，心理几近崩溃。我们决定去请教专家，从专业角度帮我们诊断问题并指引出路。专家说儿子没多大问题，建议换个学习环境。

我好好反思了一下，觉得以往自己对儿子的陪伴与相处确实太少了。他初一的时候，我从考博复习的思绪中出来，走到他的房间，面对他渐渐蹿高的个子与变粗的嗓音，一阵愧疚掠过心头。我有点错过了他的成长，考试事小，成长事大。既然年少时的陪伴与了解已经缺失，就不能再错过青春期的成长了。我做出一个决定，全力以赴与儿子在一起，想尽办法给儿子找一个合适的学校读书。

看了专家后，儿子的情绪和睡眠有好转。于是我给儿子制订了休学期间的自学和锻炼计划，去学校听课、学习编程等都无法实施，但体育锻炼有了意想不到的收获。在家里添置了吊环、哑铃、仰卧起坐凳等，还鼓励并带他出去跑步骑车和到附近的公园锻炼。运动带来意想不到的结果是，"豆芽菜身材"的儿子的力量增强，睡眠变好了，早上起来的无力感也消失了。我们一家渐渐摆脱了休学的困扰。

休学的下半年他经常写他的长篇文字"新和风雨起苍黄"，追忆在初中学校里发生的事。追记这些往事，是他疗伤的一个过程。我们也从追记里了解了前事的一些缘由。

但还是要给儿子找学校上学。最后机缘巧合，他通过考试后，进了黄浦区一所口碑不错的民办初中。新学校的班主任是一位年轻的妈妈，与原来没有结婚的班主任有很大不同，能够容忍儿子不时暴露出来的一些小问题。儿子的成长变得顺畅了。

在新学校读初三，他的成绩稳定在前三。上海的高中招新生各显神通，年末儿子参加上海格致中学（奉贤校区）的自主招生考试，在千余名考生中位列第四，获特等奖，如果报考奉贤校区可以加60分。接下来我们陪着他参加上海"四大名校""八大金刚"的多场自主招生考试和相关学科的竞赛，获奖不少。有"大同杯"物理竞赛区二等奖，"天原杯"化学竞赛区二等奖、上海市决赛一等奖。经历了初二、休学和中考，儿子从懵懂叛逆变得懂事多了，他自己要的事情会很认真去做，且赶在我们面前，这让我暗暗吃惊。望着眼前个子比爸爸高、自主性强的儿子，感觉这一年多来的陪伴没有白费。他在成长，尽管有瑕疵，但瑕不掩瑜，而瑜因琢磨正在透露美丽的光芒。

现在有的时候，我也会遐想儿子的"出息"。只是心里太清楚，"出息"是需要付出的，付出才能有收获。"功不唐捐"，在养育孩子的过程中是最实在的一句话，我只是希望天下的父母不要重复走我们的路，多多付出，因为是孩子使我们成为父母，而做父母是种修炼。

妈　妈： 冯文丽，学者，目前在复旦大学攻读新闻学博士学位。在沪杭两地奔波多年，在杭州授课育人，在上海为人母。学术与育儿共进展，积极与坚强同生息。目前是奋进读书的中年妇女，被人誉为"儿之榜样"。

孩　子： 孔繁泽，很有主张、个性强大的00后。遗传了母亲身形细长的基因，也携带了父亲的近视基因和理科男的禀赋。是一个为人处事具有理科男特色，但在进步的高中生。

育儿理念

母子是种关系，能够彼此创生，要能把握住。

13 数载寒窗苦，阡陌多暖春

◎ 富珠

　　时间过得真快！仿佛第一天送儿子上学的情景还在眼前，一眨眼他已经三年级了，多希望时间慢点，慢点，再慢点……每天早晨心急火燎地送他去上学，总是不停地叮嘱他：认真听讲，认真做作业，到学校多喝水，不要乱脱衣服，课间活动时注意安全……下午接孩子放学时，再多的人也能一眼看到儿子，我的心就这样融化了。自从他上了小学，小家伙玩耍的时间自然不及幼儿园时，而状态却还时不时地停留在幼儿园，放学总想在小区里痛快地玩一番再上楼学习，完成额外的作业还要讨价还价谈条件。

　　一个周末，刚吃完早饭的儿子又呼朋唤友地到小区游乐场玩去了，我有点生气，训斥了他几句："你在玩，别的小朋友在学，久而久之你就会落后。原地踏步就是退步！"儿子有些委屈："妈妈，我周一到周五都在学习，双休日玩会儿也不行吗？"

　　也是，从孩子牙牙学语起，父母便开始拿自己的孩子和别人的孩子比较，从中得到快乐和满足；从孩子上小学起，成绩的比较又开始登上舞台，父母为此收获自豪和荣光。望子成龙，望女成凤那是普天下所有父母的共同心愿，然而我在乎的，不是孩子成绩是否优秀，而是他是否勤奋努力。

　　有人说：怕吃苦，吃一辈子苦；不怕吃苦，吃半辈子苦。说的就是读书这件事。我必须让孩子明白，能现在用汗水解决的事，不要留着以后用泪水解决，况且，泪水也解决不了任何问题。当你获得足够多的知识之后，就会发现，这个世界上有太多美好的东西。

　　唯累过，方知闲。唯苦过，方知甜。生活从来不是公平的，有些人的起点高一些，有些人就要低一些。学习也是一样，同样使出八分力，有的孩子能取得优异的成绩，有的孩子却只能成绩平平。可是，生活还是会对勤奋努力的人好一点。改变命运的因素很多，但勤奋肯定是其中不可或缺的一个。因为勤奋的人虽未必成功，不勤奋的人却必定不成功。人生就是一个储蓄罐，你投入的每一分努力，都会在未来的某一天，打包还给你。别人所拥有的，你只要愿意去付出，一样可以拥有。

于是我告诉儿子："如果你觉得读书苦，就选择了放弃，那么将来等你没读什么书就走入社会的时候，你会发现自己就像一个赤手空拳的士兵，在面对命运这位强敌时，你会因没有护身铠甲，而被打得遍体鳞伤，毫无还手之力。那时，你就会懂得，读书不苦，不读书的人生，才苦。别怕吃苦，那是你通向世界的路。总有一天，那些苦，会变成你遨游天际的翅膀。"

花草树木的生长都是有周期的，更有一个过程，没有哪一株草破土后能在瞬间变得成熟，没有哪一朵花含苞后能立刻变得娇艳，也没有哪一棵树发芽后能转眼变成参天大树……它们都需要花费一定的时间去完成量的积累。也只有经过量的积累才能促成质的转变。并不是想成为什么就能一下子变成什么。要想成为无边沙漠中的仙人掌，必须具备顽强耐旱的体质及坚持不懈的品格；要想成为雄伟的岩石，必须做好经受风雨摧残、烈日烘烤的准备；要想成为蔚蓝天空中的一朵白云，必须要有积少成多的思想及包容尘埃的风范。一步步地来，一步一个脚印地走，脚踏实地地走，这就是勤奋。

儿子已经三年级了，轻松和快乐只是短暂的美好，日复一日的，是埋头钻进作业，钻进各种培训班，忘了时间，忘了和妈妈说说悄悄话，忘了放下书本去看看春天的花开……我并没有很清晰明确的答案，这样的做法好还是不好。但在现有的环境下，一心求学是不会错的。鲁迅先生说过，哪里有天才，我是把别人喝咖啡的工夫都用在工作上。唯有勤奋，才能让孩子脱胎换骨，破茧成蝶。

幸而数载寒窗苦，自此阡陌多暖春。好好努力吧！终有一天你会庆幸你现在的勤奋，为你今后的学习打下了夯实的基础。你要明白天道酬勤，一分耕耘一分收获。只有让书香深深氤氲过的人，才能轻舟走过万重山，去赏遍万千春色。

妈　妈： 富珠，小学语文教师，爱好摄影、阅读、电影、音乐。每天跟孩子打交道，时常思考教育是什么。年轻的时候，以为教育就是自己带的学生每次考试都能考得很好，好到遥遥领先。随着阅历的增长和对教育认识的深入，慢慢地领悟到，教育的核心在育人。

孩　子： 宋伯锐，10岁，小名兜兜，英文名Ray。Ray同学热爱运动和吉他，是个十足的小暖男。随着他不断地积累知识，从小时候懵懵懂懂到现在有了自己的主见，遇到意见相左时能据理力争。

育儿理念

　　一个教育者，他应该是孩子的心灵导师，能自如地进出孩子的内心，引领孩子成为最真、最善、最美的自己；一个教育者，他应该是伯乐，善于发现并激发孩子的所有潜能，让孩子感受到学习和生命的乐趣；一个教育者，他必定是尊重孩子天性的人。

14 伴你成长是我最大的快乐

◎ 高原

　　宝贝，你现在离家在外，不在我身边了，于是我常常想你，想起你小时候的故事……

　　你2岁的时候，我就每天晚上给你讲故事。

　　你要求我用两只手把书举起来，好让你自己也能看到书。有时我胳膊酸得不由自主落下来，你就不让。并且你只爱听《狼和小羊》的故事，所以只这一个故事就讲了一年多。我感觉到，你其实很想自己讲，只是记不住，所以就愿意重复听那么多遍。我很庆幸我能有这么大的耐心。

　　在你3岁的时候，河崖妇联的管朝霞主任送给我一本知心姐姐卢勤写的《送给年轻妈妈》，其中的很多理念对我们两个都影响深远。我不打击你，而是积极地寻找你身上的闪光点。

　　后来你学会了以"填空"的形式讲《狼和小羊》的故事。

　　接着你的语感和认知能力突然有了一次飞跃，再也不听重复的故事。我就想到了给你放录音带里的故事。

　　我们经常去城里买书或磁带。你到家就放上磁带听故事。我们进城买的好吃的或是好玩的，你一概不理会。有一次你从5点到家就坐在床前，趴在床边，一直听到8点多。三个多小时，不吃饭，也没上厕所……

　　你上幼儿园中班的时候，有一次拿回家一张纸，上面是一个故事，题目是"一根羽毛"，另外附了一段话："高老师您好！我们班选了印小禾参加全校的讲故事比赛，比赛时间快到了，印小禾还没背过，麻烦您周末在家再帮着她背背吧。实在不好意思啊！"

又过了几天，我在路上碰到你们的老师。她表示非常"吐血"：我觉得印小禾嗓音亮，也不害羞，就选了她。没想到她一点也不正经背，光知道自己玩。急死我了！我只好给她个橘子什么的哄着她背，可还是不大管用……这会儿要是再换人，也来不及了呀……

我积极配合老师，在家开始了对你的讲故事训练。

你精力一点也不集中，讲不了两句，就玩别的了。

我就自己讲了录下来放给你听。如果只录一遍，反复倒带，会很麻烦，又加上你太贪玩，根本不可能主动练习。我就连续读了十多遍。这样放给你听的时候，就可以很长时间不用倒带。

功夫不负有心人。你讲的故事获得了全校第二名。

后来老师又推荐你参加了全镇的六一节会演，得了第一名。

于是你又被推选参加了全市的讲故事比赛，得了三等奖。

这个故事太不寻常，它对你的语感、表演才能、心理素质以及耐性、气场……都产生了至关重要的影响，是你成长路上的一块里程碑。

这"一根羽毛"，就在你童年的天空里，飘了很多年……

你在高中的时候，因为学不得法，又没有明确的奋斗目标，所以你的状态很不好。到高三上学期的期末考试，也就是过年前的考试，你的总分都不到500了，而数学才考了69分。你更加没有了自信，又自暴自弃了。

但是我始终不放弃对你的期望。

你近乎疯狂地玩电脑。我想，电脑，或许就像浇愁的酒一样，你只是用它来冲淡你的焦虑……

半宿了。书房里键盘啪啪作响，伴着你笑声朗朗……

我近乎卑微地站在旁边，说："印小禾，你看看这一页的知识点，一页就中，一页就中！"你偏过头来，溜一眼，说："看完了！"

然后我再从头提问你……

又一天，我拿着你的卷子，指着第一道题，问："印小禾，你看看这道题你会不会？"你看也不看就说："不会！"

　　我说："你是哪个地方不会？你看一眼，看一眼就中！"你又偏过头来瞄了一下，指着某个地方说："这里。"我就去研究那个地方。有时我研究会了，我就求着你听我讲。有时我不会，就问："你们这个知识点在必修几学的？"有时你能说出是必修几，但大多数时候你说不出来。我就只好一本一本地去查，去研究……

　　你的高考分数虽然不到一本线，但是能充分展示你当时的水平，我们可以问心无愧了。每个人都不可能十全十美。我很庆幸我和你爸爸都能够尊重你的个性，引导你扬长避短，让你快乐地成长。

　　你自有你的芬芳：你乐感好，可以用电子琴自弹自唱很多歌曲；你形体好，做操动作规范，从小学到初中一直在台上领操；你有魄力，在大学里当武协会长，带领七八十个男孩子有秩序地操练；你社交能力强，当外联部长，能够拉来6000元的社会赞助，得到系主任的表扬……

　　现在，你已经有了较强的自学能力，有了自己的人生规划，对社会、对人生也有了比较深刻的认识，能够跟各种不同性格的人和谐相处，有着乐观积极的生活态度……这让我和你爸爸感觉很放心。

　　在你成长的道路上，我的确付出了一些心血，但是我很想得开——

　　如果你是一棵白杨，或许不用别人花费太多的力气，你就能茁壮成长，挺拔参天。如果你是一株藤萝，我愿意竭尽全力，为你搭起坚实的藤架，让你绽放出紫藤萝瀑布似的壮观！你是我的宝贝，能够伴你成长，是我今生最大的快乐！

妈　妈： 高原，初中语文教师，拥有国家二级心理咨询师证书。

孩　子： 印小禾，女，西藏自治区建筑勘察设计院电气工程师，多才多艺。

育儿理念

　　身教重于言教，陪伴是最好的教育。

15 非洲上学记

◎ 郭建玲

"下马威"

2016年1月15日，我跟先生匆匆忙忙结束学校的课程，飞往莫桑比克，开始在孔子学院的工作。果果来不及参加一年级的期末考试，就跟我们"随任"了。

时差还没倒过来，第二天，果果就发烧了，38摄氏度多，一直退不下来。"不会是得了疟疾吧？"这种在中国已经销声匿迹的致命病，在莫桑比克可是高发的病！莫不是昨晚那只让我们不得安宁的蚊子是带疟的？我们不敢大意，到医院挂了急诊，验血查疟。在等待血检报告的三个多小时里，我们把出国培训和掌握的"防疟"知识在脑子里都过了一遍，幸好，结果让我们长舒一口气。从冰天雪地的中国，一下子到近40摄氏度的非洲，加上17个小时1万多公里的长途飞行，别说孩子，我们大人都有点吃不消。不过，一场小小的感冒发烧，就花了100多美元，也让我们体会到了在这个医疗资源严重匮乏的国家看病的"代价"！果果后来在《非日记》里自嘲："6点就睡觉，一来就发烧，看病贵得不得了！"

"小联合国"里的中国娃

果果的学校叫马普托国际学校，简称MIS，是莫桑比克1975年独立当年设立的一所公立国际学校，隶属教育部和外交部。学校像个"小联合国"，什么肤色的孩子都有，小到兜着纸尿裤的小孩，大到青春期长胡楂的高中生，从学前

到大学前，所有年级段全覆盖。

莫桑比克是葡萄牙语国家，但MIS采用的是剑桥教育体制，新学年从1月中旬开始，一年三个学期，学三个月，休一个月。按照MIS的学制，果果还得再做一回"一年级新生"。班里只有果果一个中国孩子，因为是全英文授课，我们有点担心他跟不上。事实证明我们多虑了，孩子的适应能力比家长想象的强得多。两年前在美国积累的那点忘得差不多的英语"老底"，这次也发挥了点作用。更重要的是，果果不像第一次出国时那么怯生了，很快就跟班里的孩子打成了一片。

文化冲突的烦恼

果果跟班里的一个女孩好像"犯冲"一样，始终合不来，两人时有"恶语相向"，甚至偶有肢体冲突，老师也只能尽量拉开两人的物理距离。有一段时间，果果带午餐时都要问："有猪肉吗？"在学校吃饭的时候，也尽可能离那个女孩远远的。原来那个女孩说中国人吃猪，吃狗，吃蛇，什么都吃，果果很生气。其实，我们在孔子学院工作，也经常碰到这样的"文化冲突"。怎么办呢？我告诉果果，我们尊重有些人不吃猪肉的信仰，但我们也有吃猪肉的自由，"和而不同"，互相尊重就可以了。学期过了近一半的时候，有一天，果果回家悄悄告诉我，他觉得那个女孩其实也挺友善的，他在操场摔伤时，是这个女孩第一个跑上来安慰他，鼓励他。也许时间是磨合文化差异最好的润滑剂，而文化冲突也是果果在这个"小联合国"必须继续修习的重要一课。

落选"朗读者"

MIS小学阶段的语文课、数学课都没有课本，每周的作业也只有薄薄的三四页纸，但阅读课外书却是每天必不可少的常规作业，要家长监督签字。果果每天放学回家，书包里都有一本老师提前放好的"牛津阅读树"系列分级绘本，从薄薄的一级8页开始，现在已经读到八级40多页了。

除了日常的阅读，小学段的晨会还组织了"世界读书日"主题活动，每班选派三名代表到舞台上朗读。果果信心百倍地认为自己一定是不二人选，因为他读得最大声，所以，在班级朗读者公投中落选的结果让他很失望。晨会结束回家的路上，我问果果"谁是最好的朗读者"。他说，读《哈利·波特与魔法石》和最后介绍非洲鳄鱼的两个姐姐最好，不仅读得响，读得清楚，而且很有感情，特别是读到小哈利无意间在动物园用魔法让玻璃消失、放出蛇的那段，把大家都逗乐了! 小家伙有板有眼的点评何尝不是对自己阅读习惯的一种反省呢?

"什么是孩子最重要的品质?"这是我第一次参加MIS家长工作坊的讨论主题。我和同组的葡萄牙妈妈、德国妈妈等家长一致认为，同情心、自信心和好奇心是孩子最重要的品质，几乎所有组都把"雄心壮志"和"把握机遇"排在不太重要甚至最不重要的位置。是啊，还有什么比真的相信自己、一直处于好奇的状态和拥有开放的心态更可贵的呢?

芒果花落了，又开了，我们到莫桑比克已经一年半了。这个刚刚获得"对学习保持好奇心和探索精神"特别奖的小家伙，已经开始憧憬四年级的南非之旅了!

妈　妈: 郭建玲，高校教师，主要从事中国现当代文学研究和汉语国际教育工作，爱好阅读、翻译和运动，始终怀有一颗探索世界的好奇心。

孩　子: 程果，取自父母姓氏的谐音"成果"，9岁，性格活泼外向，爱好阅读、足球、游泳，是不折不扣的乐高迷和minecraft("我的世界"游戏)迷。

育儿理念

重视阅读教育，开卷有益，在书本中感知世界。尊重孩子的天性，在跨文化环境中培养孩子广阔的视野和开阔的胸怀。

16 你已亭亭，不忧，亦不惧

◎ 郭梅

亲爱的女儿：

　　你好！刚刚给你过完16周岁生日，就收到你这封诚恳真切的信，我们十分高兴！当然，也有一点点惶恐——真的，我们都是第一次做父母，是在你的成长过程中摸索着做家长，做你的监护人和人生导师。也许你不知道，私下里，我们也曾无数次地自问：我这样教育孩子对吗？我这样指导孩子是最有效的吗？会不会，爸爸的教育方式更适于他的员工，而妈妈的教学理念更适于她的学生呢？所以，其实我们是在欢欣与忐忑中，缓慢而又迅速地和你一起成长——缓慢地，是我们作为中年人的进步；迅速地，是花季少女的你的成长，无论个子还是思维能力，这几年你都取得了让我们开心不已的长足的进步！

　　不过，作为家长，我们对你的进步永远"贪心不足"，总是希望你进步，进步，再进步——不仅是分数，更是做人要越来越有长进。你是个很好的孩子，淳朴、善良，尊重长辈，爱护表弟妹，对同学也十分友爱。记得你初一时，有次周末回来说，带去的牛肉干室友都很喜欢吃，请妈妈给她们每人代购一包。第二个周末回家，你说同学们都忘记给你钱了，算了吧。这让我们很高兴，因为你觉得不少同学的父母不在杭州，你照顾她们是应该的。你很享受与同学共享美味的感觉，我们也很享受！

　　还有一次，你以奶奶为描写对象，写了一篇《娘姆，我想对你说》，作文篇幅并不长，但因为取材真实、细节生动，字里行间真情流露，所以投稿以后很快被一家著名的杂志社录用。那个时候，我们心里真是乐开了花，比爸爸拿大奖、妈妈出新书要高兴一百倍、一千倍。

可是，正如你自己所言，你的学习状况还有很大的上升空间，主要原因是你有一些缺点还比较顽固，改得不够快、不够全面。比如效率和准确率都不高，妈妈急得每个周末像牛皮糖似的粘在你耳朵边叨叨叨、叨叨叨，可效果总是不明显。你说，必须撞了南墙才印象深刻，可是，你撞的墙还不够多吗？更何况，"尝了甜头更能坚持"的道理，你也不是不明白啊！初一时的班主任周老师说的这句话，是针对你不良学习习惯的，相信你一定还记得。

孩子，我们亲爱的女儿，希望你在课余饭后，慢慢琢磨，消化妈妈今天一早给你分析的"思想顽症"，下决心将它彻底攻克。相信那会使你更妥善地摆正自己的位置，缩短与优秀同学的差距，你说呢？

另外，在学校的五天，我们不能天天和你在一起，但心都在你身上，有空多打电话回家哦。还有，一定要注意保护视力，防止度数加深！天渐渐凉了，千万记得加衣，别怕麻烦别懒惰，切记切记！

最后，也诚恳地向你道歉，十余年来习惯了电脑写作、课件教学，妈妈今天重新"学"写方格稿纸，发现文不加点、决不涂改确实我自己也没有做到，平时对你的要求也许绝对了一点。不过，希望也相信这不会成为你今后作业仍然白团成片、黑团成线的借口。

今天是你16周岁生日，我们很欣慰地看到当年呱呱坠地的小丫头已经成长为懂事能干的少女——谢谢你把你喜欢的芋饺不断地夹到妈妈碗里，也谢谢你对我们平日点滴疏忽的理解与宽容，更谢谢你用书信的形式跟我们说出心里话。顺便提醒一句，书信的体裁要求和格式要求你都掌握了，不过，以后写信，是否还需要提醒自己一句"这是书信体作文，不仅仅是给老师看的"呢？

"我已亭亭，不忧，亦不惧。"最后，将这句我们在你现在的年龄时很喜欢的诗句送给你，这也是今天你对这个世界说的心里话吧。

此致

进步、开心！

永远爱你的爸爸妈妈

妈　妈： 郭梅，学者、作家，主要从事戏曲和女性文学的研究，出版专著、散文集等40余部，多次获得学术和创作奖项。热爱传统文化，提倡和践行环保。在单位，是深入中年的教授；在家里，是两鬓渐苍的母亲。

孩　子： 邢天谣，内向、内秀的大二女生，有艺术天赋，勤奋、努力的95后妹子。

育儿理念 ～～～～～～～～～～～～～～～～～～～～～～～～～～～～～

有缘为母女，一生是闺蜜。

17 焦虑妈妈的育儿手记

◎ 韩巧花

我是一个焦虑的妈妈。宁宁半岁的时候，我的产假结束。孩子爸爸天天出差，请一个完全陌生的保姆，我又很不放心，没有人带孩子，所以宁宁暂时寄居在她姑姑家里。姑姑人很好，对宁宁比我这个亲妈还要上心。然而，我的失眠焦虑又一次卷土重来。整整一年，在上班忙碌的闲暇，会想到各种虐待婴儿的事件。有时候甚至在上课的时候会突然走神，想宁宁现在在干什么，会不会饿着？虽然知道这不可能发生在宁宁身上，但还是抑制不住地恐惧、害怕。

经过协商，我的姐姐——宁宁的姨妈终于答应来西安帮我带孩子。宁宁回到了我身边。然后我发现了宁宁的各种缺点。忍不住拿她和小区的其他孩子比，比完后说这都是因为不在妈妈身边的缘故。虽然姐姐说孩子发育早晚不一定完全一致，但我开始无限地自责，然后想办法弥补。暗暗下决心要给孩子更多的爱。

孩子很爱玩，对一切充满了好奇，经常会磕着碰着，有段时间几乎每天都能发现她身上的伤痕。我经常安慰自己孩子都是这样，不必太在意。然而有时候还是过分担心、焦虑。在担心和焦虑中，我突然发现宁宁成长了。

一次宁宁得了比较严重的咽峡炎，连着四天，每天都高烧。一天晚上，刚睡下没有多久，我突然惊醒，摸摸她身上发现烫得要命，量量体温已经40摄氏度。我的神经再次紧张起来。吃药擦身子，告诉自己没关系，高烧是正常反应。然而没用，焦虑再次被唤醒，我一连三天没有睡好觉，隔一两个小时给她量一次体温。高烧的第四天，宁宁突然跟我说妈妈我头疼。我当时的感觉，天崩地裂。我开始想是不是高烧带来了后遗症，会不会烧坏了脑子？那该怎么办？

以后怎么办？我们赶紧去医院，医生淡定地说，没关系，不会有影响。但是我还是紧张以至于开始哭起来。医生说："你要是实在担心就做个脑部CT吧。不过我觉得没有必要。"但我还是赶紧督促医生开单子，做检查。检查结果一切正常，我终于松了一口气。宁宁很忧郁地说："妈妈我的病会好吗？"我才发现我的焦虑严重地影响了我的女儿，我必须要摆脱焦虑，避免给她造成情感的障碍。

阅读是我找到的很好的摆脱焦虑的途径。育儿书、童话、绘本、故事、童谣、诗歌、儿歌，统统都拿来读，有的和孩子一起读，有的我自己读后再转述给孩子。阅读的过程，收获颇丰，不但我慢慢摆脱了焦虑，而且孩子的想象力、语言表达能力都得到了极大的提高。一天早上，不到2岁的宁宁起床后在阳台上看了一会儿，说："妈妈，天上乌云密布的，我想是快要下雨了，那会不会影响我们出去？"宁宁爸爸惊奇地说："宁宁竟然会用成语了，而且还会推理，太了不起了。"

因为我自己是学中文的，家里的书比较多，有的时候也喜欢在家里读读诗。我没有刻意教过宁宁，但是宁宁听得多了，会背很多首诗。最关键的是会和自己的生活联系在一起。春天看到柳树的时候，宁宁说："妈妈这就是'碧玉妆成一树高'。"清明节假之前好天气的时候，宁宁说："妈妈我们快趁着好天气出去玩，要不等'清明时节雨纷纷'，那就出不去了。"一次走在桥上，宁宁嘟嘟囔囔不知道在说什么，说完之后问我是不是这样。我说什么？她说："你站在桥上看风景，看风景的人在楼上看你。明月装饰了你的窗子，你装饰了别人的梦。"她竟然把卞之琳的《断章》背下来了，而且还和眼前的景色联系起来。这个真的是我想不到的。

在幼儿园开家长会的时候，老师介绍各个孩子的优点，到宁宁的时候说："宁宁认字最多，背诗最多，语言表达能力强，学习能力强，什么东西都爱学，而且能够认真钻研，这都是家长教育得好……"我顿感惭愧，这当然是阅读的功效。我并没有刻意教过宁宁知识。而且私下里认为知识性的东西，将来总会学到的，不愿意她过早地被知识淹没。尤其是识字，宁宁所有认得的字都是在念书的时候自己将我的发音和书上的字联系在一起记的。

有的时候宁宁看书达到了一种疯魔的程度。早上起床，不穿衣服，坐在床上先拿一本书看，然后说妈妈你给我读书；吃饭的时候到了，她的书没有看完，她就会边吃饭边看书，我把书拿开，她那种委屈难过的表情，我简直无法描述。坐在马桶上，也要拿本书看。对于这样的状态，我不止一次表示抗议。但是我的抗议和反对好像没有效果。宁宁爸爸说："你自己就是如此，不分时间地点地看书，你怎么能够让宁宁改变呢？"原来，还是我自己没有以身作则，我这个妈妈实在是没有做好表率。

就这样，在不能以身作则并且严重焦虑的妈妈的影响下，宁宁自己成长起来了，从一个小小的婴儿长成了今天这个会思考、会表达、有自我保护意识的小姑娘，我感到十分欣慰。

妈　妈：韩巧花，一名高校中文专业教师，近几年开始将关注重点转向儿童文学与家庭教育领域。

孩　子：女儿寇宁轩，4岁半。小名宁宁，取安宁之意。

育儿理念

在自然中成长，在阅读中完善；身心健康为一切的基础。

18 两棵树的生长

◎ 何晶晶

当在产房里听到他的第一声啼哭时，你就知道，这孕育了十个月的种子，终于从黑暗中破土而出。

于是，你开始，和他一起生长。

在今年秋季开学前的最后一天，宝宝迫不及待地从我肚子里跑了出来。看着他那圆圆的脑袋、小小的身体，那一刻，我心里的幸福，大过身体的疼痛。

看似那么简单的事情，对他来说，都要从头学起。就拿吃奶来说，他躺在你枕边时，你得扶住他的肩膀，让他慢慢摸准乳头的位置。往往费尽力气，终于咬到了，却又咬偏了，发出吧嗒吧嗒的声音。好不容易吃准了，又一下子没了力气，睡着了。无论身旁多么重的声音在呼唤，无论怎么揉他的耳朵，弹他的脚，都很难把他叫醒。时间长了，他找乳头的速度快了起来，可又开始乱咬，乳房不是这个出血，就是那个长疤，后来干脆各撕裂了一个大口子，一咬进去，就是钻心的疼痛。这吃喝拉撒，光是第一样，他就学了一个月。

而初为父母的我们，也同他一样，是一张白纸。我们边学边摸索，学着抱他，学着用奶瓶，学着给他洗澡、按摩、穿衣服、包尿不湿，学着哄他睡觉，学着一切琐碎的步骤，学着所有巧妙的技能。就连给他吃奶粉，选什么奶粉、什么奶嘴，多少量，多久吃一次，都得衡量。

每天，都是一样的步骤。清晨，当他醒来，笑着跟他说，早上好。然后打开取暖器，给他烘暖衣服，穿上。接着洗脸、抹面霜。再带他到窗前，慢慢拉开帘子，让他看见光，跟他说"宝宝，天亮了噢"。傍晚，打开空调，把脱光了衣服的他包裹在浴巾里，快速抱去洗澡，再快速抱出，放床上，擦干。和他爸分工合作，我穿衣服，他涂婴儿油。我包尿不湿，他泡奶粉。我喂奶，他抹面霜。我拍嗝，他清理洗澡现场。用脸盆一盆盆地舀出浴桶里的水，捞出毛巾拧干，洗干净浴网，再把它们晾到阳台上。一天接近尾声，我们把他放在温暖的被窝里，给他讲故事，然后关灯，让他睡觉。

而每天，又能迎来不一样的惊喜。看到他会笑了，你微笑着对着他，他也微笑着看着你；看到他那充满生命力量的一个翻身，微微抬抬小脑袋，然后翘起小屁股，冷不丁就翻转了过来；看到他开始喜欢吃手，用力地把自己的小拳头举到嘴边，吧嗒吧嗒啃个不停；看到他开始喜欢看东西，乌溜溜的大眼睛好奇地探索着这神奇的世界……有一次，我抱着他站在床上，视野不一样，他的眼神里竟流露出了更多的好奇，一边笑着，一边瞧这瞧那，瞧头顶上的灯，第一次离得那么近。给他看卡片，他也能看很久，手舞足蹈，嘴角上扬，我移动，他的眼神也跟着移动。

日常虽然琐碎，却因为他而变得灵动起来。我们彼此熟悉，彼此磨合，彼此融入，彼此习惯。在这样的逐步前行里，我也逐渐学着去做一个合格的妈妈。

有一晚，照例给他洗了澡、喂了奶、抹了面霜，放他在床上，这时恰好朋友电话来，出去跟她说了好一会儿的话。奇怪的是，进来后发现孩子躺在床上焦躁地嗯啊个不停。直到我给他进行最后一项睡前工作——讲故事，他突然就安静了下来，用亮晶晶的大眼睛看着我的嘴唇，安静地听着，时而微笑。听完后，酝酿了一会儿睡意，他才心满意足地睡去。这件事，一下子就触动了我。从他出生后不久起，我就每晚给他进行一样的步骤，洗澡、吃奶、抹霜、听故事、睡觉，这个习惯一直在坚持，所以每当这些步骤做完，他就能自己安静地睡去。

我是一个妈妈，也是一个老师。经常有家长问我，孩子时间观念不强，学习习惯不好，为人处世太任性……怎么办。我无法找出合适的答案回答他们，直到自己也成为妈妈，才有了更深一层的体悟。

身为父母，对儿女而言，我们是一棵成年的大树，但我们成长的空间却还有许多。如何修剪自身的枝叶，如何给他们更多的引导，都值得深思。我们的脚下是一株株幼苗，我们对他们充满期待，可我们更要懂得爱的方式。孩子的健康、品格等，都跟我们息息相关。我们得帮他们一起把根深深地扎在土地里，让他们去享受阳光，去抵抗风雨，去绽放生命的张力。如果我们一开始就能用正确的方式去爱，我们就会有一个出色的开端，而孩子，也终将用他逐渐丰盛的绿意答谢我们的一片深情。

现在的生活，虽有冬日的单调冷清，却因为手心里的他，而变得生机勃勃。他的枝丫在冬日的阳光下，长出鲜绿的叶子，闪烁着晶莹的光芒。于是，我开始想象，这棵树，终将郁郁葱葱，参天耸立。

正如同这世界上长满叶子的其他树一样，绿意葱茏。

我们一起生长，一棵是他，一棵是我。

妈　妈：何晶晶，喜欢别人叫她何六日。有六个太阳，那是多么灿烂明亮的日子啊。阳光很好，看书、写作、摄影、做饭、洗衣、行走，小小的欢喜，盈满怀。

孩　子：儿子林青羽，2岁，他于世界，世界于他，都是新的，喜欢看动物，看花草，看许多让他觉得新奇的东西。

育儿理念 ~~~~~~~~~~~~~~~~~~~~~~~~~~~~~~~

我们是两棵一起成长的树，互为风景。愿关于美的东西他都能接纳，热爱文学，欣赏绘画，喜欢自己。

19 珍惜孩子的"文盲"时期

◎ 何晓原

小仓辞世

小家伙精心饲养的小仓鼠只活了一星期。他跑进我怀里扑簌簌地往下掉眼泪，看得我心里也一阵感动。他还是那样，纯真呀！多好的纯真年代！他问，妈妈，你不是说小仓会有儿子、儿子的儿子、儿子的儿子的儿子……吗？为什么它才活了几天就死了？嗯，没错，小仓一周前大驾光临的那一天，我就是这样跟他解释鼠类的繁殖能力的。当然，也以此否决了他想置办两只仓鼠的念头。怕不幸真来个男女搭配，到时候家里"可爱"成灾。

它刚来的那一天，小朋友就用鞋盒和玩具盒做了两个"遛鼠场"，分别用汉字夹杂拼音注明了"仓鼠之家一号""仓鼠之家二号"。每看它酒足饭饱，就从笼中抓出来遛遛。他想尽全力对它好，好到有一天，小仓真拿他当主人，听得他一声唤，便会有回应，甚至乖乖地爬进他的手掌心来。家里凭空多了一个活物，也多了一屋子声声轻唤"小仓""小仓仓"的快乐和期待。

小仓最终死于非命。据儿子分析，是他的偶像"李小龙"同学失手捏死的。没错，那"李小龙"，可是校年级组跆拳道冠军。他那一捏了不得，唉！可怜的小仓，自此香魂一缕随风散啊！

昨天傍晚儿子做作业，读一些新学的词语，其中有一个是"泪如泉涌"。我哪壶不开提哪壶，解释道，这意思就像你昨天看到小仓死去时的心情和情景。不料他当即又泪如泉涌，抽噎着读完剩下的其他词语。我的麻木是对他的残酷。

你有了小小的考虑

因为很喜欢《天蓝色的彼岸》，所以很谨慎地推荐小朋友看了《人鬼情未了》。当然事先约好，我有"此处快进若干分钟的权力"……不过，吻戏还是在尺度之内的。但小朋友还是纳闷了，茉莉还只是山姆的未婚妻呢，怎么就亲这么多？我努力不大惊小怪，淡定道："当然，有爱就要大胆表达、常常表达嘛！"关于婚姻，这个木讷的小朋友，内心居然已经有了他小小的坚持？

突然又想起有一次，有一道数学题，说农场有6只母鸡，1只公鸡，一段时间后，每只母鸡都有了7只鸡宝宝，问现在农场共有多少鸡宝宝。他二话不说，马上算出了总数，42只。后来一想，觉得不对，说错了错了，只有一只公鸡，他只能跟一只母鸡结婚啊！不可能每只母鸡都有宝宝的，所以最多有7只鸡宝宝。

嘿嘿，人家那公鸡才没那么专一呢！唉，要解释起来，还真是一部农场伦理大片的容量啊！罢了罢了，先夸奖夸奖他考虑问题思路全面又独特吧！

"杀鸡宰鹅"新说

昨天我家小朋友听评书《水浒传》，说到孙二娘杀鸡宰鹅，款待武松。结果他把手比作刀，一刀砍向自己的"小鸡鸡"，一刀砍向自己的额头。哈哈哈……还大叫杀"鸡"宰"额"喽。

哎呀，我无地自容啊。心想连"家禽"这概念都还未曾给他扫过盲呢！但还是忍不住大笑，说，不是这个意思啊，是那个公鸡母鸡的"鸡"、白鹅的"鹅"。你没见过鹅，没吃过鹅肉，总念过那首《咏鹅》诗吧。他先是淡定，说，我知道鸡和鹅啦。继而辩解道，孙二娘不是卖人肉包子的吗？怎么会是那个鸡和鹅呢！我哑然。他再补充道："看来孙二娘还专杀男的。"我又哑然。

我对这个小人儿还是由衷佩服的。因为喜欢，他常常令我惊讶。尽管当初两个白字差点把我笑到背过气去。那天他冷不丁地跑到我身边说，妈妈，我

108将加上"掉"（绰）号全背得出了。然后容不得我半点置疑和纠正就开始背了起来。可惜生生把"锦毛虎"燕顺叫成了"棉"毛虎。

有一天，他一脸鬼祟地，小心翼翼地告诉我，妈妈，我以前看《三国》的时候，一直把"的卢马"念成"de hù 马"，原来是念"dì lú 马"的呀！哈哈……

坚硬的豆腐

小朋友对同音字的懵懂认知，确实制造了一些小笑话。

他搞不懂毫无关联的"手机"和"小鸡鸡"，为什么同有一个"ji"。为什么"钙片"和"骗子"都有一个"pian"，难道"钙片"会"骗"人？为什么"豆腐"有一个"斧头"的"fu"，难道豆腐可以做武器吗？看来，之前关于同音字的扫盲教育，彻底以失败告终。不过，就某种意义而言，文盲反而是长于想象的。否则，谁能在柔软的豆腐和坚硬的斧头之间找到共性。我决定好好珍惜儿子学龄前的"文盲"时期。

妈　妈： 何晓原，70后，大学毕业后，一直在一个越来越不清闲的小衙门愉快地假装"全职太太"。最富裕的人生经历就是神奇地当了三个孩子的妈妈。

孩　子： 儿子15岁，大女儿14岁，是两个不上任何课外补习班的中学生。小女儿3岁，心眼多，擅长随机应变。小女儿的出生，让妈妈从"姐姐"的身份跳到了"奶奶"，瞬间变得慈祥了。

育儿理念

我不想做严厉的家长、焦虑的妈妈，我只想给他们更多的平等和慈爱。爱他，如他所是。

20 大宝二三事

◎ 胡桂珍

初有大宝，满怀欣喜，各种胎教的书和光盘买了一大堆，生怕哪个环节遗漏了就耽搁了胎儿的生长发育。于是各种胎教，对着肚子不知道说了多少话，五音不全的我居然也学唱了多首儿歌。更变态的是大冬天还坐在阳台上敞开肚子晒太阳，美其名曰"补钙"，差点还因此感冒。总觉得自己会生一个特别聪明可爱的孩子，或许天才就在我家诞生了呢！

哪知道大宝出来后，他完全不按照书来。蒙台梭利等人的书我看了一大堆，虽有收获，但总觉得来对付儿子就是理想和现实的差距！理想很美好，现实很残酷！最后终于明白，他就是我的儿子，独特的儿子。

记得大宝3岁时，我带着大宝拿着他心爱的遥控小车在小区里玩，闪闪发光会自己开动的小车吸引了其他小朋友的眼光，儿子很大方地与小朋友一起轮流着玩。从小一起看巧虎光盘，轮流玩，分享的观念已经深深影响了儿子。突然有个小女孩闯了进来，打破了这个局面，她冲过来要夺儿子的玩具，并动手打了大宝。

大宝松手了，把遥控车给了那个小朋友。强烈的母爱使我想利用大人的权威替儿子摆平这一切，但理智制止了我，我想看看儿子怎么处理这个问题。小女孩玩了好久，直到玩腻了才把遥控小车还给他。回家后，我们问大宝："小女孩打你，你疼吗？"

"有点疼。但她是女孩子，爸爸说，不能跟女孩子计较！"我听后有点冒冷汗。

"万一女孩子继续打你，打你很疼怎么办啊？"

"我会告诉她，你打人不对，我不跟你玩！"

"遥控车她玩这么久，你为什么不拿回来啊？"

"反正回家我可以玩很久的！"本想教育他，别人打你，你可以打回去，别人拿你的东西你可以名正言顺地要回来，结果反被儿子结结实实地教育了一顿。

上小学的大宝继续保留着他幼儿时期的善良和宽容。一日放学后，某同学因父母不在家进不了家门就来到了我家。老师要求完成网络安全教育平台作业，儿子打开电脑想自己先做，因为自己家电脑保存了网络平台的账号和密码。结果同学一把把他推开，登上自己账号和密码就做了起来，做完后，唰的一下关了电脑。儿子一看急了，大叫："你怎么把电脑关了！我都没有做！这可是我家的电脑！"同学回答："我就是关了，怎么着？""你真是过分了！"儿子打开电脑重新进入安全平台，却怎么也记不起自己的账号和密码。说句实话，当娘的看到这一幕的确有种想为儿子打抱不平的冲动，但是我克制住了，我告诉自己儿子以后的人生道路上会碰到各种各样的人，我不可能每次都为他出头，孩子的人生道路还是要靠他自己。儿子问我记不记得网络平台账号和密码，我说这个一直是爸爸在管的，妈妈也不知道，要等爸爸回来后再登陆。

同学走后我拉过儿子，母子进行了一场深刻的交流。

"妈妈，我觉得某某不是我真正的朋友。"

"哦，为什么这么说？"

"真正的朋友应该是不会欺负对方的！以前我一直以为他是我的朋友，现在发现错了，我真正的好朋友或许会出现在初中。"

"哦，那怎样算是真正的朋友啊？"

"平等的、真心的。"

"那你觉得今天你委屈吗？"

"有一点委屈……"

"我觉得如果你当他是朋友，你可以把你的真实想法告诉他，告诉他你不喜欢他这样做。当然如果你什么也不说，那就意味着你能忍受或者能包容他对你的态度，那也是你的选择。有些人会把你的宽容当作纵容。"

"妈妈，我明白了。"

我看着儿子在QQ上跟同学交流了起来，当同学从QQ上传来"对不起"的信息时，儿子很幸福地告诉我，虽然某某同学皮了点，但还是自己的好朋友。

"妈妈，朋友还是要从长远的角度看，一时不能代表什么呢！"

"是的，日久见人心哦！"

一日，看见儿子在写检讨，而且是因为跟同学打架。我很诧异，等着儿子给我解释。

"唉，冲动犯下的小错误啦！集会做操时，某某同学推了我一下，人家肯定没恶意了，我也顺势跟他玩了起来，老师以为我们在打架，说不好好排队，性质恶劣，就让我们写检讨了。"

"哦。"

"妈妈，你一声'哦'是什么意思啊？"

"男孩子偶尔打打闹闹很正常，所谓'不打不相识'，男孩子之间的友谊和交往可能就这么开始了。但是，凡事要把握个度。网络安全教育平台上的《校园暴力》这一节你看过的，不要把打闹上升到暴力哦！"

"这个你放心吧，妈妈！我不会的！"

我自己也不是什么优秀的妈妈，虽希望自己的孩子能考个班级的前面几名，能进优秀的民办学校读书，但是也要面对自己的孩子跟你一样是普通人的现实。我所能教会孩子的是，能在台上领奖固然光荣，但是能在台下会欣赏别人，会鼓掌的孩子也是光荣的！愿这世界温柔对待每一个认真生活的孩子！

妈　妈： 胡桂珍，中学历史教师。

孩　子： 大宝善良朴实，与同学关系好，学业中等水平，是个能在观众席上欣赏台上风景的人。

育儿理念

奉行孩子快乐成长是父母最伟大的天职，虽然孩子到小学后屡屡碰壁，但至今不后悔给孩子无忧无虑的童年。

第二辑

润物细无声

21 当我们很想做个好父母时

◎ 胡珊珊

一

周末早上8点，5岁的儿子擦着惺忪的双眼，软糯的一声"妈妈"开始唤醒全世界。趁他穿衣服的小空隙，我顺手刷了一下微信，闺蜜群里刷出了不少美图，俗称"刷屏"。原来是闺蜜H读大班的孩子去参加毕业旅行，一群熊孩子玩耍的照片被一一拍录下来，紧接着H在群里和妈妈们讨论的不是旅程中的趣事，而是一系列的尴尬事，令我在放空的周末略有所思。

闺蜜H："天啊，毕业班里的家长开的全都是豪车呀！不是宝马就是奔驰，不是奔驰就是英菲尼迪，我们的真算是小破车了……不是说攀比心理，而是孩子们在讨论'车'的话题时，面子上还是比较难受的。回来之后，我老公就感慨自己是不是应该要再努力一下……"

群里闺蜜L："是呀，我身边有钱人扎堆，朋友圈晒的不是豪宅就是豪车，现在孩子的家庭环境都很不错，个个都是朝着读民办前进！"

看着群里妈妈们热烈的讨论，我顿时有种石块压中心口的沉闷感，回头望着儿子天真懵懂的小脸蛋，未来等待他的将会是什么？

二

中午和儿子一起看完电影、吃完午餐，席间听到旁边一对母女的对话。母亲说："今天是父亲节哦，我们给家里两个父亲送个礼物吧。一个是爷爷，一个是爸爸。"

本人恍然，今天还是个小节日！看来教育孩子尊敬长辈的时候到了，欲低头跟儿子说，晚上你画一幅画或做一个手工……

随即瞥见那位母亲接下来的动作，我瞬间愕然。

她从包里抽出200块大钞递给孩子："拿着这200块钱，你自己到商场挑选两份礼物，价格只能在这个范围内。妈妈这是让你懂得如何运用自己手中的金钱。"

对于与儿子年龄相仿的女孩，现在就开始教育她如何理财，是不是有点太早？更何况金额还不菲。

中国的妈妈们都怎么了？一个小小的节日，动不动就提财商教育。

三

又想起此前受邀参加杭州一所公办重点小学的活动，活动主题是一到五年级的孩子们把自己画的漫画拿出来拍卖，所得收益用于公益捐献。

望着孩子们手举一幅幅天真烂漫的作品，一一上台展示，确实稚嫩而可爱。可是到了最后拍卖环节，原本的浓浓善意变成了浓浓商意。

现场一幅画从10块拍到了2000块，此起彼伏的拍卖声，将老师的喊停声都淹没了……面对孩子们着急跳脚地拉着父母举牌的模样，甚至有几个孩子急得哭红了眼，一副誓将价格推到最高点的模样，我只能起身走开。

中国的家长都怎么了？为了满足孩子们的愿望，豪掷千金而不顾。

以上故事全部真实，绝无虚构。这是一个年轻妈妈的分享，身为80后、90后的家长，我们的育儿观还处于初萌阶段，会迷茫、易动摇、偏自我。

当我们很想做个好父母时，面对赤裸裸地用钱买智力、买弥补、买面子，有些排斥，但又无奈自己身在其中；当在朋友圈展示岁月静好时，现实中分分钟就被各种资源的角逐和竞争所震撼；当迫切希望做一个好家长时，我们往往忽略了自身对教育的实践和反思，要么听专家的话，要么看品牌，最终把孩子初期教育交给钱来解决，原因是这样更高效便捷。

春霞老师向我约稿时，我自认不是个擅长写故事的人，因此改了又改，删了又删。况且孩子幼小，所谓的教育凭的都是家长的随性随心，而与"中国妈妈"的微信群里的春霞妈妈、秋明妈妈、伊锦妈妈等前辈沟通交流后，才慢慢清晰孩子成长过程中的家长角色。成才、成功未必非要用更高的物质条件、更好的民办学校去催生。家庭教育是每个人一辈子的修行，与其在该把孩子养成什么样，到底应该创造多好的条件，到底如何顺利挤进金字塔顶端上费尽心思，还不如想想我们自己能给孩子最有价值的是什么。

首先，金钱不是评判他人的唯一标准，除了金钱，还有品行、情趣、性格、特长等很多标准；其次，正视普遍存在的"财富贫富不均"问题，别人有的东西我们未必会有，可你有的东西有些孩子也无法拥有；最后，家人间互相的付出和爱，并不是金钱所能衡量的，情感是最无偿的付出，所以要懂得珍惜。

未来的某一天，我也希望我的孩子能明白，积蓄再多的财富不如传承父母人生中最有价值的部分。

妈　妈： 胡珊珊，毕业于中文专业，从事编辑工作多年，兢兢业业做嫁衣裳，策划出版30多部作品，涉及影视、明星、儿童等品类；践行亲密育儿理念，人文与理性兼备的妈妈。

孩　子： 江卓阳，6岁，性格乐观、单纯，有种乐天知命的无忧感。

育儿理念

所爱即所见，所见即自己。

22　生命的给予

◎ 镜花水月

　　KK降临到我家已经十个年头了，这十年的风雨和艳阳都是怎样过的呢? 我试图借着涂抹颜色来描绘我们母女的生活，准确地说是KK给我带来的生命礼物。

　　第一个颜色是粉色，粉色是她的第二爱，而于我却象征着重走少女的梦幻之路（也许是补偿我自己因太急速成长而缺失的少年时光）。粉色也是迪士尼等童话中的色彩，童话是她的最爱，粉色的童话中有她许多梦幻的快乐。也让我在陪读这些童话时得到了很大的梦幻享受。

　　当然梦幻也有被打破的时候，这个时候就有了浓稠的黑色乌云。首先是生病，孩子小时候是保姆带的，孩子常常感冒，经年累月少有消停地处在哮喘的边缘。所以这黑色首先是中药的颜色，记得有次我下班回家看见阿姨做出老巫婆的样子，举着手抓她，而平日活泼爱笑的娃逃到阳台角落里，缩成一团，一脸苦相地哀叫，我连忙拿糖来哄她喝下。黑色也是痛苦和恐惧的颜色，家里发生过很多不愉快的事，这些都给孩子造成过阴影，幸好她的爸爸妈妈都是爱她的，至今没有让她改变开朗活泼的性格。黑色也来自我教育中手足无措地乱发脾气，让孩子跌落在自己黑暗的恐惧中。但是这黑色中也有明亮的火红，那是我们心中向着光的方向努力思考、觉察学习和向上突破自我的源源的动力，那火红里有爱、信心和希望。

　　我们的生活中也有很多的橙色——温暖的爱。虽然我和孩子爸爸有很多不同和不愉快，但是对孩子的爱都是深厚浓郁的。记得那年KK肺炎住院，我和她爸爸晚上偷偷带上被子溜进医院。恰好同房的小病人都回家过夜，我们得以拼床陪睡，凌晨工人来打扫的时候我们就马上起床恢复病房，这样反倒过了很温馨的两夜。2016年G20期间她爸爸带KK去香港迪士尼游玩，两晚都订的超豪华酒店，虽然他的行为超越了我们的工资水平，不值得称道，但背后的确是一种尽其所能给予爱的表现。而我因为从小失去母亲，一路带伤跌撞前行，对孩子的引导一直在不断反省、回头再弥补中进行。我想给她我能给的最恰当的引导，因而在这件事上我特别容易思前想后。在勾画她的世界时，这如满月般温暖的橙色代表着保护孩子和突破自我生命中曾经历的重重黑暗和困扰后依然保持着的对生活的信心和活力。其实我的生活中有大片的黑色，有许许多多莫名的恐惧和担忧，有放大了的痛楚，但我也一路吸收了很多的爱和温暖，这让我总能找到力量振作起来，勇敢面对各种困境。

我们的十年共生中，还必须涂上绿色，那是属于她的生命力和创造力。我们都爱大自然，虽然身处其中的时间不多，但那总能抚慰我们的情绪。大自然中和她结缘最深的就是水。无论春夏秋冬，她从小就喜欢玩水。我会在冬日有太阳的时候，陪她在小水池边玩耍，借身边能拣到的树叶枝干玩很久。她也会在少年宫的踩动喷水圈里玩得浑身湿透，然后哈哈大笑。至于那些能遇到的喷泉，更是必须去触碰的神奇的玩具。

写到这里，便觉得孩子的世界是五彩斑斓的花园，而我只是作为勤劳的蜜蜂在其中配色沾粉而已。

总之，对我而言，育儿的过程也是养育自己的过程。我在里面收获很多童年的快乐，也碰到各种难题困扰。在修炼自己的时候，我学习着从控制、刻意执着到趋向自然、放松，随时回到自己、觉察自己的模式。而孩子就是我的一面镜子，她的很多行为都反射着我的做法。比如她会边做作业边休息，碰到困难会特别拖延；比如兴趣多转移快；比如条理不足，不善收拾整理。她也有活泼开朗、文艺的一面。我从她身上会突然领悟到我的问题和生活方式，促使我时常反思，推动我一点点改变自己的行为。

纪伯伦在《论孩子》中写道：

"你的孩子，其实不是你的孩子，他们是生命对于自身渴望而诞生的孩子。

"他们通过你来到这世界，却非因你而来，他们在你身边，却并不属于你。

"你可以给予他们的是你的爱，却不是你的想法，因为他们有自己的思想。

"你可以庇护的是他们的身体，却不是他们的灵魂……"

我觉得我在学习引领她，而更多的却是被她的纯洁善良和珍贵无瑕的爱所引领而洁净了被污染的心灵。

妈　妈：镜花水月，金融从业人员，擅长写散文和诗歌。

孩　子：女儿齐齐，小学高段儿童，性格活泼、笑点低，偶然也有深刻的见地。是个会体谅妈妈，有爱心的孩子。

育儿理念

心智健康与身体的成熟同等重要，学习重在兴趣的培养，反对机械化模式。

23 你们有理想吗

◎ 黎春花

妈龄已经十年了，发现自己是挣钱和带娃两不误啊！真的，从来没有因为带娃影响过店里的生意。而且两个娃都是自己一手带大的。

有了女儿后，在店里支个婴儿床，不哭不闹时娃扔床上，饿了泡瓶奶粉喂一下，哭闹了抱起来打开电脑放个儿歌讲讲故事，一下就能哄笑起来。有顾客进来还能帮我抱会儿呢。女儿八九个月大后，店里新增一辆学步车。拿根绳子一头系在学步车上，一头系在超市架上，这样优优就可以小范围地自由活动。

一边开店一边带娃的小日子倒也过得充实，优优2岁时儿子牛牛也出生了。

儿子刚生出来时，女儿是极开心的，因为当姐姐了，好像很骄傲的样子，逢人便说自己有弟弟了。但渐渐的感觉自己受冷落了，爸爸妈妈天天都抱弟弟，就连奶奶和外婆每次来了都是问小牛牛的情况。有次优优哭着跑来问我："妈妈，你们是不是都喜欢小弟弟，不喜欢我了？"我说："当然不是啦，大家都喜欢你，也喜欢小弟弟，但是小弟弟现在什么都不会啊，肯定要多抱抱的，而你呢很厉害的，自己会吃饭，会走路，会上厕所，弟弟什么都不会，你还要教他呢！"还没等我说完，她已经趴我腿上睡着了，哈哈！

当女儿学会拼音后，看课外书就不用我陪读了，而且有空时还可以听听她讲讲学校里的小故事。儿子特崇拜姐姐，总觉得姐姐好厉害，每个周末像个跟屁虫一样姐姐长姐姐短地问个不停，还说上小学也要到姐姐的学校去读书。

慢慢地，优优上二年级了，牛牛也上幼儿园大班了。每个周末是我们家最热闹的两天，两个娃互相诉说着各自的校园生活，有各种奇思妙想，和他们在一起，我们觉得自己都变年轻了。

　　有次一家人坐店里闲聊。我问："你们有理想吗，长大以后干什么呢？"
女儿想了想说："我长大了要像妈妈一样，开一家小店，挣很多钱，买房子，
买车子。"儿子眼珠子转了转说："我呢，像爸爸一样，在店里帮忙，有空时修
修电脑、电视机什么的。"听了这话我和老公笑成了一团，原来在孩子心里是
这么崇拜父母的，好有成就感啊！虽然心里美滋滋的，但还是觉得不对，太
狭隘了。我想了想说："爸爸妈妈的生活虽然幸福，但是很忙啊，每天都窝在
店里走不开，一年到头都没有假期，起早贪黑的，非常辛苦。你们就不一样
了，如果现在你们好好读书，有文化了可以找更理想的工作，挣更多的钱，主
要是工作轻松，有假期，而且有更多的选择，不用像爸爸妈妈这么辛苦，对不
对？"两个小家伙点点头，好像沉浸在思考中……女儿突然抬起头："妈妈，
可是读书也很辛苦的！"我说："十几年的辛苦换来一辈子的幸福也是值得的，
如果现在不好好学习，以后想找个好工作都难。"

　　这个学期女儿换寝室了，和六年级的六个大姐姐合住一个寝室。周末回
家，我问："优优怎样啊，和大姐姐们相处得好吗？"优优说："妈妈我正想和
你商量呢，大姐姐们和我聊天后知道我们家是开超市的，下周的零食和水果
叫我多带点到寝室，然后她们想吃什么直接向我购买。我再把钱带回来，这样
可以吗？"哈哈，这家伙要在寝室开小卖部了。我说："这样不好吧，你们老
师和寝室阿姨会说的。"女儿说："妈妈，我已经问过阿姨了，阿姨说可以，但
只能卖给自己寝室的，不能对其他寝室卖，不然太乱了。你说行吗？"我想了
想，说："好吧，你试试，但不能影响到学习！"女儿高兴极了："那当然，我
不会把牛奶卖到教室去的，只会方便一下同寝室的同学，而且我是寝室长，不
会因为卖牛奶而影响到室友们看课外书的时间，只会让她们有更多的时间看
书。"好吧，说得头头是道，勉强同意。女儿从此走上了经商之路。

　　每年的春节都是我们店里最忙的时候。马上就年底了，我问他们："你们
喜欢去外婆家还是去奶奶家过年啊，接下来妈妈没时间照顾你们了，也没时间
做好吃的了。"女儿沉默了几秒钟说："妈妈，我们从出生到现在都没在家过过
年，今年我想在自己家过年，行吗？我不会捣乱的，而且我还会帮忙看东西

的。"弟弟也搭腔："我也是，想和爸爸妈妈一起过年，不然我会很想很想你们。"把我眼泪说得直掉，每年过年都送走他们，心里也是非常不舍的。两个娃傻傻地看着我："妈妈你为什么哭啊，不行吗？"我说："行啊，只是发现你们好像长大了，很开心，感动哭了！都在家，咱今年过个团圆年！"顿时家里响起了一阵掌声。

很快大年三十了，到下午三四点钟时店里被挤得里三层外三层的，根本没时间做年夜饭呀。用微波炉煮了点水饺给两个娃，自己又去忙了，到大概八点半左右时买的人少了些，我跑到烟柜这边。看到两个娃面前的两个空碗，安心了些。发现女儿正趴那儿画着什么。走近一看：图画本上画着一个个盘子，盘子上有各种各样的菜，虽然画得不是很好，但依稀能看出有鱼、虾、饺子、水果等。我问："这是什么呀？"女儿抬起头说："这是去年我在外婆家吃的年夜饭，怎么样，画得好吧。""好好好，当然好，妈妈看得肚子都饿了。"说完这句，我的眼泪又一次不争气地流了下来。儿子仰起头说："妈妈你今天肯定很累了，所以哭了，对不对？""告诉你们妈妈是幸福哭的，第一次和你们一起过年，是开心的眼泪啊！"

妈　妈： 黎春花，在浙江省三门县开超市。爱美食，爱旅游，最爱陪娃。
孩　子： 女儿11岁，儿子9岁。女儿外向开朗，独立有主见；儿子细心稳重，非常惹人喜爱。

育儿理念

给孩子一定的空间和自由，同时给他们一定的压力和责任。

24 艺婷妈妈的育儿故事

◎ 李桂琴

　　婷婷跟大多数孩子一样上完幼儿园上小学。幼儿园课后有很多兴趣班，唱歌、跳舞、画画、阅读、玩泥巴，每个学期一个，她把所有的兴趣班都上了一遍。每次学什么都由她自己来选，所以她觉得很快乐。只是读幼儿园时，小朋友们抵抗力都比较弱，经常班里有一个孩子病了，接着会传染给其他好几个孩子，一个好了，下一个又开始了。这样反反复复。

　　现在想来，如果有条件的话，妈妈们还是在家里自己带孩子比较好，最好在乡下，幼儿园能学到的东西远远比不上接触自然和呼吸新鲜的空气，有一个好身体更重要。

　　小学前她没有上学前班，一年级的时候她会比较吃力一点，拼音不会读，算术不会做。放学回来总是哭鼻子，说不要上学。班里其他的孩子多多少少都上过一些学前班，老师就讲得很快，可对于从没学过的婷婷来说就跟不上了。有好心的朋友也劝我给她找个家教补补课，我开始时也有一些焦虑，但对于家教一向又不太赞成。当看了龙应台的《孩子你慢慢来》《亲爱的安德烈》后，我想还是给孩子一些时间吧。小学几年，相比其他孩子每年几千几万的培训费来说，婷婷真给我们省下了不少钱，但每年两个假期的旅行是少不了的。一到老师布置关于旅行的作文时，她就得心应手了。

　　都说三年级是个分水岭，因为婷婷上课很认真，又很听老师的话，到了三年级成绩就慢慢好起来了，从一二年级的倒数几名到三年级的前几名，进步这么快，我都觉得很惊讶。学期结束后老师就给她评了个最快进步奖。三年级整个学年还被评为区三好学生。我问她，你成绩不是最好的，为什么会选你呀？

女儿说:"因为我人缘好啊! 同学们都选我。"女儿乖巧, 老师同学都很喜欢她, 比起学习好, 跟旁边的人能很好地相处甚至更重要。

婷婷爱阅读, 从认字开始就会自己阅读了, 一拿起书本, 无论你叫她还是问她问题, 她都一概听不见的。书架上, 桌子上, 床上, 沙发上, 只要手能触及的地方, 皆有书可读。有人到我家来, 说好乱啊, 到处是书。喜欢看书, 家里乱一点又有什么关系呢! 晚上睡觉前, 是我们最快乐的阅读时光, 我们并肩坐在床头, 一人一本书, 时间早就读半个小时, 时间晚就十几分钟。睡前必读, 她已养成习惯, 如果不让她睡前看会儿书, 她会睡不着的, 有时候实在晚了, 五分钟也好的。她看到好看的书还会向我推荐。我们一起讨论书里的故事。

书房的墙上也是她的天下。有次去逛工艺美术馆, 她突然对那里的木雕产生了兴趣, 回来就让我给她买刻刀。买来后, 她就在墙上刻起来。小鸟、小花, 还真像!

有人会觉得这样弄坏了墙壁。墙壁坏了, 刷一下就好了, 可是要培养一种兴趣却是不容易的。这样一想, 也就不会再心疼那堵墙了吧。

婷婷身体柔软, 又很能吃苦, 从二年级开始就进了少年宫的芭蕾班, 后来又被选拔进少儿芭蕾舞团。每次用那个可以立起脚尖的鞋跳舞的时候, 脚上就起个大泡, 有时候我心疼地问她, 不跳了好吗? 这么辛苦。她总是很坚定地回答我, 要继续跳的。芭蕾带给她很多快乐, 每次穿上仙女裙, 在舞台上表演的时候, 她是最快乐的。

月有阴晴圆缺, 人有悲欢离合。

我跟她爸爸由于性格不合, 经常吵架。一次大吵之后, 确切地说是她爸爸又一次发怒赶我走的时候, 我终于下定决心要走了。

我搬到了离女儿不远的地方, 可以随时都能照顾她, 家里的东西除了衣服外, 其他一概留着, 以保持原来的样子。

现在女儿一个星期中三天住我这里, 四天住她爸爸那里, 情绪没有多大的起伏, 成绩也平稳, 总算安然度过。有次跟她散步, 她跟我说:"妈妈, 你搬出来也好的, 如果一件事情不能改变的话, 你就往好的方面想, 比如说, 你现在就不用怕爸爸不同意你养狗狗了。"我虽然是她的妈妈，但那一刻，她就像是我的妈妈。

　　我不知道她以后会长成什么样的人，但我依然希望她能保持健康、快乐，心中有爱，不管顺境还是逆境对未来对人生都充满希望。我想最好的教育不是让她学会多少知识，告诉她现有的规则；而是让她学会用自己的眼睛去看，用耳朵去听，用身体去感触，自己去判断这个世界的善与恶、美与丑。爱因斯坦曾经说，这世间最大的秘密是"爱"，唯有爱是这世界万事万物联结的根本。世间无大事，唯爱永恒。我也会努力做个快乐坚强的人，与孩子一起进步，一起做个心中充满爱的普通人。

妈　妈: 李桂琴，医院护士。喜欢阅读，喜欢诗歌，爱好中医文化。

孩　子: 女儿刘艺婷，13岁，读初中，最大的爱好是阅读。阅读是她学业之余最好的放松方法。会跳芭蕾舞，也喜欢乱涂乱画，没有上过任何课外的辅导班。

育儿理念 ～～～～～～～～～～～～～～～～～～～～～～～～～～～～～～～

　　温暖陪伴，成就她想成为的样子！能享受顺境，亦能勇敢面对困境，爱自己亦能爱他人。

25 育儿二三事

◎ 李晓敏

关于抱抱

Lucky出生前，我和他爸并没想过育养方式，主要因为家里有个浙江大学医学院附属儿童医院的退休专家——我婆婆，所以一切变得轻松起来。

听很多妈妈们说过，孩子不抱就不睡，不抱就一直哭等问题，所以我就想把我的经验写下来告诉妈妈们。Lucky第一次哭的时候，我们自然想去抱，但被婆婆制止了，婆婆告诉我们，抱不是解决问题的根本。然后开始检查尿不湿、脖子是否出汗、是不是饿了等一系列哭的原因，最后发现是Lucky饿了。当我们想抱起Lucky给他喝奶的时候，婆婆又制止了，直接让Lucky躺着喝奶，喝完拍嗝，然后继续放回小床。记忆中我们真的没怎么抱过Lucky，抱他的时候也都是晒太阳或者逗他玩的时候。印象最深刻的是某个中午，我和Lucky爸爸在餐厅吃饭，忽然听到Lucky在小床上哭了，我本能地想去抱抱他。Lucky爸爸制止道，我们先吃完中饭，看看情况。结果Lucky一直哭，越哭越大声。我看着时钟过了五分钟，哭声停止了，然后我偷偷地去看，这家伙睡着了。

我一直觉得我和他爸挺狠心的，我们都不是那种宠爱孩子的父母。当Lucky会走了，经常会发出抱抱的信号，我和他爸都是先拒绝。孩子会找各种理由要求父母抱，对于有些情况下孩子能做到的时候，父母要有策略地引导孩子。如果孩子说自己不想走，或者走累了要求抱抱，父母可以告诉孩子累了就休息，然后继续走，或者找孩子的兴趣点，边走边聊。不要把孩子当孩子看待，父母也可以说累了想休息之类的话。

当然，很多家庭由于祖辈的原因很难做到以上的方式，很庆幸我们家的家庭教育理念一致，所以Lucky很多方面都让我们很省心。

关于哭闹

当Lucky渐渐地能说会道，有自己的主见时，我们头疼的时刻也越来越多。特别是哭闹问题，一开始我也没有很好的办法去解决。不满足他需求的时候，他就通过哭闹来实现愿望，有时候动不动就哭，让人很揪心。如何让小孩知道哭是解决不了问题的，我花了好长的时间，找到了一些方法，现在分享给其他的爸爸妈妈们。

我在一本书里看到，当孩子的想法和你不一致时，要试着站在孩子的角度去考虑他为什么这么想。这个方法很不错。每次在我认为这么做对Lucky好的时候，刚好Lucky有自己的想法，我就会尝试着去问他原因。有时候Lucky表达不出来，我就按照他的思考方式帮他回答。通过这种方式和孩子沟通，然后告诉孩子我们要求他这么做的目的，一次、两次、三次……孩子慢慢地就会理解你。

还有一种情况，孩子犯错误之后，因为父母的批评开始哭，有些孩子会一直哭个不停，直到父母来安抚。遇到这样的情况时，我通常会让Lucky坐在自己的小板凳上，然后让他先冷静，等冷静好了，不哭了再找我聊。通过几次的实验，我发现Lucky很快就冷静下来，边哭边说，妈妈我不哭了，我们聊一聊吧。可见孩子是急需安抚的。每次Lucky发出聊一聊的请求，我都会蹲下来和他平视，然后与他像朋友一样的对话。我时刻提醒自己要和孩子平级，不仅仅是身高，交流也是。通过平等的交流，孩子会更愿意向你倾诉，然后大家平静地把问题是什么、为什么、怎么做都沟通一遍，效果还是不错的。

关于沟通态度

很多父母会和我一样，发现孩子犯错，或者日常沟通时都会用自己觉得对的方式去交流，有时候情绪被激怒了还会朝孩子吼。我是一个急性子的妈妈，有阵子经常吼。慢慢地，我发现这样对孩子不好，就开始有意识地去纠正，但是效果不明显，因为每次一发火就忘记了克制。最近有个比较好的方法和大家分享。

作为人母，我们会监督孩子，关注孩子，但是往往忘记自身的一些问题。有一次Lucky犯了一个很小的错误，在我训完他以后，他瞬间就哭了。我意识到我可能是哪儿不对，猜测是自己语气的问题，然后我就问Lucky是不是妈妈太凶了，所以你哭了。Lucky说是的。那一刻我意识到自己的不受控情绪有些严重，立马和Lucky说："以后你要监督妈妈，如果妈妈太凶了，你就提出来，还有你伤心难过了先别哭，可以先告诉妈妈。"没想到Lucky记住了我的话。在后面几次遇到类似问题时，Lucky都会说，妈妈你太凶了，温柔点。每次听到Lucky这么说，我就瞬间冷静下来。经过Lucky的多次监督，我与Lucky在沟通用词上、语气上都有明显好转。之前经常说你不能这样，现在改为你怎样做会更好；发生矛盾时也不会马上去教育，而是说，我们聊一聊吧……

在孩子的教育上，我们也在不断地学习、成长。我们见证孩子成长的同时，也让孩子看到了我们的变化。与孩子平等交流跳出父母的角色，将有意外的收获。

妈　妈： 李晓敏，从事IT行业，爱好阅读。

孩　子： 徐子涵，男，今年5岁多，性格外向、独立，好胜心强，学习能力强，喜欢听故事、做公益活动。

育儿理念

做到与孩子平等沟通，尊重孩子，让孩子通过自己努力获取自己想要的，自己的事情自己负责。

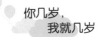

26 溪溪被长大

◎ 李雨庭

在这个夏天，小宝出生了，溪溪被长大。

老二出生，你变得麻烦起来。该洗澡的时候，你不洗澡。爸爸、妈妈、姑姑、奶奶，都来哄，来劝，甚至诱惑许诺给好吃的，但一切手段无效。爸爸开始威胁你，然后你哇哇大哭，发脾气，被爸爸一把抓起，关到门外……

你放开声音尽情哭叫，害怕、恐惧，把门撞得咣咣响。发泄得差不多了，爸爸把你放进来，抱在怀里，动之以情晓之以理，安慰一番，你哼哼唧唧，才开始洗澡。

该睡觉的时候，你不睡觉。爸爸妈妈都困得有气无力，但你还要玩，还不准关灯。灯一关，你脾气又上来了，哇哇大哭，自己打开灯。10点多了，已经过了你的最佳入睡时间点，劝说无用，又被爸爸一把抓起，扔到门外……

该吃饭时，你不吃饭。"我要把小宝的奶粉吃光光，我不喝自己的小牛犊。"有几次妈妈见你关起窗帘在阳台上待了好久，后来才知道你果然在吃小宝的奶粉。妈妈息事宁人地纵容你："吃吧，吃吧，吃完了，妈妈买。"不久，你真的把小宝的奶粉吃光了。

你排斥小宝。奶奶说，"衣服小了，给小宝"。你坚决不让，要给你的米老鼠和小猴子。

爸爸带你去了幼儿园。希望能在和同龄人的游戏中分散你的关注点。你在幼儿园特别乖巧。

第二天早上，你哭闹着不去幼儿园。又是一阵劝说，爸爸、妈妈、奶奶、姑姑，全家都围着你。你眼泪倒豆子似的扑簌簌往下落。看得妈妈和奶奶心疼不已。爸爸背着你去了幼儿园，放学后又把你背回来。每天回家你都急急地对妈妈说："我不去幼儿园，妈妈，溪溪不去幼儿园。""我和妈妈在一起。""要和妈妈待在家里。"——你认为送你去幼儿园是对你的惩罚和抛弃？这一点要到你回老家过暑假的一天妈妈才突然意识到，要让3岁的你把你的妈妈和爸爸分给另一个小孩，把你的世界分给另一个小孩是多么残酷的事。深深地愧疚，深深地愧疚在这个敏感的时期又让你去了一个陌生的环境。以至于你抵制去幼儿园好长时间。

你一会儿很懂事，是个小大人，让妈妈轻轻地，不要吵到小宝。一会儿又胡搅蛮缠，无理取闹，粘着妈妈"妈妈我也要吃奶"，"把小宝宝送回老家去"。

在你上幼儿园的头一个月里，你总是晚上不睡，早上不起。看到起床时间到了，妈妈先愁起来——大宝今天不哭了吧。

"溪溪起床了！"爸爸叫你，妈妈不忍心。

"干吗去呀？"

"不干吗呀。该起床了。吃饭了。"妈妈尽量不提你不喜欢的幼儿园。

"溪溪要睡觉。不吃饭。"你睡意正酣。奶奶一脸愁云。

晚饭后。家里很闷热。爸爸要带你去楼下纳凉，你坚决不去，瞬间就哭起来。"溪溪不去，溪溪就在家里"，你担心被拐去幼儿园了。周末都不下楼。在家的时间，除了要吃的就是翻箱倒柜，穿小宝的小衣服、小裤子，把你的小玩意儿装到小宝的收纳盒里，以宣示自己的主权。

晚上睡觉时，你不让妈妈给小宝喂奶，不让妈妈面向小宝睡。掰过妈妈的脑袋瓜面向你，给你讲故事，讲到口干舌燥、嗓子冒烟，你越听越兴奋，手舞足蹈，终于困了，打着呵欠你才睡觉。一般都到晚上11点。

爸爸妈妈奶奶常常陪你一起嘲笑小宝："小宝才喝1格，溪溪姐姐都喝4格了。看这个小不点小不小。""没断奶的小臭蛋，看我们姐姐长得有多快。"你很开心，再也不偷吃小宝的奶粉了，还帮妈妈把小宝的奶粉收起来。

"小宝胡尿尿。奶奶不爱她，爱溪溪。"奶奶一边喂饭一边数落，"溪溪都不尿裤子，溪溪晚上自己起来尿尿。"妈妈在一旁帮腔。你咯咯笑，大口大口吃饭，还抢过奶奶的碗勺：“溪溪自己吃饭，要不然在幼儿园怎么办啊！”你撒着娇，矫情起来。——爸爸妈妈平常对你说的话你原来都记着。

　　日子在你的哭声和笑语里一天天过去，慢慢地，你接受了家里的新成员。习惯了爸爸妈妈的世界被分享。7月27日这一天，你终于能放心地把爸爸妈妈交给芮芮，你迫不及待地要和奶奶回老家避暑。你开心地收拾自己的衣服和玩具，还带了一本《格林童话》。

　　有一天，你真的很忙，对也很忙的妹妹说：“芮芮，你回家看看爸妈吧。”于是，芮芮放下手上的事，完成了你的心愿。

　　有一天，你委屈难过，对妹妹说：“芮芮，姐和你聊聊。”于是，芮芮备好吃食和热茶等着你的叩门。

　　有一天，总会有那么一天，爸爸妈妈离你而去，你站在拥挤的人潮里，举目四望，还好，还有血脉同胞，还好……

　　宝贝，你要到很久以后才会明白血脉亲情在名利纷争、熙熙攘攘的人潮里是多么稀罕珍贵。

妈　　妈： 李雨庭，四川大学文学博士。
孩　　子： 大宝许宸溪6岁，喜欢听故事、跳舞，聪慧安静；小宝许芮溪3岁，狡黠好动。

育儿理念 〰〰〰〰〰〰〰〰〰〰〰〰〰〰〰〰〰〰〰〰〰〰〰〰〰〰

　　与孩子闲话交流要蹲下，引孩子学习做事要站直。

27 育儿杂记

◎ 林瑾

2005年11月，我家小儿呱呱坠地，从此，我的人生有了不同。

一

大约在儿子3周岁的时候，有朋友乔迁新居，我带着儿子去喝喜酒。忘了是因为什么事，儿子耍起了无赖，而我不免动火。一位年纪较大的朋友哄劝住我儿子，并私下里对我说："小孩子也是要面子的。人这么多，你越骂他，他越是不听。"我记住了他的话。

二

儿子幼儿园时期某次生日时，我买了一个小蛋糕。为他唱过生日歌，吹过生日蜡烛后，他对着蛋糕上的小公鸡（他属鸡的），愣是舍不得下手去吃，说："这么漂亮，不能把它吃掉。"对美的向往，也许就这样在幼年时期播下了种子。

还是幼儿园时期，某次他放学回家，脸上被女同学抓了几道口子，他外婆心疼，我也心疼。问清楚后，我打算向老师反映，儿子劝阻我："不要告诉老师，老师会批评她的。"我直接发蒙。当然，最后我还是跟老师沟通了，但也拜托了老师不要批评那位女生，而是请老师今后多加注意。幼儿园时期的班主任对他的评价是："你家儿子是一个很善良的孩子。"

儿子，你心底的这份善良与柔软，妈妈希望你能一直保持，但是也要穿上保护自己的铠甲，好吗？

三

2010年，我们母子俩有过一次壮举：我请了年假带着儿子，在上海待了一周，闯荡了一回上海世博会。

此前，我曾特意带着儿子坐过一回三门站至台州站的动车。哪里候车，怎么进站，讲过一遍，他就牢牢记着，在我上洗手间的时候他一个人看守着行李，找到座位也是拖着大包小包挪到座位上，眼睛牢牢盯着洗手间出口，等待我出现。

带着这次坐车经历给我的自信，我们出发去上海了。

虽然是人生地不熟的，但我们尽情地享受着属于我们的假期。晴朗的天气里，我们去逛酒店附近的中国古代神话主题公园，讲神话，听神话；小凉亭里，听阿姨大伯们吹拉弹唱，一坐就是一上午；在小巷子里伴着树荫散步，跟本地人一起排队买绿豆糕……

通过这次世博会之旅，儿子学会了看着指示路牌去坐车，学会了耐心地等待，学会了选择合适的餐厅和食物。从上海回来后，小家伙的独立性、自律性骤然提升一大截。

四

仿佛就是一眨眼，儿子已经进入了小学毕业班。与别人家的孩子相比，我家儿子学习成绩一般，也没有很突出的才艺，但是他独立、随和、有礼貌、性格开朗，也是其他家长眼中的"别人家小孩"，我同样为他骄傲。想想在儿子的成长过程中，我虽然是个懒妈妈，却一样付出了很多的心力。

小时候，儿子是个不爱开口的孩子，性格腼腆，他爸爸经常说"我儿子不会说话的"，搞得其他朋友真的以为我儿子是哑巴。为了培养他独立开朗的性格，在他幼儿园期间，我们娘俩几乎没有一个周末是完全在家里度过的，不是带他去公园游乐园，就是带他去参加一些活动：他手部小动作不协调，在很多人"玩泥巴还要花钱"的反对声中，我坚持送他去学习陶艺；陪着他做小玩具；陪着他把十里长街从头走到尾……孩子，我们给不了你曾经羡慕的国外旅游、大别墅和名牌车，但是"陪伴是最长情的告白"，妈妈已经做到了。

成长的过程中，我给了儿子很多，儿子也给了我很多，酸甜苦辣点点滴滴，很多时候，儿子的依赖让我坚强和成长。近两年，或许是因为工作的不顺心，或许是因为身体的不适，也或许是因为生活琐事的烦恼，脾气很暴躁，儿子作为家庭生活中的弱者，承受了我很多有意无意的火气和垃圾情绪，而他总是选择原谅我。直到那一天，在跟儿子聊起班里小男生们最喜欢的女生时，儿子说："我以后不结婚了，结婚了，夫妻之间发生矛盾那就不好了。"我才惊觉大人的情绪对儿子造成了多大的影响。没有经过上岗培训，没有考到"妈妈证"，但是我们已经成了妈妈，然后事实告诉我们，在为人父母这件事上，我们并不合格。那么只有在时光中，让我们与孩子一起不断成长了。

五

最后，用之前写的一小段文字来结束我的这篇文字。

从2005年到2015年。宝宝，十年了。十年前，羊水早破二度浑浊的惶恐，在你外婆陪同下进手术室的不安，躺在手术台上为自己签手术知情书的酸楚，这一切都在看到宝宝你的时候被开心所取代。宝宝，十年中妈妈打过你骂过你，把你关在门外任你哭喊，把你送到外婆家一年多，在你小的时候也都是让外婆来照顾你，可你对妈妈还是那么信赖和依恋，从56厘米的小娃娃长成157厘米的小伙子了，还会因为妈妈叫了其他小朋友"宝宝"而有意见，说"妈妈，你只能叫我宝宝"。宝宝，这是理所当然的，10岁的你是妈妈的宝宝，20岁的你也是妈妈的宝宝，即便当妈妈老去而你渐渐长大，你永远都是妈妈的宝宝。宝宝，生日快乐！

妈 妈：林瑾，一名基层公务员。曾于职高任教七年。
孩 子：余林熹，生于2005年的小男生，性格开朗独立，会打球，会跳拉丁舞，爱唱歌，还爱写小说。

育儿理念

"多年父子成兄弟"，只希望多年的母子能成朋友。

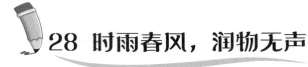

28 时雨春风，润物无声

◎ 林林

2006年2月的一个凌晨，在迷糊中听见冰河解冻的声音，我知道，宝宝要和春天一起来了。那天晚上，母亲把那个软软的小东西放在我怀里，当他开始吮吸第一口母乳的时候，仿佛有种东西牵着我的软肋，他的一颦一笑，都会使我的心微微疼痛。世界仿佛离我远去了……全世界的重量加在一起，也比不上他一根小小的手指。

顺其自然

在淇淇最初的成长过程中，我几乎是无所作为的。

他安安静静地长大。喜欢奔跑，摔倒了自己爬起来；喜欢听萨顶顶的《万物生》；喜欢看迈克·杰克逊的舞蹈；喜欢蹲在草地上去扯小狗的尾巴；喜欢看着黄昏的树在风中摇摆，然后说"跳舞"，对啊，风吹来了，树在跳舞呢……

但是，这样一种"自然人"的状态，在开始上小学的时候，就遭到了全面冲击。入小学的第一天，淇淇回家的第一句话是："妈妈，我们什么时候放暑假？"第一个星期，淇淇被老师罚站数次，因为他总是在别的小朋友安静做课堂作业的时候，自己离开座位溜达。第二个学期，淇淇离校出走，老师、家人都在栖栖遑遑寻找他，甚至报了警。而他则独自从学校走到外公家，十里路，线路复杂曲折，中间数个红绿灯，经过330国道，车来人往……

这个没有接受过规则束缚的孩子，对于这种程式化的教育，非常抗拒。

上课的时候发呆，做各种小动作，自顾自看着窗外……到小学二年级之前，淇淇语文、数学的成绩在班里都是倒数。而在家中，我对淇淇的教育也从好言相劝，到冷言冷语，再到喊叫咆哮，甚至举起鸡毛掸子……我以本性的粗糙直率对淇淇的幼稚急躁，完全失去了之前的从容与温厚。

所幸，淇淇遇到的是一位不抱偏见能以发展的眼光来看待孩子成长的老师。早期教育不足暴露出来的问题，她能以极宽容耐心的态度来弥补。即使在我这个做母亲的都气急败坏的时候，她也依然能以亲切而温和的态度对待孩子。

发现兴趣

二年级的淇淇在日记中写道："下雪的时候，我带着打火机去烧雪。我觉得雪应该是一烧就化，结果雪先是变黑了，然后才融化。为什么呢？"我慢慢发现他是一个观察型的孩子，他看到电灯，不是赞美它明亮，而是说，我看见那根钨丝了；他看到一只蜜蜂在花前嗡嗡，不是赞美它的勤劳，而是想弄明白它如何吸取花蜜。他以非常实际的态度对待他周围的事物，认真地格物致知。他说："我只对真实的东西感兴趣。"从那时候起，我不再勉强他看曹文轩和杨红樱之类作家的文学作品。

也是在这一年，淇淇的舅妈怀孕了。淇淇对胎儿表现出极大的兴趣。我们一起看了《人体科学奥秘》《从孕育到出生》，他明白了何为精子与卵子；我们也看《什么组成我》等介绍胎儿生长的书；他自己绘制了草图，每周观察记录舅妈的肚子，并附上他所了解的知识，幼稚但直观形象。程老师鼓励淇淇，整理成文章，虽然并没有获奖，但是在这个过程中，他慢慢找回了自信。

构建格局

作为一个社会人，淇淇必须跟上大家的节奏，学习基本的知识与技能。但是作为母亲，我还能为孩子做些什么呢？"格局"与"视野"，是徘徊在我头脑中的两个词。

这种格局，不仅仅是各学科的均衡发展，其实我依然不太愿意纠缠在琐碎的成绩里。这种格局，一种是横向的空间的，一种是纵向的时间的。

比如说旅游。我选择国内旅游，洛阳、开封、北京、南京、西安……各朝古都是首选，而博物馆更是必去之处。读万卷书，行万里路，虽然孩子缺乏耐性记不住太多东西，但耳濡目染，总会有潜移默化的效果。

比如繁体竖版的阅读。商务印书馆于1912年出版的《共和国教科书》被重新编辑再版，此书颇具襟怀，不自觉已和淇淇读完初小部分。

比如阅读经典。从听瞿弦和的《三国演义》开始，到看蔡志忠的国学漫画系列、陈卫平的写给儿童的中国历史系列，再到中国历代经典宝库。淇淇还断断续续看过《论语》《庄子》《列子》《墨子》等，虽只是囫囵吞枣，不求甚解，却也渐有规模。

以儒立心

曾经与淇淇讲过苏轼母子读《范滂传》的故事。淇淇忽然联想到介之推割肉以奉重耳，却不受禄的事，说："我长大了也要做介之推这样的人，牺牲自己帮助别人。"我自然是舍不得他这样的。但是，这个自小喜欢唱"狼烟起，江山北望，龙旗卷，马长嘶，剑气如霜"的孩子，却自有一份赤子之心。

"瞻彼淇奥，绿竹猗猗。有匪君子，如切如磋，如琢如磨。"淇淇的名字，来自《诗经·淇奥》，我希望，他能成为一位温润如玉的君子，积学修养，砥砺性情。

妈　妈：林林，高中语文教师。

孩　子：儿子淇淇，小学六年级，性情温厚，兴趣驳杂，常因格物致知而快乐得忘乎所以。

育儿理念

作为母亲，并无自信能将他培养得优秀，但盼他乐观旷达，精神自足，得以面对人生中的困境。此种教育，人以为悲观，却是我的底线。

29 假装放手

◎ 林薇

最亲爱的小曦：

想给你写封信，想了很久很久了，可总是忙，直到这个下雨的夜晚才动笔。真的觉得好恍惚，你怎么这么快就长大了，你的身高、体重都快赶上我了，而我脑子里总觉得你还是那个皮肤白白、眼睛大大的小宝宝。妈妈很感恩，感恩你能降生在我的怀抱里，让我当你的妈妈，让我来守护和陪伴你长大！

时光如梭，妈妈想起怀你6个多月的时候，还每天骑着自行车去上班呢，有点厉害吧？那时，可能是有点累了，也可能是你在抗议妈妈这样会有危险，所以你就从那时开始"折腾妈妈"了。

你在妈妈的肚子里变得不安分起来，好多天，妈妈站也不行，坐也不行，躺更不行，肚子还一个劲地疼得厉害。妈妈当时吓坏了，不是怕痛，是非常害怕你会有什么意外。跑医院，做检查，复查，一家家跑。庆幸最后的结果还好，你果然是最体贴妈妈的，好好休养了一个星期后，你便不再折腾了。而妈妈在之前的检查过程中意外知道了你是个男孩，妈妈没有重男轻女的思想，只是觉得异性相吸，你以后肯定会是个很暖的孩子。

果不其然，你真的很暖很暖。在妈妈眼里，你还很懂事，很坚强，很勇敢。从出生到现在，有时候你懂事得让妈妈心疼和自责。

记得你4岁那年从床上摔下来，脑门儿上鲜血直流，妈妈吓蒙了吓傻了，但是我很清晰地记得在送你去医院的路上，流着血的你还在安慰我。你说："妈妈，别怕，我不痛……"医生缝针的时候，没打麻药，你却一直很乖地配合他，直到缝完了也没哭一声。

曦，此刻，翻看着你小时候的照片，时间把我拉回到了每一个过去的瞬间，每一个情景都历历在目，清晰得就像它们发生在昨天。你是那么可爱，那么纯真，因为你的到来，妈妈也学会了很多，懂得了什么是责任。妈妈想起了自己曾发过的誓，要做个温柔如水的妈妈，不对你大声说话，不对你发脾气，更不唠唠叨叨个没完……可是，在你拖拉到很晚，青春期也渐渐到来的时候，我决定收回当初发的誓，也希望你因此明白，人生充满了很多的不确定性，妈妈的转变只是想跟上你成长的节奏。你说对吗？哈哈，妈妈觉得是这样的。很多时候，妈妈对你严格，以至于别人一问起你最怕谁，你会说最怕妈妈，但是你也会说最爱的也是妈妈！

从你很小的时候开始，你自己能做的事情，妈妈都放手让你自己去做，比如摔倒了你要自己爬起来，自己的衣服鞋子自己穿，自己吃饭，自己独自睡一间房。你还自己学会了简单的烹饪。

你入小学后，妈妈只接送了你第一个学期，之后，上学放学便都靠你自己了。曦，你可能觉得妈妈太狠心了吧，全班就你一个人是自己上下学的。可是妈妈觉得，若是把你养得太过精细，以后你该怎么办？很多事，妈妈不能帮你做一辈子，你得学会自己做，尽管有时还做得不好，不完美，但是妈妈会慢慢教你。

此刻，妈妈翻到了你10岁那年去参加夏令营的照片。这些照片都是老师发来的，看着你小小年纪就自己洗衣服，自己买菜烧饭，还单独上台去演讲……妈妈很欣慰，也很放心。妈妈知道，将来你不会饿到了！是的，这个世界很大很大，以后你会离开妈妈，去远方上学，去远方工作，还会组建起自己的家庭。总之，在你的前方，很多的美好在等你去感受、去发现、去热爱，所以，妈妈觉得让你学会独立生活真的好重要！

曦，妈妈想对你说，希望你每天都开心，快乐。我知道，这有点难，但希望你能保持阳光乐观的心态，做一个善良的人，身心都健康的人。你不需要太乖，也不用太听话，因为妈妈也不确定自己说的话是否都对。前几天妈妈曾和你开玩笑，问你：将来要找个什么样的女朋友？你答：肯定找妈妈也喜欢的！妈妈现在告诉你：你自己喜欢就可以啦！将来不管什么事情，妈妈都不会替你做决定，只会给你一些建议，因为除了坚强和勇敢，妈妈还希望你能有自己的主见和担当！

曦，妈妈不能爱你一辈子，但妈妈会用一辈子去爱你。不管是你，还是你妹妹，妈妈都一样爱。是的，你只要知道，妈妈很爱很爱你们就对啦！

妈妈：林薇

妈　妈： 林薇，来自浙江温泉名城——金华武义，从事温暖的保温杯行业，生活中爱运动、美食和烹饪，平时喜欢记录分享孩子们的童言趣事。

孩　子： 儿子刘曦，13岁，超级暖男，稳重懂事，也很独立，时常需要照顾他忘性大的老妈。

育儿理念

注重家教和家风，品德重于学问，状态大于方法，父母点点滴滴的影响，将会对孩子人格的发展产生巨大的作用。懂得放手和尊重，让其学会独立，学会爱，孩子远比你想象中优秀。

30 我在美利坚乡下育儿

◎ 蔺桃

美式育儿第一课：别把孩子当"人才"

带着满腔豪情，我们奔赴理想，落地以后不久，孩子夜醒十多次的日子开始，自以为是的小夫妻被学业和孩子夹击得毫无回手之力。带娃、买菜、做饭、理财、打扫家务，样样都是我不曾经历过的，我常常怀疑自己能否撑下去。

除了买菜，我的生活半径就是小区周围两公里。每遇到一个带着孩子在公园玩耍的妈妈，我都会问一句："你的孩子睡得好吗？"

租房办公室的经理很直白地告诉我："你需要学习，学会忍耐孩子的哭泣。"来自南美的邻居妈妈则完全没有考虑过几个月断夜奶，是不是该给孩子睡眠训练，她们的办法是，遵循本能，晚上敞开胸让孩子吃，至于睡觉问题，迟早会过去的。

没有任何外援只能依靠彼此分工合作来育儿，我们俩也慢慢明白，在这里，孩子出生后就是夫妻共同抚养，爸爸没有把育儿的责任甩给妻子或老妈，妻子也并不是默默忍受的那一个。父亲、母亲，只是人生新阶段的身份，自己才是最优先的，不会为了培养教育孩子，而过度改变自己的人生状态。

美式育儿第二课：先把自己培养好

孩子日渐长大，我开始有了自己的生活，带着孩子去教会学校上英语课，兜着她坐公交去临近的超市买菜。我娃是个"野孩子"，待在家里就各种不如意，一出家门就安静、咧嘴笑、卖萌。白羊座的小孩太需要关注，不满1岁就有强烈的社交需求。可惜小区里的小孩几乎都在上学，也没有像一个街心花园这样的地方集体溜娃。

一个充满探索精神的孩子鼓舞着我这个喜欢宅在家里的妈妈走出去，跟人打招呼，因为她总是在我组织英语的时候，就抢先对着陌生人咧嘴笑，引来一次次地搭讪。我开始带着孩子坐着公交四处打游击找孩子玩。

那时候她还是一日三次的小睡和吃辅食，我等她午觉睡醒，就带着她带上辅食坐公交车去这里的自然历史博物馆或艺术馆玩一个下午。两个馆都有专门为孩子们设计的探索和学习空间，热闹、安全，几个月的娃置身在大孩子的嬉闹奔跑中，安静地啃着塑胶蛇的场面，乍一看到真是胆战心惊。可她只是一张白纸，我并不想她因为妈妈的胆小而害怕某种生物，只好谨慎地拿起蛇，跟她介绍蛇和蛇的特性。

有一天，我和庆明照常带女儿去家附近的森林公园散步，有人在草坪上踢球，有情侣在扔飞盘，右手边的狗狗区里主人和狗快乐追逐，我们仨坐在休息区看着这一切，感觉平静美好，却没有想过要加入。午后一场暴雨并没有阻止美国人的娱乐，他们在雨中肆意奔跑，享受着运动的快乐。雨阵中跃起如同虎豹的矫健身姿，我被那运动的美感深深折服。那天之后，我们俩都像开窍了一样，扔掉推车，把娃放在腰凳上，拿上一个学校发的瑜伽球、掷球、踢球、带球过人、射门，娃在爸爸怀里兴奋地咯咯笑，我们也久违地伸展了一下筋骨。如果希望孩子open-minded（思想开放），自己要先open（开明）起来，少一点限制才对啊。

美式育儿第三课：接触真实的自然

我们住的这个地方叫盖恩斯维尔，这里被当地的华人称为甘城或者甘村。

第二年，我们极幸运地抽到了佛罗里达大学位于爱丽丝湖旁边的社区——科里村，村子旁边有一块农业系和生物系的师生共同打理的秘密花园，我们刚到不久就被对门来自苏里南的邻居带了进去。在台湾三年，采访了好多个志愿农民的故事后，我深受启发，一直在期待着与土地的联结，没想到在这异国他乡找到了。

16个月大的女儿，看着我在地里拔草、爸爸推着独轮车装木屑铺路，跟着小伙伴们在菜地里摘柿子、削甘蔗，一手指着香蕉树枝头的一串香蕉学会了说"香蕉"。一起劳作的伙伴，带着各自家乡的美食到菜地分享，砍下一片香蕉叶作为餐席，孩子们盘腿坐下一手一口，速速消灭掉眼前的食物，又跑走了。

今春开始，我们独立垦出一块地，在属于自己的菜畦里种上了西红柿、四季豆、大蒜、红苋菜和黄色西葫芦。从发酵好的厨余里筛出肥料，放上一颗菜种，通过女儿的小手把一家人的希望种下。每日来浇水、拔草，陪着孩子在菜地里认识蚂蚁、毛毛虫、蝴蝶、蚯蚓、蛇、蝙蝠和老鹰。她和小朋友们在这里一起捉迷藏、捡圣诞节彩蛋，春天吃枇杷桑葚，夏天吃蓝莓黑莓。番茄也轮地变红，她从急躁的小馋猫，开始懂得等待青青的番茄变红，每次离开都要摸摸正在成长的小果实，说一句再见。

这是我这个在农村长大的孩子也不曾有过的童年。我害怕去菜地拔草被蚊子咬，不喜欢拔出青菜带起的泥，一直以来以学业的优异逃离干农活为庆幸。十几年过去，我转变了对土地的看法，拔草种菜也变成了一件健身又治愈心灵的事。

妈　妈： 蔺桃，前媒体人，第一批赴台湾读书的大陆学生，现在美国做全职妈妈。有自己的微信公众号"我们生活的世界"，已出版《藏在小日子里的慢调台湾》。每周在家附近的博物馆做一次义工。

孩　子： 女儿希蔓，2岁多，活泼又敏感，独立又黏人，喜爱搭讪，被小区邻居封为社区之星、社区公主。

育 儿 理 念 ─────────────────────────────

每个孩子都独一无二、与众不同，努力保护她的天性，尽量不溢出社会基本规范。今生都是第一次做妈妈和女儿，对彼此都多一点宽容吧。

31 花园里长大的女孩

◎ 楼威炯

院子里满架蔷薇盛开着，花下母女俩在泡茶聊天。

女儿说："妈妈，我们下周要期中考试了，我想好好复习，可又实在不想辜负这样的美好时光。"我说："那就别辜负了。"

"不行，我都高中生了，不能老这么舒服。"女儿说完背起书包，准备去浙江省图书馆自习，临走前还笑着对我说："妈妈，此地养小养老不养青春也。"

望着女儿远去的背影，我感到非常欣慰。

记得女儿小时候，为了让女儿有较大的活动空间，我们把院子整了整，还在院子外面几十平方米的荒地上铺上石子种上花草。女儿很爱跟我们一起劳动。门口的樱花、海棠、蜡梅、紫竹、蔷薇、凌霄等60多种花草都是女儿和我们一起亲手种下并看着长大的。从1岁到2岁，除了睡觉，女儿几乎都在小花园里。当时她最爱的儿歌是"小猫小猫你慢慢跑，小狗小狗你轻轻跳，要是踩疼了小花草，我就不跟你们好"。

到了读幼儿园的年纪，我们想让女儿上最好的幼儿园。于是我们先去浙江幼儿师范学校附属幼儿园报了名，但考虑到离家有点远，最后去了杭州师范大学幼儿园，可只上了几天就上不下去了，原因是女儿很不适应，几乎每晚都在梦中哭醒。再后来女儿去了九莲幼儿园蒙氏班，在那里快乐地成长了四年。四年里，常有幼儿园的小朋友到我家花园玩，在院子的石板上涂鸦。

幼儿园毕业了，我们让女儿读了离家最近的九莲小学。

幸好九莲小学不是名校，每班学生不超过30个。正因为不是名校，校方准备打造特色动漫校园。学校聘请了专业的美术老师，在老师的指导下，女儿爱上了画画。她的作品《分享》获得了动漫节原创之星一等奖，现场画作《印象西湖》被西湖博物馆永久收藏。可能也是因为不是名校，学生作业不多，女儿有大量时间阅读、做手工。六年级时，老师要求她们每天写暮省（即傍晚的日记），女儿每天都能写上五六百字，有时实在没东西写，她就写书评。总之，女儿在九莲小学出落得很好，六年级时还被评为"德智体美劳"五好少年。最让我想不到的是她居然作为全校唯一的学生，被推荐到了杭州外国语学校。

女儿被杭州外国语学校录取后，我有些不安。首先，女儿的生活自理能力远没有强到可以去住校。其次，女儿进入青春期，情绪波动极大，万一没有及时沟通会影响她的心理健康。所以那年暑假，我们搬了家。我有意在外做事，想让她自己在家里安排时间（外婆负责给她做饭）。可我万万没想到的是，就在我放手让女儿锻炼独立能力时，她却爱上了玩手机。也不知道她用手机到底在干什么，反正每晚后半夜都能听到她在房间里捣鼓。开学时，她居然还有大量的暑假作业没有完成！当时她自己都不敢去报到了。

转眼到了期末考试。女儿一边焦虑，一边却在周末把大量时间花在手机上。我多次提醒她，她根本听不进。我把手机藏起来，她便四处找，找不到还跟我吵。我只好要求她把手机砸了，她当然不肯。最后我帮她砸了！当时她捧着粉碎的手机哭得很伤心。我把她搂在怀里，告诉她等她有足够的自控力后再给她买个更好的。

第二年春天，女儿希望住回有花园的家去。从此，每次做完作业后，她又会像小时候那样在花园里画画、看书。不知道是因为女儿适应了杭州外国语学校的生活，还是因为她熟悉的小花园帮她稳定了情绪，反正她第二学期各方面进步都很快。

为了帮助女儿打开眼界，假期我们会带她去旅游。初一升初二的暑假，我们去了新加坡和印度尼西亚。从新加坡去印度尼西亚得坐一个多小时的船。为了让女儿看大海，我有意找了个靠窗的座位，可是整个旅途中女儿戴着耳机，全然不顾窗外。我几次轻轻地把她的耳机摘下，希望她能看看窗外美丽的景色，她却一次次地把耳机戴回去，还不时露出不耐烦的样子。快到岛上时，我把她的耳机拿下，她大声吼我，我当即把耳机扔出窗外。第二天早上我拉她去看日出，她有点不情愿。但当到了海边，她开始兴奋地玩水、玩沙子、捡贝壳。返校后做暑假演讲时，她说："幸亏妈妈把我的耳机扔了，我才有心思感受如此多的美好。"

初三第一学期末，学校有个分流考。同学们周末都去参加补习班，女儿不想参加，但每周六一整天都在图书馆自习。看她有些紧张，我对她说凭她这样的学习状态，到哪里读高中都会很好。分流考的前一天，我送她到学校。女儿拉着我的手说："妈妈，如果我真的被分流，参加中考我倒不怕，只是分流后留在校园里遇到其他直升的同学会很难为情。"我把她紧紧拥在怀里，悄悄告诉她，万一她被分流我会想办法让她到别处复习迎考。她亲了我一下说："妈妈，你真好！"

结果，她成绩高出分数线80多分，直升杭州外国语学校高中部。上高中后，她又开始放松地做自己喜欢的事，一有空就去书城买自己喜欢的书，并推荐给同学们。在校文化节的戏剧之夜上，她竞演女一号，服装化妆都由她自己搞定。校园现场作画她得了第一名。最让我开心的是，平时不爱运动的她还在校运动会上跑了1500米，取得了不错的成绩。

现在女儿就要进入高二了，大家都在纠结高考的选考，纠结到底在国内读大学还是去国外读。几天前女儿来征求我们的意见，我和她爸爸只提了些建议，最后让她自己决定。

不知道女儿最终后会去哪里读大学，读什么样的大学，也不知道她毕业后会从事什么，但我相信，她一定会热爱生活，爱一切美好的事物。对母亲来说，这已经足够了。

妈　妈： 楼威炯，浙江工商大学英语教师。爱教书，爱做家务，尤其爱养花。

孩　子： 楼泠，女，高中生，爱看书，爱写作，爱画画，还爱发呆。

育儿理念 ～～～～～～～～～～～～～～～～～～～～～～～～～

作为新手妈妈，虽然看了很多育儿方面的书籍，但面对灵动的孩子，一切都是实验。孩子有自己的理解和表现，带着惯性思维的家长，也不确定自己的教育方式是否健康与合适。我想能让孩子保持纯真、快乐、开朗的方式，必然是有效的方式吧。

32　辛勤记录，快乐成长

◎ 卢文丽

　　我的一对双胞胎小快和小乐在老师们的辛勤栽培下，学习和生活自理能力有了很大进步：获得越来越多的笑脸娃娃，上喜报，获好学奖，上课能管住自己的小手，担任班级拿点心小能手、套垃圾袋小能手、倒垃圾小能手……看到孩子的成长，当妈妈的感到特别欣慰。现在我重点谈谈写快乐博客的感受。

写博客，要用孩子的视角

　　在校网上，我为孩子们开设了"快乐兄弟的博客"，记录双胞胎兄弟的成长片段，这是一件非常美好的事，我喜欢记录孩子最真实、最天真的一面。如果说孩子是美丽的花朵，老师和家长就是辛勤的蜜蜂，博客写作也是一个酿蜜的过程——作为双胞胎孩子的妈妈，我觉得尽管辛苦，但更多的是甜蜜。

　　写博客，家长要有童心、童趣，站在孩子的立场上感受生活。孩子的天性是快乐的，他们那些很日常的动作、声音、行为，常常会感染和影响我。我有时想，我们大人的语言，小孩子不一定明白；而我们，其实也很难搞明白小孩们那些古怪精灵的想法呢——那一定是一种幸福的状态。每星期，孩子们从学校回来，我都会尽量跟他们待在一起，听听他们的发现、惊喜、快乐、郁闷或困惑，既是亲子活动，也是一次轻松的享受。等他们上学后，再把这些所闻所见所感记在博客上。自开通"快乐兄弟的博客"以来，我杂七杂八、断断续续写了70多篇，内容包括孩子们的学习生活点滴，从某种意义上我只是担任了一个记录员的工作。孩子们观察问题的角度、思维方式、丰富的想象力，连专业作家也自叹不如。我想等孩子们长大些，就完全可以由他们自己来丰富

"快乐兄弟的博客"了。

正如一位台湾畅销书作家所言：孩子给了我又一次体验童心的机会。妈妈们应该蹲下身来，放低身段，从儿童的视角看这世界上更多更美妙的细节，而这正是成年人无法体会到的。我觉得，作为父母，一定要学会欣赏和搜集孩子们带给这个世界的美好和乐趣——因为童年多么短暂啊，一眨眼就过去了。

写博客，也要掌握批评技巧

家长要努力理解孩子们的心情和感受，但同时作为一个家长，必须把是非美丑善恶不露痕迹地传递出来。刚入学时，快乐兄弟还不太适应学校生活，上学要哭鼻子，我就在博客上写了《小学新生》让他们看。过了一个星期，我问孩子们这星期在校是不是又哭鼻子啦？小乐同学马上说：谁哭鼻子啦，我们只是默默流泪！因为他们知道哭鼻子不够男子汉。我个人觉得这样的方式，对孩子来说应该是有益的，也是潜移默化式的。反过来，孩子也会给家长启迪呢。有次，我大声批评孩子做作业不自觉，快乐兄弟抗议：学校老师都是笑眯眯的，从来不这么大声跟我们说话！说着说着，兄弟俩竟委屈落泪，还"扬言"：算了，我们回学校算了！那一刻，我认识到自己的教育方式不对，马上向他们道了歉，之后也开始注意自己在孩子们面前的言行举止。是的，孩子们纯净的眼里容不得沙子，大人们一言一行都必须检点，就算孩子们不对，也要用适当的方式教育，避免简单和粗暴，尽量尊重和理解孩子。从这个意义上讲，家长是在跟孩子们一起成长。

写博客不是记流水账，要像写童话一样

在博客中，家长既要学会说大白话，运用最简洁、最通俗的语言，让孩子们能听懂、看懂，又要有知识性、趣味性和思想性。另外，还要保持幽默感。未来社会的竞争，不仅是知识的较量，培养孩子从小拥有健康、乐观的

心理也很重要。我为孩子们记录的《原始人的象形文字》《小快小乐的二十三条》《寻找快乐猪假牙大行动》，兄弟俩看得津津有味，哈哈大笑。

语言的背后是思想，文字的背后就是爱心。家长为孩子写博客的过程，也是再一次了解孩子的过程，低年级学生的妈妈让孩子口述，以孩子的口吻写下文字，在这个过程中，家长跟家长其实也是一种很好的交流。

有位朋友在校网"快乐兄弟的博客"上发表了如下评论：

"上快乐兄弟的博客，立刻就被吸引住了。快乐妈妈用快乐的视角和快乐的口吻，记录着快乐兄弟生活和学习中的点点滴滴，生动有趣，寓教于乐。这是一个独特的视角，虽然是妈妈写的，但可以发挥儿童自我教育的功能。这是一个小小的文体实验，也是一场小小的教育改革。"

最后，我希望更多的家长朋友们，用语言、用爱心记录孩子们成长的瞬间。如果有一天，我们的孩子们从学校毕业时，手捧一本散发着油墨清香的珍贵的个人文集——那将是一件多么美好而值得憧憬的事啊！

妈　妈： 卢文丽，杭州人，诗人、作家，昵称为快乐妈咪。现为杭州市新闻工作者协会副秘书长、杭州市作家协会副主席。著有诗集、散文集和长篇小说等。

孩　子： 双胞胎儿子小快和小乐，今年刚满18岁。在欧洲学习语言，平时喜欢看书、听音乐，老大性格内敛，老二较外向。

育儿理念

与儿子们交朋友，他们是我最好的老师。

33 跳动的字符

◎ 马玲

今天的乐乐郁闷地坐在书桌前，作文只字未写。

小脑袋瓜垂着，似乎有些不着边际，转动铅笔，似乎在看图案，漫不经心的样子。可耳朵机灵地寻声，默默地跟随阳光打在窗棂上移动的光速，眨眨眼又眨眨眼，睫毛微微颤动，扑闪扑闪。为什么黑黑的文字不能自行地跳上来，不主动地跳舞呢？

奶奶把小桌椅搬到绿绿的葡萄架下。在绿色与蓝色间，轻轻地捧起，缓缓地放下，让乐乐可以在自然中畅想。乐乐眯着眼，倾听着风与柳絮的对话，余光偷瞄姹紫嫣红的繁花，晴空下的小小情怀必是开朗的。

情怀！什么叫情怀？不知道啊。妈妈说我有情怀，为什么作文老怀不上我小小的脑袋瓜呢？

乐乐环顾四周，咿呀！山上的溪水顺着爷爷劈了一半的毛竹片，向低处而去，一根一根接着一根，顺流到了门口的小水池里。乐乐手拿苹果，把它放进水池。啊！苹果浮了起来，用小手指一戳，又跳了上来。

"当当，当当，快来，快来！"

乐乐在大门口，叫当当。当当此时在离家不远处的田野里采摘野花。乐乐飞跑过去，两人手拉手，采了一大捧五颜六色娇艳的花。她们把花一朵一朵地种到水池里，花一会儿漂起来，她们又把它们种到水里。和着苹果与野花的芳香，小伙伴们跳进水池里，欢乐如鱼地扑腾扑腾！

"哎哟！我的小祖宗啊！"不好！奶奶来啦！但逃已经来不及了，溜更不行。妈妈说过做事要敢作敢当，才是好孩子。

"奶奶，对不起！我们一不小心，就玩成那样，但您看，水池的颜色多美呀，一段红一段紫，一格香一格甜。"

"哈哈！奶奶只想告诉你，妈妈待会儿来呢。你上来，换下衣服，看看，看看！白白的漂亮裙子，都染上小花朵啦！"

坏了，坏啦！咋办呀？作文本上还没有一个字。

"乐乐！乐乐！"

妈妈的声音呀！哈哈，妈妈亮丽的风采在台阶的尽头一点一点接近。

"妈妈！乐乐没有写作文，怎么办呢？"

生气啦！妈妈真的生气啦！抓起乐乐的衣服，旋风似的把她关进房门，她真的吓哭了，而且强势的眼泪不经过同意就落了下来。

"妈妈我错啦，错啦！"

"错在哪儿？"

"贪玩影响正常的作业完成。"乐乐怯怯地说。

"然后呢？"

"我要面壁思过。"

"那好，请在此处静思！"

啪！关闭所有阳光，所有鲜艳！

"乐乐！来，你知道你为什么不做功课，就是因为贪玩，没有责任心，所以你静不下心来。你的小脑袋瓜很聪明，你想想，思不在虑里，是没有收获的。"

"你注意观察你周边的风景，你会发现，原来你有许多许多的植物、动物可以描述！"

"妈妈！是不是我把看到的、听到的，像哆来咪的排序排好，就可以啦？"

"对！"

"啊……原来字符这么简单，看到的、听到的，写下来，就可以！"乐乐坐在窗台前，闻着花香。她想，夏天太热，我能不能写一篇冬天的作文呢？于是，她这么写：

初冬的早晨是寒冷的，初冬的早晨是木讷的，初冬的早晨是安静的。

初冬的早晨，校园的喷水池里结了一层薄薄的冰，那透明的冰引来许多学生，他们拿起冰往深处扔去，那冰与冰碰击的声音清脆而好听。我拿起一块冰。呀! 真冷啊! 冷得让我打哆嗦! 如果把这冰放在夏天多好呀!

再看看生物角里的鸟吧! 鹦鹉在树枝上跳来跳去，叽叽喳喳地叫着，像在表演节目，场面生机勃勃。忽然，我看见一个小脑袋，原来是一只鸽子，它冷得把羽毛竖了起来，卷成一团，它只是因为好奇才把头伸出来看看，还有几只鸽子因为怕冷都不敢出来呢!

在操场边，树木有些已枯黄了，树叶耷拉着，一副无精打采的样子，让人看了很心疼，它们好像在问为什么没衣服穿似的。而有一些树依然是绿的，中间也有少许黄的叶子，但这不影响它们的形象，它们可不像其他地方冬天的树懒洋洋的，它们可是精神得很呢。

乐乐，笑靥如花! 原来，文字这么神奇，这么可爱; 只要自己用心观察，让它站哪儿，它就站哪儿，让它跟谁在一起，它就能跟谁在一起，真好玩啊!

乐乐终于爱上一个个字，一个个词，一句句话，一篇篇美文。

乐乐，童年本应有的嬉戏，可以带上玩游戏的机智，可以用跳舞的节奏。伸出手，你能接住阳光。踮起脚，你能触摸希望!

哆来咪，跳出你的快乐! 哆来咪，给予力量!

妈　妈：马玲，杭州人，江南女子，在一家外企工作。
孩　子：女儿乐乐，从小被放养，活泼开朗。

育儿理念

在孩子成长过程中，最好的方式就是陪伴!

34 做一回狠心的母亲

◎ 马巧红

　　啪！当我把一记耳光重重打向她时，我被自己吓着了。足有一分钟时间，我脑子里一片空白。对面的女儿与我一样，眼睛睁圆，张开的嘴巴只顾抖动着却发不出一点声响。她胸口的起伏在加速，直等她长长地缓过一口气："你打我？你打了我了！"这八个字像一颗颗倒三角的石英石，蛮横地撞开紧咬的牙缝。我看见她拳头紧紧地握着，双脚却一动不动地钉在我面前，眼睛一眨不眨地瞪着我。缓过神来的我一下被她的目光激怒了，脑神经像是突然被接通："是的，我打了，我恨我没能早打，我应该在你3岁的时候就打，你就不会是今天的这副模样！"我也高声嚷嚷。难以置信这么长的句子从我嘴里倒出来，仅用了两秒钟。接着是静止，好可怕的几秒钟，好像时空全部被冻住。这极度难熬的时刻，终于被女儿"哇"的一声打破。此刻我的心脏已被哭声震裂。

　　看着自己这只刚刚打了人还未收回的手，好叫人厌恶，我都怀疑它是不是我的，因为自出娘胎它还是头一次打出这么一记像模像样的耳光，而且是落在女儿的脸上。那一记耳光分明以加倍的重量击伤了我。我一屁股跌坐在床沿上，泪水不听使唤地流出来。只听得女儿的哭声出了卧室到了客厅，随之又到了门口，我便不假思索，一个箭步冲了出去。两人挤在了门口，四目相对，又是一阵尴尬的僵持。紧张、害怕、自尊让我不敢上前拉住她，都不知道自己该干什么了，还好见我冲出来的女儿又一次被惊着了，拉着门的手停了下来。是她先收回了目光，噎住哭声后抽泣起来，然后抬起头，用袖子一抹眼泪，放开喉咙冲着我倾泻起她的委屈。意思是，也就一件衣服没找着，凭什么要打她。是啊，就事论事，这一记耳光是用不着的，可她怎么能知道对我而言这正好成了一个出气口呢。

事情起因是前两天我去学校了解孩子的学习情况，她班主任告诉我孩子这个学期学习退步了，而且这一段还退得很快，她上课注意力不集中，作业也不认真。她学习成绩下滑很多，甚至有一门功课还亮起了红灯。原因竟是她着迷于上网。我深知网瘾的后果，担心、后怕与自责一股脑儿全涌了上来。想起孩子3岁时她父亲就因意外事故走了，我一个人为她的成长倾注了全部心血，生活上别的孩子有的她绝对少不了，学习上尽可能让她读最好的学校，也重视智力开发、情商培养，音乐、书法、画画的启蒙一样没让她落下，还尽可能地带着她感受山水，见识外面的世界，给了她足够的陪伴，而且外婆外公舅舅叔叔们给了她更多的亲情与爱。因为付出，所以对她有了更多的期望；也因为期望太高，所以才更觉得失望。我无法忍受她的不争气，无法忍受她学习成绩变成这样，我积下了满满一腔的怨气。

又是周末，孩子回家了。她问我她的校服放在哪里，我冷冷地回答在衣柜里，我看她进去只一会儿工夫就出来了，站在卧室门口说没有找着。我压着气，走进去打开衣柜门，只翻开最上面的一件衣服，这件校服就跳到眼前。

这一记耳光就是这时候气急败坏地冲出去的。

挨了打的女儿一边哭，一边数着饭粒，一边诉说我打她的不是。我一声不辩，把我的痛我的气我的委屈统统和着饭菜咽了下去。等她闹够了，说够了，我也冷静了，这时候我才开始压低声音慢慢地与她说。我说你不要觉得打你委屈了你，我这一记耳光打的是你做事太不负责任，衣服放在第二件，你就说找不到。找不到一件衣服事小，可它反映的是一个人的责任心。没有责任心能做好什么事？就像你在学校，为什么这学期学习成绩下滑那么多，你认真读书了吗？对自己负责任了吗？一个人要对自己的人生负责，就要对每一段的人生负责，作为一个学生读好书就是责任，能读好书的前提是先把人做好，要做一个有责任心的人。一个人不懂得担当，没有责任心，能成为对社会有用的人吗？我后悔你3岁之前没有打你，因为那个时期的你还不懂道理，疼痛能让你记住做错了事要受惩罚，记住人要有担当，要负责任，所以打一下未尝不是一种好方法。

我也后悔自己的疏忽大意，因为你写的一篇文章就以为你长大了，懂事了，相信你了，你太让我失望。当我说了这一切后，她把头低下了，过了好一会儿，她抬起头，很诚恳地对我说："妈妈，我错了。"

今天，女儿圆了读浙大的梦。当我看着腆着孕肚奔波于单位与学校之间的女儿，一边是她不断挑战自我，边工作边学习，新单位需要新的知识积累，工作需要新突破，双休日成了读研日，晚上还要听课做作业；一边又要为做妈妈做准备，那一本本厚厚的育儿书要读。看着她每晚七八点才能到家吃晚饭，看着她怀孕带着身体不适还要坚持工作学习到深夜，看着她早上早起连端出的现成饭菜都没时间吃上一口，真的很心疼。想起当年的那一记耳光，都不知道自己该感到欣慰，还是后悔。

妈　妈： 马巧红，从事教育工作十年，后转入公务员队伍，喜山水，爱文学，现已退休。著有《瓦砾的表情》。

孩　子： 女儿叶子吟，从事金融行业，浙江大学研究生在读，初为人母。她心智健康，爱学习，善沟通，识大体，是个有责任心的好职员，有孝心的好女儿，善解人意的好媳妇。

育儿理念 ～～～～～～～～～～～～～～～～～～～～～～～～～～～～

让孩子身心都能健康地成长，特别重视孩子的心理健康。母亲的责任是在几个关键时期做好孩子成长的心理调节师。当她失意时给她鼓励，给她信心；当她有成绩自满时给她新目标，给她冷水。对孩子的教育基本以讲道理为主。

35 永远的伞花

◎ 毛芦芦

那一刻，小红枣什么也没说，但她那倔强又自豪的笑容却分明在告诉我："妈妈，放心吧，我能行的。走吧，快去老太家！"

这天，我的女儿还不足3岁，我的外甥也才刚刚吃过3岁的生日蛋糕。因为我一个人抱不了两个孩子，所以干脆让他们各自打了伞，自己走着去。

出门时，娘也拦爸也劝，连无论干什么事都全力支持我的爷爷奶奶都说我在胡闹。因为外婆虽然和我们在同一村，可村子大，从我家去她家，差不多有一里半路，又是个大雨天，还得带两个这么小的孩子，我这确实很像在胡闹啊！

雨越下越大，小红枣、小怪怪的雨伞，一直在风雨中摇来晃去，也一直在乡亲们的惊叹声中摇来晃去。

我只好一路朝遇见的每个人都报以歉疚的笑脸，以平服他们对那两个在苦雨中艰难行走的孩子产生的巨大怜悯和对我的由衷不满……

路，真的挺远的。半里多长的横街走完了，前面是一里多长的直街。而且，我们还只是走了直街的一半。

俩孩子的衣袖裤管都被打湿了。头发也湿了。越往西走，遇见我们的乡亲，眼睛被惊诧之情撑得越大。最后，我干脆低下头来，谁也不敢看了。

"阿姨，怎么，还，不糙（到）呀！"小怪怪虽然比小红枣大了两个半月，可那时说话还是一顿一顿的，不清晰。

"快啦，快啦！我知道的，转一个弯，再转一个弯，就到了！"小红枣像大姐姐似的安慰着她的小表哥。说话的空当儿，伞又歪了，雨又直接打在她身上了。实在是怪令人心疼的。

　　不过，我们又坚持了一会儿，就走到了直街尽头。就在那些咕咚咕咚的石板路结束的地方，我们向左拐进一条不足半米宽、路面坑坑洼洼、两边青苔历历的小弄堂，往前大约摸索了五六十米，再往右一拐，就走进了一条开满胭脂花的砂石小路。

　　小路尽头，有个姹紫嫣红的大花架。那花，就是我的老外婆、他们的好老太种的。

　　那时，红红蓝蓝的绣球花开得正好。那幢被浓艳的绣球花热烈拥抱着的白墙老屋，明净、安闲得仿佛不属于我的村庄，甚至不适于这个熙熙攘攘的地球。

　　"嘘，咱们先不喊老太哦，咱们轻轻走过去，突然吓她一大跳，好吗？"小红枣突然歪歪扭扭地往前急奔了几步，拦在我和她的小表哥面前，一手用力地擎着伞，又将另一手上的小食指竖在嘴边，小声地提议。

　　"好啊！好啊！嘻嘻！"小怪怪当即高兴得大叫起来。

　　"嘘……"小红枣忙朝他轻轻地长嘘了一声。

　　外婆就坐在门槛内，望着门外。可她根本没发现我们。

　　小红枣兴奋地望了我一眼。她的大伞又歪了。雨点密密地在她头顶敲着鼓。

　　可是，那一刻，我却根本顾不得照顾小红枣和小怪怪了。

　　我望着我的老外婆，眼泪霎时夺眶而出。因为，外婆望着门外的眼神，是那么寥落，那么苍茫，那么无依。我们走得很近了，她还没发现我们，而只一味对着大花架对面的那树朴素的栀子花发怔。

　　看得我心疼难忍，泪水顿时哗哗地跌出了眼眶。

　　在那天的雨中，我其实是偶然窃听了外婆一生的孤凄心语啊！

　　我怎能不痛彻心扉呢？我泪如雨下，泪如雨下，泪如雨下。

　　可是，两个小家伙却根本没有发现我在无声痛哭。一起大叫着，朝老太猛冲了过去："老太！""老太！"

　　小红枣在跑动的时候，蓝花伞又歪了，她干脆将伞一扔，说妈妈你捡，然后，就张开双手朝老太扑去。

　　我那正沉浸在无边怅寥中的老外婆，被这对小家伙的叫声一惊，抬眼一望，见到了这对满头满身滚满了雨珠又滚满了笑珠的曾孙们，露出了一抹不可思议的眼神，她万万没想到在这样的大雨天还会有孩子来看她，她惊讶得张大了嘴巴，先呆了呆，然后才突然笑了。那笑，在她那白皙清秀的脸上，催开了一朵硕大无朋的香花。那花，比天底下最大的绣球花开得还要丰满、灿烂和妩媚！外婆都80岁了，还是那么美丽、优雅啊！

看，此刻，她都来不及站起来，就直直地向两个孩子伸出了手臂。当两个孩子飞进她的怀抱，抱住了她的脖子，把欢乐洒进她身上的每一个毛孔的时候，我终于忍不住欣慰地笑了，一边流泪，一边开心地笑了——我多么骄傲，在这样的大雨天，我把这样珍贵的两份礼物，送给了我的外婆……

而这，是我最后一次去外婆家。半个月后，外婆就因突然摔了一跤而陷入了半植物人状态。没过多久，外婆就离开了人间。

我相信，我那天之所以要那么固执无比地带着两个孩子冒着大雨去看她，冥冥之中，一定是有神灵在推着我呢！

总算无憾，曾在外婆生前，在那个最冷清、最寂寞的雨天，给外婆送去了那两朵可爱无比、永不凋零的伞花！

妈 妈： 毛芦芦，中国作家协会会员，浙江省作家协会儿童文学委员会副主任，浙江散文学会理事。发表文学作品500多万字，出版60多部作品。作品入选多项国家级重点出版工程。

孩 子： 女儿汪芦川，是个很认真很善良的孩子，性格娟静，热爱文学，热爱写作，出版作品《妈妈的麻花辫》。

育儿理念

言传身教，潜移默化，用自己无声的行动去影响孩子，然后给她爱、信任和包容。

36 育儿路上，我和娃斗智斗勇

◎ 莫莹洁

我们家的"洪荒女孩"童童快7岁了，看着她乖巧甜美的睡颜，童妈我都要被自己感动了。育儿路上，在哄娃吃饭睡觉方面，我一直和娃斗智斗勇，不容易啊，翻开几年前的育儿日记，还是让人哭笑不得——

吃饭。童童不是个惦记吃饭的主，老是被奶奶追着喂，有时被我强行摁着坐下，但依然"饭来张口"。我超羡慕"别人家的孩子"，逮着什么吃的都往嘴里放，还能甜美地说"我还要一碗"——这对我们来说无异于神话。我们查过微量元素，也给她吃助消化的消食片什么的，还是收效甚微。我和童爸痛定思痛，进行了亲切而友好地交流，认为当务之急是要让童童养成良好的吃饭习惯，于是开始施行"棍棒加鲜花"的"一周养成"政策。

周一，在多次警告无效后，我动用了"私刑"——用衣架子在童童身边敲打，小家伙在哽咽中把面吃完了。

周二，婆婆特地做了童童最爱吃的饺子，可是童童还是磨磨蹭蹭的。只好把奶奶支出去，我来劝她吃。

周三，初见成效。吃米饭，我们和童童比赛看谁吃得快。平时绕着饭桌好几圈不沾边的童童一开始就坐在了板凳上，大口地吃，除了抗议菜太多外，最后还是乖乖吃完了。为了鼓励她，看着时间还早，我带她到学校花园玩了一会儿捉迷藏。晚上喝黑米稀饭，童童一口气吃完了，这让我看到了胜利的曙光。

周四，中午还好，吃了俩小鸡腿，吃了大半碗麻食。到了晚上，又故态复萌，动动小剪刀，翻翻小书本。我们清理了她面前的所有小玩意，她又开始玩小手指了。我说："妈妈不想打你，想亲亲你，好好吃完，一会儿妈妈带你去玩。"童童只是象征性地挑了一粒米送进嘴里——此法失效。

我一咬牙，把那碗还温着的米饭倒掉了。很慢，我不看她，但知道她在看着我。她也没有太大反应。过了一会儿，童童给我展示她刚剪好的"作品"，我狠心不看，说："我只和乖宝宝说话，你没吃饭，我不和你说话！"她哇地哭了，开始闹腾，要求我带她去玩。我坚决不松口，我说我们拉钩说好吃完去玩，你没吃饭，不能去。但我还是折中了一下，把她抱在怀里，跟她好好说。

这是一个好了伤疤忘了疼的熊孩子。她马上雨过天晴，拿出画笔和我涂颜色了。晚上我要带自习，为了防止我不在家，老人被孩子磨得没法，给她吃东西，我把家里能吃的都收起来了——奶粉锁进柜子，拿走钥匙；冰箱里的酸奶和中午的麻食放到了邻居家；订的羊奶，我喝完了。

晚上回来，童童没有我想象中的崩溃。我头一句就是问婆婆，娃吃饭了吗？婆婆给了我一个白眼："你这狠心的亲妈，把东西都藏起来了，娃能吃什么？"憨实的童童弱弱地冒了一句："我吃了，吃了一个苹果。"糟糕，我忘了还有几个苹果了，不过据说童童只吃了半个。吃吧，苹果不耐饥的。要睡觉了，我让婆婆把零食带到她的房间，老人不太愿意："晚上她要是饿了就给吃点，不能真把娃饿着了。"我拒绝了。

吃饭问题折腾了好一阵儿，童童睡着了。这个宝贝蛋第一次惦记着明天吃什么，吃饭养成计划初见成效。我不知道这次倒饭经历能在她心里留下多深的印记，明天会怎样。或者我该关心，晚上她饿醒了，我该怎么办……

童童吃得不多，睡得也少。常常是我们哄她睡，自己眼皮都快睁不开了，小家伙还很兴奋。童妈我常想，童童要是上幼儿园不午睡，碰上个格格巫似的阿姨（受新闻影响），会不会被嘴上贴胶带、针扎、关小黑屋。

小孩的瞌睡，有时上一秒她还玩得欢，下一秒就跟手机断电一样进入梦乡了。顺着她玩，玩兴奋了，自然睡觉无期了。童妈我还指望童童睡着了，我也能跟着眯会儿或者看点书什么的呢。全由着孩子也不行吧？

童妈亲自实践。在童妈手里，童童异常兴奋。就算童妈按照外婆的指示

——照做，童童也不给面子，还翻我眼皮，小指头捅进我的鼻孔，你想不理她都不行。但一旦搭理她，就要打持久战了。童童要把她的玩具问候个遍："娃娃？""娃娃睡了。""鱼？""鱼也睡了！""羊？"……她不断地翻身爬起，我不断地把她拉下，搂进怀里。我给她盖上小毯子，她马上就扯下来。要是我实在不理她，她也能自得其乐，嘴里嘟嘟嚷嚷，语言自成一体，让我忍俊不禁。

　　那童妈成功过吗？有的，用故事。都是现场临时瞎诌的，例如"小白兔要去拔萝卜，兔妈妈说小朋友们都睡觉了，没人帮忙，你也睡吧，醒了再和童童玩"之类的，虽然有时候她会忽闪着眼睛，继续等待下一个简短的她能听得懂的故事，但慢慢地，童童静静地听了，忽闪忽闪不算大的眼睛，睡了。安静了，世界真美好。

妈　妈： 莫莹洁，西安市田家炳中学语文老师，刚成为第二个孩子的妈妈，平时喜欢读书，爬山。

孩　子： 女儿张旖真，小名童童，今年7岁了，刚上小学一年级。其名意为"情思柔婉，品性纯真"，可她文静不足，调皮有余，不失灵气。

育儿理念 ～～～～～～～～～～～～～～～～～～～～～～～～～～～～～～～～～～

　　教育无定法，学会耐心学会爱，育儿先育己，和孩子一起成长。没有完美的教育，学会接纳不完美的自己和不完美的孩子，走好人生每一步。

37 目光相随爱相伴

◎ 木木

相遇

我打开电脑，还没开始写，眼眶已经湿润了，心里堵得慌。想起了我们的第一次见面，第一眼，并不喜欢你。高高的额头、尖尖的下巴，显得头有点畸形，还有身上难闻的气味，抱了不到一分钟，我就还给了工作人员。

你什么时候出生、几斤几两重，没有人知道。我们的相遇，也是在你出生后的大概20个月后。从福利院抱你出来，在车上的三个小时，你见到高速公路上的大车，兴奋地大叫，发出类似猿猴的"哦哦哦"的声音。我知道，在福利院，没有人教过你怎样表达，你只能以我们人类最原始的声音表达你的兴奋。

屁股上、肚子上只有一层皮，皱巴巴的，身上瘦骨嶙峋，摸上去全是骨头，头上、手肘上有陈旧的疤痕。第一次给你洗澡，我就忍不住想咒骂，怎么能有人这么狠心。

你和姑姑、表哥躺在床上玩，灯是关着的，我走进房间，你听到我说话的声音，大哭起来，要我抱。就是这一声哭，击中了我，见面才一天不到，你就认我的声音，认我是你最亲的人。躺在你身边，拍着你小小的身子，莫名地感动。

相伴

你倔强地在公园里一趟一趟地走，似乎在努力地补回你之前错过的最好的学步时光。你贪婪地看着周围五光十色的风景，用"哦哦哦"的声音表达着你的兴奋。你安静地听周围的声音，一切的声响都是你不曾听过的鲜活的语言。

我右手抱着你，背上背着背包，左手拖着行李箱，带你坐火车、坐轮船，看不同的风景，听不同的声音。带着你三个家轮流住一段时间，让你认识爷爷、奶奶、姑姑、叔叔、婶婶、表哥、外公、外婆、舅舅、阿姨，让你感受你有很多亲人在身边。

坚持一个人全职带你，慢慢地，你胖了，能走能跳了，说话流利了，相貌也变了好多。会背三字经、唐诗、儿歌了，喜欢跳舞、画画、听故事。在路上，你会跟每个人打招呼，爱笑、开朗。给你买了个喇叭，你会说太响了会吵到人的，坚决不吹。偶尔，我会在你面前示弱，故意让你做一些事情。你会摸着我的脸说：妈妈好可爱哦，妈妈好乖哦，妈妈那个时候那么小，让我来带你去之类的话。像个小大人。渐渐地，你长大了，和同龄小朋友的差距也越来越小。看着你一步步地成长，我感到很欣慰，也很有成就感。

相随

你上幼儿园了，每一天早上分离时，你都会大哭，哭喊着"我要妈咪、我要妈咪"。开学后一个多月的时间，你不管做什么，都要牵着老师的手。放学只要有其他家长来接，你就开始哭，直到我去接。你的分离焦虑症好像异常严重，但也没办法，即使万般不舍，我也得狠狠心。你总归要长大，总归要开始习惯与爸爸妈妈的别离。

刚打出别离两个字，心头一紧。与其说是孩子不舍与家长别离，其实，最不能接受别离的还是家长。从抱着孩子的第一刻开始，我就想着这已经是别离的开始，在和孩子相处的每一分每一秒当中，我从来没有想过，这是我一个人的孩子，她是独立的个体，有独立的人格，我得尊重她、爱她。仅仅是因为她现在还小，我照顾她，教给她生存的技能。很多时候即使是小小的决定，我也和她商量，我要让她学会为自己以后的路做决定和承担相应的结果。

看着孩子在我面前欢跳的背影时，我想象着无数种别离的样子。我想让孩子每一个阶段的背影在我脑海里定格。目光相随，爱相随。

妈　妈：木木，民营企业普通职员，做事虎头蛇尾，没有长期坚持的兴趣爱好，三分钟热度是常态。虽已年近四十，但永远不承认，会突然间惊醒，发现岁月不饶人。

孩　子：又小又糯的小囡囡已4岁，上幼儿园中班，喜欢跳舞、画画，好动，会顶嘴，会反过来教育妈妈。

育儿理念 〰〰〰〰〰〰〰〰〰〰〰〰〰〰〰〰〰〰〰〰〰〰〰〰〰〰〰

陪伴孩子，也是修炼自己的过程。一直相信"教育"是最失败的教育。做出来，给孩子看，和孩子一起成长。

38 "熊孩子"是不一样的天使

◎ 庞茹

女儿在一两岁的时候，就越来越显出她"熊孩子"的特质。

刚会走路就开始爬上爬下、翻箱倒柜，把每个房间能够到的抽屉、柜门都打开，把东西都翻出来，到处都是"战利品"。

书房的柜子是钉在墙上的，和墙之间有条很小的缝。她把爸爸的银行卡塞到里面，被抓包的时候银行卡还露有一个角，然后她加速捣了进去。

大冬天看到水果店卖的切开的哈密瓜，她一定要吃，拉她走，她边反抗边开始爆发哭闹"神功"，直引得路人侧目。

有一天我上班前发现鞋子不见了，而前一天还在穿它们。几天以后，她自己把它们从大衣柜里翻了出来。

把电脑线拔掉当跳绳，踩着玩具车当轮滑，把家里的纱窗弄了好大的破洞……这样的例子不胜枚举。我看过的那些教育理论完全无用武之地，我忍不住抓狂、怒吼，但收效甚微。也许是巧合，好友家的孩子都是乖巧型的，我请教她们的时候，她们常常茫然地回复我："这种情况好像没遇到过，可能因为每个孩子个性不同吧。"

女儿2岁半上小托班，依旧是完全不听指挥。课外休息时间结束，要回教室，可她还玩在兴头上，老师怎么喊也不进来。老师让小朋友们围成一个圈圈一起做游戏，她就在圈圈外跑，在游戏器材上爬上跳下。她很喜欢小朋友，有时却热情过头，会突然把小朋友拉过来，来个"大熊抱"……我每次去接她，都要硬着头皮接受老师的"投诉"。

我需要行动起来。

我先诚恳地和老师进行了沟通和交流，首先向老师承认我家孩子确实不乖巧，但我们家长一定会耐心地引导她，希望得到老师的理解。老师也是为人父母的，能理解家长的心情，表示会配合家长。当然，作为家长，我也要理解老师，不能奢求老师像爱自己的孩子一样去爱学生，也不奢求老师会绝对公平地对待每一个孩子。这并不是说老师没有爱心，而是人之常情。老师只要能尽到自己的本分，能对孩子有耐心和包容心，就是一个合格的老师了。

接着是培养孩子的兴趣点。"熊孩子"都有些相似的特质，精力充沛、脾气火爆、胆子大，同时也很喜欢新奇和新鲜的事物，学习和接受能力比较强。对这样的孩子，家长在陪孩子玩的时候，就要多些点子和花样。我女儿从小就喜欢一些益智玩具，在大人的引导下，她也可以玩出自己的创意：做手工、画画、骑滑板车，都像模像样的，总能给人一些意外的惊喜。这样在孩子耍赖、发脾气的时候，就可以用一些新鲜的东西以及玩法来吸引她，转移她的注意力。她做得好的时候，尤其在她放弃"耍赖"玩出新意的时候，一定要夸奖并奖励她。而且爸爸要参与进来，我女儿就很看重爸爸的奖励，因为在孩子的心目中，爸爸还是挺权威的。

可以树立一个偶像。偶像可以是虚拟的。我女儿很喜欢巧虎，图书和碟片都经常看。她不乖的时候我就会和她说"你看巧虎是不是都洗过手才吃东西""巧虎都已经睡觉了，他刚才还问，这么晚了，宝宝还没有睡吗"。偶像也可以是孩子经常一起玩的好朋友。"你不是很喜欢和琪琪姐姐玩吗，你看琪琪姐姐是不是从来都不会把鞋子袜子脱掉、赤着脚在家里走来走去""琪琪姐姐说了，她不喜欢和爱扔东西的孩子做朋友"。帮孩子树立一个偶像，在某种程度上会有一定的引导作用。当然，在树立偶像的时候，有两点要注意：不要比较，不能说偶像好，孩子不好；不是要和偶像的做法完全一样，而是要学习偶像好的地方。

还有就是不守规则要受罚。有很长一段时间我都纠结要不要对孩子进行体罚，通过学习和亲身经历，我觉得有时候体罚也是必要的。不过也只限于打手心、打屁股、站墙角、答应的礼物取消等。像我女儿有扔东西的坏习惯，她只是觉得好玩。有一次她喝完水，就随手把喝水的瓶子扔到地上。瓶子被摔破了，我严厉地批评她，并告诉她不可以再这样以及为什么不可以这样，不然就要被打屁股。没过多久，她又踩着凳子，爬到客厅的桌子上，把没喝完的红酒碰倒，瓶碎酒洒，一片狼藉。我动手打了她的屁股。她自然是哭闹反抗，很久才平息。在她平静下来以后，我严肃地告诉她为什么会挨打。第一，之前就告诉过你不可以爬桌子、摔东西。第二，餐桌是用来吃饭和放东西的，不是用来爬的。第三，爬桌子很危险，会摔下来；酒瓶摔破了也很危险，会扎到人。也可能是这次的教育起了作用，从那之后，没有再发生过类似的事情。扔书、扔玩具等现象也明显减少。

学会尊重孩子。这个尊重有两个层面。一是不要在众人面前责骂孩子，孩子也是有自尊心的。二是真正把孩子作为一个独立的个体来尊重，而不是把自己的意愿强加给孩子。

每个孩子都像一块璞玉，既有先天的特质，也需要后天的雕琢。没有人是完美无瑕的，首先要接受这种不完美，其次要根据孩子的个性去发掘、引导、培养。爱就一个字，可是要培养一个孩子，需要的是付出、耐心、包容，而家长自己也要不断地学习。在和孩子一起成长的过程中，你会发现，"熊孩子"也是天使，只是他身上会有更鲜明的个性，因为他有一对与众不同的翅膀。

妈　　妈： 庞茹，编辑。

孩　　子： 李依涵，女，乳名暖暖（因为出生在一个阳光灿烂的日子）。活泼开朗、个性鲜明，有时脾气还有点小火爆。

育儿理念 ～～～～～～～～～～～～～～～～～～～～～～～～～～～～～～～～

教育既有教也有育，教的本质是尊重、是努力，育的核心是陪伴。帮助孩子成为他本来的样子和本该成为的样子。

39 放手，让孩子飞得更高

◎ 钱国丹

我学的是机械工业。"文革"期间，工作极其难找，好不容易进了一家机床厂当临时工，干的是铣床活。厂里五花八门的机床很多，而铣床却只有一台。因为技术性强，想学这门手艺的人很多；再加上我的出身不那么"根正苗红"，嫉妒和排挤我的人也不少。我整日小心翼翼、战战兢兢，生怕被人一脚踢了出去。

我担心产假期间会生出变故。所以老三出生才45天，我就带他上班了。因为带着婴儿上夜班的女工仅我一人，专门为我配备一位老姆娘厂里觉得很浪费。于是我只得把摇篮搬到铣床旁了。

隆隆的机床轰鸣声是我儿子的催眠曲，飞溅的柴油是我儿脸上的润滑剂。这么摇摇晃晃了一年，他就蹒跚学步了。摔倒了，只要不是磕出洞来，我都不急着扶他，而是鼓励他自己起来。几个回合下来，他就明白哪些地方可以去，哪些地方有危险，还明白在哪儿摔倒必须从哪儿爬起来。

我养了一堆儿子，没买过一罐奶粉一斤白糖，甚至没有买过任何辅助食品，一直母乳喂养到1周岁，戛然断奶。断奶的第一天，我就让他"自食其力"了。我把老三放在食堂方桌正中，盛半碗饭搁在他盘起的双腿中间，再给个勺子。他自己就舀着饭往嘴里送。一开始他勺子拿不稳也拿不正，饭粒就纷纷扬扬地往下掉。我一边说着"粒粒皆辛苦"，一边把饭粒扫起来，重归他碗里。这样过了些日子，当别的同龄孩子让端着饭碗的母亲追着满地跑的时候，我家老三已经学会用筷子灵活夹菜了。

在他刚满5岁的一个星期天，我拿了个大木盆在水井旁洗衣物。看看天上的日头，我念叨着，买菜来不及了。在一旁玩耍的他竟然说：我去买菜！

　　我惊讶他的自告奋勇，又担心他不可能完成任务。可是那种放飞的心情鼓动着我，于是我用湿漉漉的手掏出五毛钱，说，你去试试吧。他嘻嘻嘻地去屋里拿了个竹篮，一路小跑上菜场去了。不多会儿，只见他双手提着沉甸甸的篮子，累得满脸通红地回来了。

　　7岁那年夏天，他提出要买块布料给自己做套新衣。有了两年买菜的历练，我放心地拿了布票和钱，让他奔百货公司去了。他买回一块稍薄的浅蓝色格子的布和一块稍厚的宝蓝色的布，送到裁缝师傅那里。几天之后，他拿回一件衬衣和一条背带裤。我又在裤子的两个膝盖处绣了两只梅花鹿。这套新衣一穿出去，人们都纷纷打听：这么漂亮时髦的衣服，是从上海哪间百货公司买的？

　　上小学伊始，许多孩子都要家长送，而我家老三已经是东奔西跑的"老革命"了，让人陪着岂不丢脸？他推搡着我，坚决不让我送，拿了钱自己缴学费去了。

　　他绝顶聪明，但心思并不完全放在读书上，上课会做小动作，要看课外书。有时冷不丁冒出一句话来，逗得全班同学哄堂大笑。因此老师特别生气。有一回，班主任怒气冲冲地打来电话，要我到她办公室去。我骑着自行车到了学校，看见阴沉着一张脸的班主任，我的老三则灰头土脸地站在一旁。班主任见了我，劈头盖脸一顿数落，还说：他的智商，明明可以考出很好的成绩，全是让开小差给害的！

　　将心比心，哪个小孩能做到完全专心听课？而且，我也不想被老师训得灰头土脸，不想让儿子太难堪。于是对老三说：上课插嘴影响同学听课的确不对，以后要改正。老师余怒未消，继续历数他的"罪状"，说来说去，也没超出做小动作看课外书的范畴。我就回应说，这不算特别错吧，我小时候上课也做小动作也看课外书的啊。

　　我这话让班主任大跌眼镜。之后，她在不同的场合、不同的人群里，历数我的"不当言辞"，并振振有词地说："天底下也找不到第二个这样的家长了，不跟我一起训导儿子，居然说自己小时候也这样的！"

　　从那以后，儿子视我为知音，一直到如今，他什么事都不会瞒着我。

他高中毕业没考上大学。我问他要不要复读再考？他摇着头说，我想早点参加工作。我想，他想早点参加工作有他的道理，再说，工作中不能再学习吗？于是他进一家工厂干电工。工厂负责人也大胆，上班没几天，就派16岁的老三去福建石狮出差。出门七八天，带回的故事一箩筐。那一件件一桩桩，有好笑的，有惊悚的，有尴尬的，但是他处理得非常得当。

几年后他到一家银行任部门经理，工资已是我的一倍。有一天，他突然提出要下海。那时他才20岁左右，我觉得，放弃这么好的工作有点可惜，再说，我们家好像没有经商的基因。他说，老妈，我最大的缺陷就是脸皮太薄。银行主要的工作是拉存款，整天腆着脸贴人家冷屁股，这太不适合我了，长此以往，我会短命的！

我怎么能让他短命呢？他补充说，你怎么知道我不适合经商呢？我觉得自己有这本事。我想，孩子大了，更应该让他自由飞翔。就说，你爱怎么着就怎么着吧。

一晃就是十多年，他很用心做自己喜欢的事，把公司打理得越来越大、越来越红火。最主要的是，他很快乐。他尊重员工，也放手让他们去干。他用我对待他的方式对待自己的儿子。因此，我的孙子曾骄傲地宣布：我是全国最快乐的孩子！

我想，如果家长一味地按自己的意志去左右孩子，他们的孩子可能会取得更大更好的成就，可是能像我儿子这么快乐吗？

妈 妈：钱国丹，国家一级作家，发表作品500多万字，出版长篇小说、小说集、散文集20部。现任职于机关单位。

孩 子：老三已年届不惑，性格开朗，自信满满，待人真诚，事业有成。

育儿理念

家长不撒谎，孩子就诚实；放手让他去飞，不怕挫折和失败；把儿子当知心朋友，尊重、欣赏；不勉强他做他不愿意做的事。

40 一个13岁小插画师的成长路

◎ 邱宇红

　　秋天的秋，童话的童，秋童，她，13岁，还是一个初中生（刚进学校就被同学封了"学霸"的外号），还有着另外一个令人羡慕的身份——春风文艺出版社最年轻的插画师。她最想和哆啦A梦结婚，因为它口袋里有很多宝贝……她超喜欢霍金，因为他聪明。哇！秋童，她到底出生于怎么样的一个家庭，她的成长路，又是怎么样的呢？

　　爱因斯坦说世界上最伟大的力量是想象力。对于一个母亲来说，如何开发及保护孩子的想象力，特别重要。教育理论方面，我不是专家，但可以和大家分享一下经验。

亲子阅读怎样才能事半功倍

　　如今，特别是在城市里，亲子阅读已经被大多数家庭重视，但是，为什么有些家庭的亲子阅读效果好，有些却很一般呢？我这几年接触过不少的妈妈和少量的爸爸，我觉得，主要原因有两个。首先是父母给孩子阅读的时候，是否是真正喜欢才读给孩子听的。父母喜欢的作品才会读得有感情，才能感染孩子的内心，如果不是，那效果真的会差很多。其次，亲子阅读过程中父母是否与孩子互动，激发了孩子的思考。如果这两点做到了，亲子阅读效果怎样也不会差。记得秋童5岁多的时候，有天晚上我给她讲了一个童话故事，结果第二天早上一醒来她就哭了，还想着前一天晚上妈妈讲的故事中可怜的河马悲惨的命运呢。

至于亲子阅读持续的时间，我认为需要一年以上。每个孩子的家庭环境不一样，比如孩子的父母白天上班时，将孩子交给老人看管，那孩子很可能会有很大一部分时间交给电视机。这些都是影响孩子阅读兴趣及专注力的因素，还有，下了班的家长，最好不要在孩子睡觉前看电视娱乐节目或玩手机，可以选择看书看报，或者和孩子聊聊天。

培训班不是引导孩子兴趣的唯一方式

秋童五六岁的时候，不管她画的鸡是腿断在一边的，还是画的鱼只剩一副鱼骨架，我们都善意地鼓励她："画得好，不错！"我们一直做她最好的观众及评论员。我们没有要求她必须按照大人的想法画一只完整的鸡或一条丰满的鱼，她爱画成什么样就什么样，那是孩子真实的世界，也是她直接表达心情的一种方式。秋童习惯用漫画表达自己的情感，以至于在犯错误的时候，她也把犯错的过程用4格漫画的形式表现出来，请求大人原谅，基本能让大人转怒为笑。

孩子一出生，我也曾记过一段时间的日记，也坚持过一段时间用画笔记录秋童的趣事，但都没有让秋童喜欢上文字和画画。直到有一天，她和我上街，我的钱包不小心被偷，秋童的第一张4格漫画就诞生了。从那天起，她几乎是每天画一张，至今已经画完几十本素描本，有写生的，有临摹的，更多的是创作的。慢慢地，我将她的漫画作品投稿到报纸、杂志，一开始，也没有结果，到了四年级，刊登她作品的杂志和报纸才开始多起来，约稿也有了。她还开设了新浪微博，她画的漫画故事得到了一些成人的喜爱，因为其清新的风格，被称为"治愈系"作品。

孩子的爸爸在当年也算是文艺青年，有时也会帮着公司写写海报什么的，秋童看着看着，居然会无师自通地不打草稿写空心字了。

2016年10月，秋童受邀为春风文艺出版社世界儿童文学名著《淘气包日记》注音美绘版丛书创作80幅插画，《淘气包日记》与《爱的教育》《木偶奇遇记》齐名，作者是意大利人万巴，这一年，秋童读七年级。《淘气包日记》全国首发日那天正好是秋童的生日，她在书店为许多小读者们签名，这是她最好的生日礼物。

如何培养孩子的想象力

中国画里，有种技法称为留白，我觉得，这种技法也同样适用于儿童想象力开发。人脑有时也不需要输入太满，要留点内存思考用呢。

秋童6岁即能自主阅读《大头儿子和小头爸爸》（绘本是小学三年级起才看了大约200本）。之前的阅读量并不大，从她5岁起，我每晚睡觉前给她读的童话故事不超过半小时。但是在睡前半小时的互动阅读中，我用尽自己的本领，通过说或唱或肢体语言来到位地表达故事的内容。在并不明亮的环境中，孩子眼前也许就呈现了一幅会动的画面，故事结束了，她的小脑瓜还在开动。就这样，在白天上幼儿园、晚上自由玩耍、睡前半小时听妈妈讲故事、周末没有任何培训班的情况下，女儿上了小学。她小学依然不上培训班，白天上课，晚上画画或自主阅读（小学时作业很少，一般我下班时她就已经完成，我只需要签个大名）。小学二年级的时候，老师对女儿作文的评语是：好像一幅灵动的画！是的，我也常常在读文字的过程中感觉到一幅幅画面的切换或镜头的切近、拉远。这，应该就是想象力的最好表现吧。

"世界名著敢用初一女生的80幅画做插图？当然！秋童的插图充满了童心童趣，这是最宝贵的，非常契合文字作品的风格！"著名儿童文学作家狐狸姐姐这样说。我也曾听过一个题目是"每个孩子都是冠军"的演讲，特别赞同其内容。每个孩子都有独一无二的闪光点，作为家长或者老师，我们的责任就是帮助孩子找到他们的闪光点，呵护他们，帮助他们有个性地成长。

妈　妈： 邱宇红，跨界女凡人（金融业十年、汽车业八年），目前从事教育培训行业，爱好亲子阅读及各类植物。

孩　子： 女儿陈秋童，高中生，00后非主流插画师，文笔幽默。

育儿理念

只要你一直坚持，世界就会为你让路。

第三辑

大手拉小手

41 A BOY'S SKY

◎ 融融

A BOY'S SKY——这是老二2017年1月3日新创作的一首钢琴曲目。"妈妈，这是我元旦深夜的灵感，那天晚上我梦到绿得不能再绿的草地上有几只鸟，我躺在草地上，夕阳西下，看着天空，五彩缤纷，像一幅油画，于是脑子里就有了这个旋律，好听吗？""当然！"此刻我便是一边听着他这首曲子，一边慢慢回忆着两个孩子成长的路程，我究竟有什么可以与你分享的呢？老大已经22岁，真的是有点大了，8000多个日日夜夜。这两个孩子的到来都是惊喜，我完全没有准备，但是他们的急迫容不得你慢慢适应。

想起老二出生后回家的第一天，老大双手接过去，小心地捧着弟弟，再也没有"妈妈，如果你再生一个，我就将他扔进马桶冲掉"的恶语，满脸的好奇和疼惜。他们岁数相差近一轮，我用自己再一次的无畏终结了老大的独生子身份，而老大也因为有了这个弟弟，很多独生子的小毛病也自然消失。人与生俱来的特质决定了很多矛盾不是教育问题，就像我家的老大对待他的弟弟，可能他自己也不知道他原来可以是另外一个样子。

"先有琴声还是先有谱？"当老大还在小学的时候，有一天他跟我提出他想学钢琴。我问他："妈妈看见很多小孩学琴很辛苦，简直就是一部血泪史，多数人最后都不想再摸琴了，你能坚持吗？"他很坚定。好吧，于是他走上跟中国大部分琴童差不多的路，只有两个地方略为不同。领他进门的是一个不太会说中文的俄罗斯老师，最初的几节课更多的是练习耳朵听，没有让他在手形和枯燥的练习曲中产生抵触，等到这个老师离开再换成更正规的老师后，老大已经对弹琴很有兴趣了，那些练习中的无奈和痛苦也因为自己的热爱而减少了一些。

到了老二这里，他羡慕哥哥能弹琴是肯定的，但怎么弹，他若不提请老师，我是不会主动提的。奇怪的是他从右手一根手指慢慢地戳键盘，到两根手指，然后更多的手指加上去，直到左手也能像模像样地配合几个音。再后来他几乎是每天都如醉如痴，一曲接一曲，随着自己当时的心意弹，我们只需在一旁静静地欣赏。如果说哥哥弹琴是受我们大人有意无意营造的音乐氛围，以及他幼儿时期学过一段时间葫芦丝等的影响，那么弟弟身上这种对音乐的热爱和领悟也许就像他们俩之间的那种兄弟情感一样，是天赐的吧。在音乐这条路上，对于老大，我仅仅是做到了放手，他便能走得很远；对于老二，我就是放纵，快乐一天是一天，陶醉一天是一天！

说到放纵，因为我个性里的天马行空，造就了两个孩子完全"不守规矩"，也自食其果地和老大共同经历了难熬的高中三年。中考他以全校第一的成绩考进全市的重点高中，但一个学期后，他就肯定地告诉我，他不会再像身边的同学一样去做那些习题、听那些无聊的课，原因就是那些题和课程会让他的脑子变呆。我想应该还有其他隐因吧，比如懒惰、挫败感及游戏等。原因我都没什么时间细究，他就说到做到，迟到早退，从痴迷打篮球到后来痴迷游戏，我只能忙着应对没完没了的各种非正常状况。我和他都成了学校的"名人"，包括他弟弟，因为有很多次与他班主任的交谈，还要捎上他弟弟。不可能不烦恼，但再放纵我也要亮出自己的底线，去网吧是不行的。可孩子有时是狂妄、糊涂的，哪里会管你的底线。

如今老大不仅对自己的未来有很多具体的规划，还能用暑假的时间赶着多修学分，希望早点毕业实现自己的梦想……写到这里，我想起现在流行的一句话，如今的孩子是炭火里的豆腐，吹不得，碰不得。但有一点是肯定的，我们要有足够的耐心和信心。失败多少次都不可怕，他们是我们的孩子，只要不放弃就好，一切的糟糕都是黎明前的黑暗。

老二还没到青春期，我不知道未来的他又会唱哪一出，但我也不会多想。就像现在这样，我没心没肺地带着他，从幼儿园开始，一不小心已游学了近八年。这种状态在中国是极其小众的，也会有很多弊端，但选择这样的方式养育老二，主要是自己贪玩的心作怪。我总认为童年是拿来玩的，学习往后点不碍事。于是在我自身条件允许的情况下，给了老二一个不一样的小学生活，不管怎样，在游学的过程中，我和老二还是收获满满。

这样的游历让他留下了一本本的旅行日记，也让他的拍摄技术、原创电影手法不断增强。更重要的是，他看见了很多不同的人和事，我想这是他坐在教室里很难深刻接触到的。他思考，会不停地发问，我尽我所能回答，回答不了的他自己去寻找答案，找不到也无所谓，人生不就是在不停地寻找吗？我告诉他，这个世界，在人的眼中可以有无穷大，但你得走、得想，不停地走出去才可以，还要趁年轻时。是的，我希望他和他的哥哥多去看，看那些杰出艺术家们留给我们的他们对世界的独特感悟；看中国美丽的山河和不尽如人意的地方，深深地了解自己的祖国，也要去呼吸异国的空气；看这个世界的豪华和奢侈，也看在街道上乞讨的穷人，感受各个种族各种肤色的人以及他们的生活哲学……

老大即将走向社会，老二也准备走进校园，对于我们大家来说，接下去的每一步都是崭新的。美好的呈现以及麻烦的再生都会不期而遇。正如老二的这首曲子《一个男孩的天空》，这片天空里将要发生的一切都没什么可担忧的，让它们都来吧，我们一起分享和面对！

妈 妈： 融融，一个只爱到处流浪的普通家庭主妇。

孩 子： 老大，美国普度大学在读，爱音乐、体育，有一颗天马行空的大脑。老二，小学六年级，爱作曲、旅行，梦想成为一名飞行员。

育儿理念 ～～～～～～～～～～～～～～～～～～～～～～～～～～～～～～～～～

耐心接受他们的不完美，享受和他们在一起的每一刻，等待他们给你的下一个惊喜。

42 三城记

◎ 茹英

　　我是陕西宝鸡人，爱人是安徽宿州人，我们的小家在西安。逢年过节，要么去宝鸡，要么去宿州，我们就这样像很多外来的年轻人一样在三地之间来回奔波。结婚两年后，我们的小天使果果出生了。从此，我们一家三口的三城生活更加丰富起来。

宝鸡——远亲不如近邻

　　从半岁开始一直到幼儿园前，果果几乎都是在宝鸡度过的。我家在农村，家家户户住得近，虽是独门独院，可一开门，什么张家、李家，都成了一家。对门李奶奶煮好了小米粥，热乎乎地端来给果果；后面杨奶奶院子里的葡萄熟了，摘来两大串也给果果；西边王奶奶家孙子不在身边，她就每天来我家逗果果玩，像疼爱亲孙子一样……左邻右舍的爷爷奶奶们都爱孩子，孩子就更爱孩子了。果果在宝鸡有一群好朋友，比她大的，比她小的，都能玩到一起，常常是几个小孩一起在谁家玩，玩到饭点了就一起在谁家吃饭，吵吵嚷嚷，热热闹闹。都说远亲不如近邻，在宝鸡的日子里，我这个妈妈是缺席的，但我的果果却成长得很好。

　　我在学校工作，每到周末或是暑假就会回宝鸡陪孩子。尽管在农村带孩子没有那么讲究卫生和营养，可是我的果果却有别样的成长。果果就像一个活泼的小兽，瞪着她好奇的眼睛，追寻着每一个新鲜的事物，尝试着去了解每一个新鲜的事物。在宝鸡的生活里，更多的是姥姥姥爷的陪伴，还有热情淳朴的邻居们的陪伴，是他们用鲜活的日子养育了一个活泼可爱的果果。

宿州——走，野地里撒欢去

每到过年，我们总是要回砀山的，砀山是宿州的一个县。这里的农村人家住得比较分散，并且田地和宅子穿插在一起，出了院子，就能看见大片大片的梨树、蔬菜大棚什么的。这对果果来说，简直就是天堂。院子里是待不住的，那就去野地里撒欢吧！

果果姑姑家有三个孩子，两个女孩一个男孩，都比果果大，每次果果回老家，三个孩子就跑过来一起玩，虽说一年就见一次面，可是血缘就是这样奇妙，果果"哥哥""姐姐"叫得又甜又亲，就这样，哥哥姐姐们牵着果果的手出门找乐子去了。一只羊在路边吃草，果果见了，新鲜得不得了，蹲在羊的旁边，跟着"咩咩"叫。再往前走，似乎听到"哼哼"的声音，姐姐抱起果果，原来那个用砖头垒起来的矮墙是个猪圈，果果第一次见到了猪，既兴奋又害怕。我呢，就负责在这个时候回答果果的"十万个为什么"，并顺势引导，孩子趁此机会收获更多的知识。

西安——你是优雅的小公主

3岁的果果，回到了西安的家，开始了和妈妈在一起的生活。那个野惯了的小丫头，要学习规矩、学习礼貌，准备开始她的幼儿园生活了。

每天晚上，我都会陪果果一起玩，顺便问问幼儿园里有什么开心的事，我会尽力引导她讲讲她的好朋友，讲讲老师有多好，告诉她，一个有礼貌、讲道理的孩子才是可爱的孩子。说得多了，她也会拿这个道理去评价别人。记得有一次，她非常认真地对我说："妈妈，我们班一个小朋友洗手的时候不排队，她总要站到第一个去。""那怎么办呢？其他小朋友是不是也不高兴她这么做？""是的，妈妈，我跟她说必须要排队，不排队是不礼貌的，可是她不听，我就跟老师说了，老师让她排队了。""她这样做的确不对，不过她如果能改正也是好孩子吧？""是的，妈妈，我还可以和她做朋友。"听着果果这样给我讲述她的故事，我很欣慰，孩子能自己判断，自己处理，这就是集体生活的收获。

果果很爱美，爱穿裙子，爱照镜子。我知道，这是女孩的天性，所以我一边给她买漂亮的裙子，一边慢慢地给她渗透："只穿着漂亮衣服的美不是真正的美，你要做一个优雅的小公主！"第一次说的时候她并不懂什么是"优雅"，于是，我就给她讲善良的白雪公主、勇敢的苏菲亚、正义的芭比，从她爱看的书和动画片里，让她去体会"优雅"是一切美好品质的集合。后来她竟然也会用"温柔"来夸自己，还会在我急躁的时候批评我："妈妈，你要有点耐心才行！"

后记

三城的生活还在继续，果果也在一天天成长着。在她的成长中，我所做的就是尽可能地陪伴她，至于世界是什么样的，我希望她能用自己的眼睛去看，用自己的耳朵去听，用自己的手去触摸，用自己的心灵去判断。当她不懂不明白的时候，妈妈就在身后。

妈　妈： 茹英，中学语文教师，闲暇时喜读书，听音乐，偶写只言片语，记录生活瞬息。

孩　子： 女儿武可萱，小名果果，取硕果累累之意。果果活泼开朗，爱唱爱跳，爱交朋友，是全家的开心果。

育儿理念

每一个孩子都有无限的可能性，父母要善于观察，适时引导，耐心倾听，静待花开。

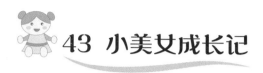

43 小美女成长记

◎ 施旭丹

从知道怀孕的那一刻起，我一直期盼着，肚子里的会是一个贴心小棉袄。果然，中秋节前夕，女儿出生了，白白的皮肤，大大的眼睛，我欣喜若狂，决定要把她培养成一个才艺双全的小美女。

或许是我的这种心情太迫切了，或许是我的态度太严格了，又或许是我的教育方式错了，琴、棋、画、唱、舞、主持，只要女儿稍稍露出一点感兴趣的态度，我全部报名去尝试，虽然女儿也学得中规中矩，但我逐渐发现，女儿越来越内向，畏缩，不敢表达自己的意见。

我揣摩着，摸索着，反复思考着，到底是哪里出问题了？原来，真的是我的方式错了。平常，只要孩子做错了一点小事，我就会严厉地批评她，比如，孩子们之间玩闹的时候，只要吵架了，或者有其他孩子来告状了，不管对错，我第一个批评自己的孩子。再比如，学古筝的时候，因为孩子还小，家长基本上在边上陪练，学会技巧，回家再监督孩子练习，自此，在每周学完新琴曲的前两天，女儿基本上都是在我的批评声中度过的，边哭边练，边练边哭……一件件小事，一次次批评，日积月累，孩子越来越不自信了，学习越来越规范，只求不出错，套一句她自己说的话："我说了，做了，就有可能出错，我宁愿在边上做一个安静的听客！"

我深刻反省自己，决定换一种方式与孩子相处。此时女儿正当进入小学，在征求过女儿的意见后，我们决定先把之前的兴趣班全部暂停，新报了一门书法课。照样是家长在边上陪练，女儿经常写几个字，就会看看我的眼色，好像在观察妈妈到底满不满意？我记住之前的教训，不支持，也不批评，只告诉她：

"老师说的要点，你记住了没有？你就照着练，好不好，你自己看。"刚开始，女儿很不适应，总是写几个字，就看看我，看看老师，又看看字帖。慢慢地，老师表扬越来越多，妈妈也会跟着老师的表扬，给她竖大拇指，她的字也越写越顺畅。与此同时，学校的老师也反馈，孩子表现很好，唯一的不足就是上课不主动发言。我知道，这都是我的错，是我的原因造成了她现在的个性。我与各科老师，反复沟通，反复改变策略。

　　几年过去了，女儿也渐渐变开朗了，她又重拾了画画、唱歌，当然，她最喜爱的书法还一直坚持着，并多次获奖。但是，或许是因为小时候的阴影，她还是不喜欢上课发言，除非她有百分百的把握。只要低于90%的把握，她就不会举手发言。又或许得益于小时候的教训，女儿的人缘一直很好，因为她从来不争不抢，只要朋友喜欢的，只要她有的，一般都会先让给别人。对此，我真是哭笑不得。或许，对于孩子的教育，应该把握的尺度，只有家长自己在摸爬滚打中才能真正体会并把握住吧！

　　不同时期有不同的烦恼，今年应该是女儿生活起伏最大的一年吧。首先，花开的年龄，早熟的时代。女儿收到了有生以来的第一封情书。最初，小姑娘的心思是瞒着我们的，我只隐约觉得，女儿这段时间的情绪不稳定，成绩略有起伏，却找不到具体的原因。后来因为那男孩子的锲而不舍，也因为同学间的纷纷扰扰，女儿顶不住了，悄悄告诉了我：妈妈，我应该怎么回绝才能不伤感情？我已经一再告诉他，现在以学业为主，我们还小，不谈感情。可他一再地鼓动同学帮忙起哄，我该怎么做？爸爸说，冷处理，当他不存在。妈妈说，宝贝，你做得很对，你的态度，你的立场都是正确的。对于起哄的现象，妈妈会找老师好好处理的，对于那个孩子，妈妈也会悄悄找他妈妈沟通的。

　　此后，女儿放下了心思，一心准备小升初的冲刺。这是她心里的第二座大山。我们的计划是让女儿到她爸爸的学校就读，是一所很不错的公办学校，所以就没有报课外的奥数辅导班，也因为没有系统地学过奥数，女儿的数学逻辑思维反应总比别人慢一拍，而此时，各种私立名校的招生考纷至沓来，私立学校比公办学校提前两三个月招生。因为没有参加提前招考，也没有参加各类奥数比赛，她眼睁睁地看着与她成绩不相上下的同学，纷纷被提前招走，女儿沉默了。即便我们一再安慰她，以你的成绩，进入公办学校尖子班不成问题，而且，即便考砸了，作为本校的教师子女也是享有优惠政策的。可是，女儿发怒了："我会以自己的本事考上爸爸的学校，我考到什么成绩就上什么班，不用你们安排！"持续两个月的奋斗战，持续两个月的沉默期，作为家长，除了给她精神上的支持，我只能不停地变换花样，加餐加点给她补充营养。

终于，升学考过了，女儿如愿了！如愿考上了她爸爸学校的尖子班！那天过后，她对我说："妈妈，自升学考后，这几天虽然是同样的作业量、同样的学习进度，但我觉得好轻松！我发现背上的大山没有了！"多么心酸的一句话，可是宝贝，人生就是一个修炼场，只有你经得起挫折，只有你坚持不懈，才会有甜美的果实，妈妈只愿你勇敢大胆地往前走，妈妈虽然不能为你抹平道路上的砾石，却愿倾尽所能使你的路平坦通顺。

妈　妈：施旭丹，工作之余最大的爱好就是鼓捣美食。

孩　子：女儿陈玥，初中生。开朗大气，却又敏感纤细，热爱书法，热爱画画，喜欢唱歌。

育儿理念 ～～～～～～～～～～～～～～～～～～～～～～～～～～

在各自扮演的角色里，相互摸索，一起成长。唯愿善良，诚信，一生无忧！

44 我们努力的方向，是你前进的每一小步

◎石楠

　　新生命有时是上天对你的馈赠，当我还未步入婚姻殿堂时，根本就不信，有一天，上天会赐给我一个自闭宝宝。这种概率，就像中了彩票。在医生的诊断书前，我和丈夫就像被判了无期徒刑。

　　诺诺从出生到1岁半左右，看起来就和其他孩子一样正常，灵动的眼神，活泼好动，给全家带来无数欢乐，甚至他2个月的时候叫他的名字，他会回应——"哎"，简直就是个小神童！

　　但是他一直不会说话，只会发一些我们听不懂的音节，快2岁时还不说话。忽然有一天，我们发现大人跟他讲话，他都不理不睬，原来会指的东西，也不指了。我们怀疑他忽然耳聋了，到当地医院检查了听力，是正常的。又过了一段时间，感觉情况越来越糟，再也坐不住了，赶快又带他到医院检查，医生诊断说是自闭症。我们一家彻底崩溃，都不肯相信这么可爱的宝宝竟然有自闭症。

　　我们四处打听，在杭州给孩子找了家康复机构，并费尽口舌说服老人，从老家来到杭州。机构里需要家长陪同，老人负责带着诺诺上课，学发音，练注意力，手把手教孩子做手指操等。

　　诺诺生活自理能力很差，三四岁了还完全不懂自己大小便，只好给他穿开裆裤。

　　有一次，全家人逛银泰的地下超市，我把孩子抱在手上，他大概受了凉，毫无征兆就拉了一泡屎，弄得我手臂上都是秽物，他自己身上也一团糟。当时

其他顾客都捏着鼻子纷纷逃窜，我在众目睽睽之下，去厕所拿来拖把清洗。那时我的心沉到地底，孩子出生时带给我身体上一道伤疤，可是现在的他，把我的心都勒出一条血淋淋的伤痕来。

在培训机构上课，大冬天的，孩子还穿着开裆裤，连老师也看不下去了，说必须给他穿满裆裤了，就算一天拉在裤子里好多次也没办法，否则没法训练好。我只好回去反复做公公婆婆的思想工作。从夏天开始训练他，终于在孩子4周岁，也就是来杭州的第二年，给他穿上了满裆裤。

后来，随着诺诺年龄的增长，到5周岁的时候，他学会自己找马桶大小便了。我记得很清楚，那天我在厨房洗碗，公公说孩子不见了，问我有没有跑出来，我说没有，赶紧一起找孩子。结果在厕所里看到诺诺已经把裤子拉下，端正地坐在马桶上拉大便，小脸蛋涨得通红。

这使我们一家人感到欣慰，因为这么多年的付出，总算得到了回报。他现在已经知道大便时，要把马桶盖翻下来，不管大小便后，都要冲水。

为了让孩子能进入全省最好的培智学校读书，我和丈夫省吃俭用，在杭州买了一套二手学区房，并将孩子的户口转过来。

第一年读的是学前班，我们发现学校一对一的个训课比原来的康复机构少了很多，为了使诺诺有更多机会得到口部锻炼，有段时间，我每天下班后都会带他坐来回三小时左右的公交车，从近江赶到城北的个训课老师处加课，都是风雨无阻。腾不出吃晚饭的时间，就买个面包在路上吃。

我发现，诺诺喜欢玩iPad和手机这一类的电子产品，喜欢听音乐。只要给他一个播放源，他就能找出很多类似的歌曲，但他没有耐性，经常一首歌没听完就会播放另一首。他也不喜欢握笔，每次让他抓住笔写字或是画画，他都会用哭闹来抗议。但是我不得不说，他某些地方的确有点"小聪明"。像之前，iPad上的拼图游戏，他自己根本不会，每次都会把我或我丈夫的手抓过去帮他。每次当他拼完图案，我们都会送给他鼓励和褒奖，让他觉得有点成就感。后来，他再来拉我的手，我便扶着他的手臂，做一些引导；再后来，就让他自己拼图——他学会了！

　　诺诺四五岁时有次高烧后抽搐，在医院做了全身检查，医生诊断他是癫痫，配了很多药都控制不好。后来CT发现他的海马区域有白点，但无法判断是否是白点引起了癫痫。另外一家医院的医生说发病原因是额叶的问题。总之跑了杭州和上海的很多家医院，各种说法都有。最后我们还是放弃了手术，不希望手术后，原本活泼的孩子不见了，取而代之的是一个傻乎乎的呆子。

　　我们采取了笨办法，就是慢慢地去教导他，让他获得鼓励、获得表扬。这样的效果虽然进度慢，但是重在坚持。老师也发现，诺诺虽然各项能力比别的同学差，但进步比较大，现在他中饭在食堂可以自己吃，而且也比较听老师的话，会在老师的指导下做一些力所能及的劳务。期末的时候，老师对我们家长说，诺诺的进步挺大的，希望能够持之以恒。听了老师的话，我的心总算像一直紧紧攥着的拳头，微微松开。

　　这种孩子，本来就不能够把他和正常孩子进行比较，他努力的方向是在没有父母陪伴的情况下，自己依然能活下去。我希望我的孩子将来能够认识到这一点，也希望他能明白，我们努力的方向，其实正是让他能前进每一小步。

妈　妈： 石楠，大学毕业后一直从事外贸工作，在工作上勤奋敬业，在生活上简单知足。崇尚勤俭持家，爱好美食。

孩　子： 儿子成成，8周岁，自从在医院检查出自闭症以来，便一直在培训机构和特殊学校进行训练学习。虽然进步不大，注意力不集中，但是没法阻止家人全身心地爱他。

育儿理念

　　不去跟别的孩子比较，让他保持纯真的天性，懂得自力更生，懂得最起码的人情世故。目前希望孩子能够在某一方面有突出的天分，这样就可以有针对性地辅助他学习。

45 与这个世界达成和解

◎ 舒羽

我小时候，河里有很多鱼，街上却没有几辆车。什么东西都缺，但不缺的是那份安全感。一个人坐车去乡下姨妈家，不必担心走失或者被拐骗。天黑了还可以在外面野玩，母亲不会急着唤你回家。用五分钱买一根牛奶棒冰，不会怀疑它是用过期变质的牛奶做的。过马路也不用时刻提防被汽车、电瓶车撞了。

我是听罗大佑的歌《一样的月光》长大的——

什么时候蛙鸣蝉声都成了记忆？

什么时候家乡变得如此拥挤？

高楼大厦到处耸立，

七彩霓虹把寂静的夜空染得如此俗气……

如今，我每天都面对的问题是，怎样谆谆告诫孩子，不要乱穿马路，不要自己买零食，不要跟陌生人搭腔，不要这样，不要那样。一边说，一边想：我这不是在跟孩子说，你面对的是一个即使不说是凶险的，至少也是充满不确定因素的世界，这个世界不值得信任，你的未来堪虞。

每一个生命都是自由的，当生命来到这个世界后又必须接受一个悖论：自由是相对的。从文本结合现代化多媒体的基础教育，到音乐、绘画、体育等多元化审美的素质教育，再到常识性的安全防范教育，在孩子短短一年多的入学时间里，我已经从她身上接收到了许多智性成长的美好信息，比如火灾现场要捂着湿毛巾弓着身体跑出来，又比如怎样做好一名西湖的小小导览员等，以及这份健康与活泼的背后学校和老师为之付出的所有努力。孩子接受教育，从成长到成熟，经历了一系列包括校园学习在内的社会秩序训练。教育归根结底是让孩子寻找如何更好地与人相处、与世界相处的方式，从而为将来的生活与思想获得一个更广义的自由。

如何与这个世界建立一个友善的关系？如何与我们的生活达成和解？这是一个重大的问题。我知道有很多家长，他们都生活在报纸上社会版新闻的阴影之下，整天提心吊胆，想通过自己的力量为孩子撑起一柄保护伞，希望孩子能够风平浪静，无灾无难，顺利成长。作为小学低年级的家长，我们干脆每天朝七暮四地保驾护航。据说，更有不少家长直到孩子读初中了还依然沿袭着充当司机与保安的工作。

我们迫切地需要这样一个安详的世界，那就是，当你穿过斑马线时，行驶的车会为你停下；当你有一门课考得不好时，不会受到老师或家长的训斥；当你一个音符弹错了，你的钢琴教师会微笑着鼓励你，你弹得很好，但我们可以再来一遍，注意这个音……

会不会，这个世界就是我们看上去的样子？如果我们自己不安全，它就充满了危险？如果我们内心排不掉"毒素"，它就处处是"毒"？我们难道不应该用微笑报以微笑，甚至，我们难道不应该用微笑报以冷漠或者冷酷？让孩子感知到，文明最基本的定义就是既不影响又不排斥他人，而这种文明本身就是自由。

我，和我的孩子，以及未来，我孩子的孩子，就组成一个小小的世界。从这个微细胞出发，我们和善，则世界和善；我们安稳，则世界安稳。所谓从我做起，从现在做起，不是一句空话。或许，我们都不要以搭便车的心理，期待这个世界变好了让我们来享用。我们自己好，世界就好。还是用苏芮的一首歌《奉献》结束吧——

白云奉献给草场，江河奉献给海洋，
我拿什么奉献给你，我的朋友？
白鸽奉献给蓝天，星光奉献给长夜，
我拿什么奉献给你，我的小孩？

妈　妈： 舒羽，诗人、作家。毕业于音乐专业，曾做过电视主持人，创办过文化传媒公司，近年于经营咖啡馆之余，兼事写作。著有《舒羽诗集》《流水》《做一只充满细节的蜗牛》等作品。

孩　子： 朵朵，正在上小学。

育儿理念〰〰〰〰〰〰〰〰〰〰〰〰〰〰〰〰〰〰〰〰〰〰〰〰〰〰〰〰〰〰〰〰

做一只充满细节的蜗牛。多陪伴，少干预。远离补习班。

46 育儿日记

◎ 宋晓丽

2015年12月2日

早上又开始飘雨了。今天不用起早烧早饭，睡到6点半起来烧水、洗头、洗衣。6点50分照例播放音乐，准备叫安起床。天冷了，被窝暖和，她明显不愿起床，叫着睡不醒。昨晚为了早睡已经停了视目训练和跳绳，阅读是陪读的。从被窝里挖起来帮她穿上衣裤，抱下床后洗漱，感觉包办的太多，却苦于无法脱身，还是我的问题。

安匆匆吃过早饭已是7点42分了，准备好饭盒，戴红领巾，背书包，换鞋出门，已是7点49分了，眼看迟到，也不能飞，只能一步步快速地走。今天因为要带课外作业和课外书，书包更重了，她用弱小的身躯坚持自己背着，一路小跑地紧跟着我，不时地问："妈妈，来不来得及？"我心里有点酸，只能说："咱们再快点。"

太多的语言说出去了，感觉还是很多余和无力。最近几天检查作业的情况也是感觉很糟。孩子很烦，我很急，效率很低。前天因摔倒嘴唇受伤，昨天换了座位，两件事也令她多了焦灼与害怕。每天的作业、事务多得没得轻松，多么希望能有更好的办法调整好这个状态，乐观地面对这些。还是要从我这个妈妈开始，管理好情绪，共同进步吧！

从今天起做两件事：1. 每天写肯定的话给女儿；2. 找到一起阅读及说话、写话的好方法。

2016年1月7日

这会儿在办公室看薛瑞萍老师的《心平气和的一年级》，耳边传来保傲塔实验学校早锻炼的广播音乐。看着操场上身挂礼仪岗红幅的学生跑向一个个出口维持秩序，学生们以班级为单位排着队，整齐有序地从各通道进入操场集合、列队、热身、跑步……今天，虽没有阳光，但朝气和活力已漫延开来，倍受感染。

想起昨晚安和我讲她在学校是"文明监督岗"成员，协助老师管理同学在课间乱跑的行为。哪些地方是可以活动的区域，哪些地方是不允许的。若发现乱跑的同学要如何劝阻：一是伸手拦住；二是告知不准跑；三是报告负责记录的同学责罚，以免被大队委监督岗发现扣班级分，影响班级荣誉。小小的事件和职务，从她描述的语气中足以感受到骄傲和光荣，不甚欣慰。

孩子们的天地实在让我们羡慕和怀念。

2016年9月13日

二年级开学近一周了，安的学习已进入正常的轨迹。语文学习和上学期一样，回家作业每天都有听写词语一课；预习新课文——读、标、写，即读3遍新课文和新课词语表，标注生字拼音，书写应掌握的生字并查字典；背诵已学课文。本学期新增了每天背诵一篇《三字经》。数学较轻松，基本每天一页口算题或加零星练习题。体育锻炼则是每天500下跳绳。还有阅读半小时。

昨晚回家听写词语作业还是坚持由我和她一起完成。课文第2课《黄山奇石》比较长，还没背熟。按前一天作业完成情况，我请她自己做完后检查好口算作业，按要求预习，课文读熟等我回家检查背诵，我签字即可。口算昨晚回答我已检查过，我提出如果再错就要订正三遍，结果今天还是在第一列中就错了一题。待她吃完饭订正，她略有不快，并坚持只在作业本中订正一遍，自习本中订正两遍。我想想：按要求完成，在哪订正不是问题。听写词语前要求读三遍以复习，她总是读得飞快，并没有词之间的停顿，我又开始唠叨了："读慢、读准是为了帮助记忆和掌握书写。"勉强按要求完成后听写，在写"其他"这个词语时，她写成"其它"，我提醒这并非所要求的写法。她却坚持，并对三个"他""她""它"的意义有较清晰的理解，随她，批而改之。

安的书写经暑期兴趣班强化已有进步，但课堂作业中未有明显改善，估计作业量确实无法让她静下心来慢慢写而完整地呈现汉字笔锋。在家听写时，她还是认真的，我时不时地提醒、要求，真是太过啰唆了，这样的反复有时自感疲惫，又无从放下。

　　课文阅读时，她似乎很急躁地快速阅读，并无韵味美感，有字词遗漏或加字的情况，我心中甚是恼火，建议要求无果，自我反思压制，告诫自己：陪读需耐心，共读需情趣。转移至楼下客厅再读、背。一旁观察的安爸给我们分别建议，方有收心调整之信心。安因未读通课文造成的背诵不畅，问题较多，我不免指正频繁，安情绪更加低落，向我哭诉，"妈妈越说我越做不好""都听不到妈妈的表扬"。我心中不免动容，说明安还是个要强、要学好的孩子，只是为娘惭愧，我确实方法不得当。12个生字注音有3个错，指正时换成"12个生字只错了3个，好棒哦"，她就乐呵接受而欣然改之。

　　我的宝贝确实是助我成长的小精灵，怎能不好好珍惜这些哭哭笑笑的好时光？

妈　妈： 宋晓丽，一位一年级女孩的妈妈，从事培训教育行业后勤管理工作。平时热爱工作，热爱生活，更享受家庭生活的点点滴滴，喜欢陪伴孩子阅读，旅游，养花养草，做手工，亲近大自然……

孩　子： 女儿安然是个文静又不失主见，单纯又不失内敛，懂事、可爱又善良的小姑娘。

育儿理念 ～～～～～～～～～～～～～～～～～～～～～～～～～～～～～

　　很喜欢德国哲学家卡尔·雅斯贝尔斯的一句话：教育的本质是一棵树摇动另一棵树，一朵云推动另一朵云，一个灵魂唤醒另一个灵魂。

47 最美的繁星

◎ 苏沧桑

夜深人静，将睡未睡时，这一天里最重要的画面会一直晃在眼前，声音会晃在耳边，挥之不去。只好起身把它们记下来。

但我只记快乐的事。

某年某月某日

办公室里的水仙开花了。

心心来玩，问："妈妈，你为什么把它摆在窗台上？你要歪过头去看，多累啊。"

我说："放在桌子上，只有我一个人看。放在窗台上，街上的人走累了，突然看到这么漂亮的花，一定会很高兴。花知道这么多人看她，一定也很高兴。"

她点点头。长大后她还会明白，有些东西，歪过头去看，才不会熟视无睹。

某年某月某日

今天是西方的情人节。经心心婉言提醒，先生送了我一束玫瑰。

今天是难忘的情人节。我被心心外婆家的母狗咬了。它刚于三天前生了四只小狗崽。我蹲在狗窝外含情脉脉，它蹲在狗窝里狗视眈眈，可能以为我想伤害小狗。我一动，它跳起来就是一口。血立刻从我的左手食指上流出来。

心心闻讯，大喊："妈妈被狗咬了，就要得狂犬病了，得狂犬病就要死了，那我就没有妈妈了！我最爱妈妈了！"涕泪横流，奔走相告，其悲痛欲绝之状史无前例。

心内窃喜。哈哈，她居然忘了一小时前学钢琴时我们如仇人一般谁也不理谁半天了。

某年某月某日

元宵节。收到希望小学小丽玲的成绩报告单。全优。很欣慰。三年前，我们结对子的时候，我没有为她悲惨的境遇白流那么多眼泪，也没有白资助她。正好中午去取稿费，顺便给她寄了去。

吃晚饭时，心心告诉我她前排的小男孩打了她一下。但她怕他们郁金香小组被扣分，就没有告诉老师。后来那个小男孩悄悄告诉她，他会改正的。

夜里，我和心心一手一支冷烟花，在大街上笑着，叫着，旋转成两朵灿烂的蝴蝶。

心心说："妈妈，不知道为什么我今天特别开心。"

某年某月某日

临睡前，她忽然抬头看着窗外，问："妈妈，星星没有声音，可有时候我躺在床上时，心里好像听见它们在唱歌。那是不是音乐？"

某年某月某日

心心和一个男同学在家玩得正欢。她突然笑着骂他："混蛋！"

如果我没有记错，这是她第一次出口成"脏"。因为我时时告诫她，我们尽量用美丽的语言。所以，我批评她，但从不骂她。

怒从心头起，一大堆严厉的话已经到了嘴边。

但我立刻冷静了下来。我突然体会到她此时的快感。她其实根本不懂这两个字的意思，只不过是她宣泄快乐情绪一个小小的缺口。

总有第一次，应该有一次，否则也是残缺。

某年某月某日

心心洗完澡，过来对我说："别老在电脑前待着，眼睛要坏的。"

我说："好的。好香啊，来，抱抱。"

当我像从前那样抱着她，拍拍她的背时，她也轻轻地拍了拍我的背。

她什么时候长大的？

某年某月某日

情绪低落。拗不过心心的纠缠，只好和她一起翻看旧相册。看到我的一张老照片——鹅黄的毛衣，青绿的灯芯绒裤，站在雪地里，开心地笑着。心心惊叫："妈妈，你真像从雪里冒出来的嫩芽！"

刹那，我冰冻的心好像真的抽出了一丝童真的嫩芽，忘记了刚才为什么难过。

一位科学家说：一颗玻璃弹子，从十万米高空落下来，能把一块一米厚的钢板穿一个洞。所以，千万不要幻想把高空中掉落的东西稳稳接住，哪怕是一粒微不足道的石子。

反之，我们可以忽视那些小小的爱意、小小的善意、小小的善举、小小的快乐吗？那从冰雪深处冒出的嫩绿的芽，也许正是十万米高空掉下来的那颗玻璃弹子。

就像，我随意记下的这些零零碎碎、点点滴滴，恰是漫漫生命旅途中的最美繁星。

妈　妈： 苏沧桑，中国作家协会会员，浙江省作家协会创研部主任、散文创委会主任，浙江省散文学会常务副会长。毕业于杭州大学，在《人民文学》《十月》《人民日报》等报刊发表文学作品300多万字，出版作品《等一碗乡愁》等。曾获冰心散文奖、丰子恺散文奖、绮君散文奖等。多篇作品被选入教材和中、高考试卷。

孩　子： 小名心心，现就职于外企。

育儿理念

在爱中教给孩子美和善。

48 笑脸的故事

◎ 苏七七

沫沫的学校里把"笑脸"（又小又薄的彩纸卡片上印着个笑脸）作为一种奖励制度，表现好，可以得到一张笑脸，八张笑脸可以换一颗五角星，贴在墙上的表格里——每个小朋友的名字下面有个贴星星的地方。

有一天吃饭的时候，沫沫说他有9颗星星了，我就下意识地问了下："小朋友星星最多的有几颗？"问完了我就有点后悔，我这不是鼓励攀比吗？他说："王小宇有19颗。"我很吃惊，想：19颗！好强！我说："哇，好厉害啊！不过笑脸有多有少，是不是会搞得大家心理不大平衡啊？"

沫沫说："还有人撕别人的星星呢！"

这才真让人大吃一惊！原来小学一年级不是一个天真纯洁的伊甸园，而是手段野蛮的原始社会啊！我一下子都不知道怎么说才好。沫沫接着说："我以前也被撕了一颗。不过我在地上又找到了一颗，把它粘上去了。"

我说："你9颗还被撕啊？"

他说："当时才刚开始贴，我有3颗，属于比较多的。"

我说："这么说你现在处于安全位置了。"

这件事情我就有点放在心上，我觉得要淡化笑脸和星星对孩子的重要性，笑脸太多，说明他太乖了，学校驯化得很成功，也未必是好事。我说："你能通过你的长项得到笑脸就可以了。"他的长项是口算，所以每天都能像出海的渔夫一样带回一张笑脸来。

有一天我在学校的QQ群里看到妈妈们在聊天。小柔的妈妈说："小柔用笑脸换了一张报纸，她觉得不合算。"

原来笑脸现在已经成为硬通货了？！

结果一颗石激起千层浪。小蕾的妈妈说："小蕾说，有小朋友说要跟她做好朋友，然后问她，你可以给我几个笑脸吗？小蕾生气地拒绝了——原来你想跟我做朋友是想要我的笑脸！"

最后一个交易案例最让人纳闷，小凯把笑脸放在笔盒里，回家以后，他发现笔盒里多了一块钱，少了一个笑脸。

小社会在飞快地进化中，已经进入了商业社会，笑脸不再是墙上的品行象征物，而进入了交换领域——它飞速地物化了，商品化了，然后，友情也进入了交换领域。

妈妈们议论纷纷，该怎么看待这件事呢？有的说，这种交换也是自然而然地产生的。有的说，交换是不好的，因为笑脸是一种精神鼓励，要有正面的导向。我显然是很迂腐的那一派，我觉得交换还是要有边界的吧？笑脸是一种认可，他人对自己的认可是要踏踏实实一点一点得到的，一个人不能太追求别人的认可，但也总得有某些东西可以赢得别人的认可。这种认可是自己真实的行为得到的，用物用钱交换来的认可其实是一种空洞的东西。

我不知道我这个大道理是不是也一样空洞。但是笑脸与星星制度本身是有问题的，它太一目了然了，它可能能起些鼓励作用，但是总有那些笑脸很少的孩子吧？而万一那些孩子又把笑脸看得很要紧呢？那他能怎么办呢？用报纸换？用"好朋友"换？或者偷偷地用一块钱换？当然，未必只有笑脸少的小朋友才想要笑脸，那些笑脸多的也许还嫌不够多呢。

我有点心疼那个悄悄用一块钱去换笑脸的孩子。他悄悄地做这件事，也许他自己也觉得不对；也许他回家后妈妈会问他有没有得到笑脸，他不想让妈妈失望或批评；也许一个笑脸对他来说也很难得，他想要有一个笑脸放在笔盒里的快乐感。他并不想去偷拿一张笑脸，于是用一块钱换了一张。他的打算，他的紧张，他的喜悦，好像我也能体会一样。

妈　妈：苏七七，著名影评人。喜欢看电影、读书，喜欢大自然。有作品《声色现场——与苏七七看电影》《第一感》《雨中百合般的爱情》等。

孩　子：儿子马正陌，12岁，开朗乐观，勤奋靠谱，喜欢科学，喜欢历史。

育儿理念 〰〰〰〰〰〰〰〰〰〰〰〰〰〰〰〰〰〰〰〰〰〰〰〰〰〰

每天晚上一起读一会儿书，就是最好的教育。

49 初三也能将小区变乐园

◎ 孙华媛

有一种孩子，叫"初三娃"；有一种家长，叫"初三娃家长"。一不小心，豆豆就成了一个标准的初三娃，咱也切换成了"初三娃家长模式"。

作为初三娃的家长，不想再给孩子施压，除了做好为数不多的后勤工作外，就负责搞点小花样，放松放松初三娃紧张的神经。外出游玩基本没时间，于是，只能搞点小花样，利用一些细碎的时间，将小区变成初三娃的乐园。

寻宝记

我们每天到小区东门接被豆豆同学的家长顺道带回来的豆豆。怕她饿了，那天我和她爹带了两个她爱吃的橘子。拿手上，似乎有点傻；放口袋里，鼓鼓囊囊的也不像样。咋办？

走到第二个转弯处，我灵机一动，四顾无人，将橘子小心地搁在了路边一枝朝里斜长着的树杈上。快到小区东门，拐到小花园，寻寻觅觅，将另一个橘子也藏进了树杈中。

跟往常一样，我们在门口走了几十个来回，赚了不少步数，终于接到豆豆。一见面，我立马宣称："今天有惊喜——我们在小区里藏宝了，看你能不能找到。"豆豆本来有些疲惫的眼里马上写满了问号。

将书包交给她爹，我拉着豆豆的手，拐弯抹角，指点她睁大眼睛，好好"寻宝"。

豆豆没找着。

奇怪的是，到了藏宝点，我和她爹一起找，也没找着！树杈上根本就没有橘子！

一低头，发现草地上滚着个圆圆的小东西，那不是橘子吗？唉，不是放树上的吗？敢情当时一紧张，没搁牢，橘子跑下地了。

豆豆赶紧捡起，剥了皮就开吃，满满都是惊喜。

待找到第二个橘子，一家三口，早笑成了一团。

滑滑梯

作业做了两小时，晚10点，该让孩子休息休息了。也许今天作业不算多，豆豆爽快地答应了我的要求。娘俩就到小区里走走。

小区这会儿静悄悄的。经过东区的儿童游乐区，豆豆突然童心大发，说要滑滑梯。

小时候，豆豆是有多喜欢滑滑梯呀。刚开始得我们把她胖胖的小身躯抱上滑梯顶端，还得在旁边护着，她咕咚一声滑下底端，然后摔一个屁股蹲儿。后来她就自己能迅速爬上形式各异的梯子，然后刺溜一下从顶端滑下，立即又往上爬，一遍又一遍，不知疲倦，也不会厌倦。那从大型滑梯的洞穴里爬出的大大的笑脸，那伴随着从滑梯旋转而下的咯咯笑声，定格在当妈的心头。

小区这会儿已少有人走，那就玩呗。

刚看了几眼爬上滑下的豆豆，我也不禁心痒痒的。我小时候农村没有滑梯，只有小学四年级班级组织的春游途中，我在兰溪中洲公园玩了一次，但那都是30多年前的事了。四顾无人，我跟着豆豆，一边自嘲"可别卡住了"，一边在豆豆的纵容鼓励下，我也开始滑滑梯。于是，你追我赶，娘俩玩了个不亦乐乎，兴尽方归。

不过，这事，你可别告诉别人哦。

再也不玩捉迷藏了

孩子做了一下午作业，一家三口决定到小区散散步作为休息。豆豆居中，三人手挽手，一路谈笑。不知谁先提议：不如玩捉迷藏。其余两人马上同意了。

小妮子现在和她爹是校友，天天在一块儿，感情深，立马表示她要和爹一组，而且决定他们俩先走一步，我去找他们。捉迷藏范围就在小区我们散步常走的"主干道"上。说完，爷俩一溜烟跑了。

我从22号楼架空层穿过，试图迅速截住他们——没成功。于是，我兴致勃勃地边走边跑，东边楼底下瞧瞧，西边树丛后看看，一会儿目视路尽头，一会儿又频频回首，生怕他们突然出现在我身后。

本以为很容易就能找到他们。却不料，我在"主干道"上走了一大圈，一直都没有发现他们爷俩的身影。越走越着急，越找越懊恼，我发誓不理他们了。

终于，走到家门口附近，找的和被找的远远碰到了。只听豆豆兴奋地喊了声"妈妈"！我正生着气呢，不顾豆豆话音里的热切，没搭理爷俩，扭头就跑，抄了楼后头的一条小道，绕回了家。

不久，爷俩也回来了。

原来爷俩的心路历程和我相似：刚开始兴高采烈躲着我，后来尽量暴露目标想让我发现，再后来就开始找我。"好不容易碰到了，怎么喊了一声就再也找不着了？我以为妈妈丢了。"豆豆哭丧着脸说，眼里已经有泪光。

"以后再也不玩捉迷藏了，不好玩！"豆豆坚决地说。

"以后再也不玩捉迷藏了，不好玩！"我也坚决地说。

妈　妈：孙华媛，在不断生惑、解惑中度过不惑之年，正在一步步知天命、明己命。工作、家庭，侍亲、育儿，读书、养花、旅行，珍惜每一个人生角色，享受当下每一天、每一刻。

孩　子：徐葭露，从小让父母省心、省力的宝贝，总是笑容明媚、温情细腻的暖心女孩，爱学习、肯上进的中学生。

育儿理念

孩子内心向真、向善、向美、向好的力量无比强大，所谓养育，需要的只是父母的陪伴、信任、期待、帮助，只是享受和孩子共同的成长，发现自己和孩子更多的可能。

50 女儿求学路上的两次突破

◎ 孙亚敏

　　3周岁时，女儿有机会就读一家特级幼儿园，且幼儿园就在她爸爸单位附近。入园前，我浓墨重彩地给女儿描述幼儿园生活的美好和有趣，使她对新生活充满了向往。老师在家访时一再夸她是个热情大方的好孩子。入园第一天，她很高兴地和我们说再见。第二天早上，她却不愿意去了。我觉得这是正常现象，我拉起她的小手想要劝说她，却突然发现她手背上有一圈深深的咬痕。

　　女儿说："我旁边的小朋友说桌子上的玩具都是她的，我一拿她就咬我。"我问："你哭了吗？老师知道吗？"她答："我没哭，老师说谁哭就把谁锁到她的办公室里。"我亲了又亲那只受伤的小手，都这么久了，咬痕还未消失，可见当初咬痕多深，可她竟没敢哭！第一天入园，当然有很多孩子哭，老师哄不过来就开始吓唬他们，吓唬这一招是很管用的。我只是给她讲如何与小朋友友好相处，却没提醒她如何保护自己。

　　国庆节以后，班里的小朋友陆续感冒，咳嗽不断。女儿的体质一直很好，可也未能逃脱感冒大军的入侵。而且这个病快快的小人儿变得越来越乖巧，越来越安静，我开始焦虑起来。让我下定决心给女儿转园的是他们的秋游活动。老师自己制定的规则不执行，遵守规则的孩子永远不被看见，慢慢地在角落里丧失自信。于是，这些孩子慢慢地就都不遵守规则了，因为这样才不会被忽略，甚至能得到表扬和称赞。

　　女儿出生时，朋友曾给我介绍过位于满陇桂雨的华德福幼儿园。刚好，他们要再开一个班，女儿有机会入园，但要读一段时间的亲子班。这是家长和老师彼此深入了解的过程，也是孩子慢慢熟悉适应新环境的阶段。期间带班老师的一个细节使我感触颇多。那是一次点心时间，所谓的点心也就是孩子们刚烤好的两片饼干。女儿吃完，还想吃，老师就附在她的耳边轻声说："你走的时候再给你两片。"点心吃好，就是故事时间，听完故事就拉手唱再见曲。在我们换鞋子准备离开时，老师蹲下来抱了一下女儿，微笑着说："你还有两片饼干在我那里哦。"我瞬间感动得禁不住满眼是泪。

为了这个选择，我放弃了喜欢的出版工作。孩子身心健康，我才能舒心做事。女儿转园以后，出勤率极高，几乎全勤，其他孩子也少有请假的。邻居们也发现这个孩子胆子大起来了，说话的声音也高起来了，而且特别会玩，领着其他小朋友爬树、钻树丛、找野果，几乎成了孩子头。

其实，在这个过程中，受益的不光是孩子，还有成人。在这个家园共建的集体里，大家彼此学习，相互支持，可谓志同道合。孩子们一起自由玩耍，大人们也敞开心扉，成了闺蜜和知己。

女儿要读小学了，我们再次面临选择。华德福小学没有办学资质，不知何时就会被取缔，幼儿园曾被迫两次搬迁。万一被取缔怎么办呢？体制内的小学并不是你想进就能进得去的。纠结了一段时间，最后决定让她回归体制，这样不仅有安全感，且省时省钱，身边的孩子不都是这样读过来的吗？

虽然她不识字，也没上过幼小衔接班，但我相信她的适应能力。出乎意料的是，她几乎没怎么适应就喜欢上了小学生活——她最喜欢的是考试，天天盼望着考试。她每天回家来，就坐下来写作业，写得认认真真、工工整整。我在一旁经常说，写得够好了，可以去玩了，可以去吃了，可以去睡了……但她一直要写到自己满意为止。她要积攒多多的"我真棒！"早点换苹果贴纸，再用足够多的苹果贴纸去换小奖状……

我又开始焦虑了：这么小的年纪就这么在意外在的评判标准，她有多长时间不玩她最喜欢的游戏了。入学以前，她每天晚饭后都会画一些小人儿，然后用剪刀剪下，还给这些小人儿画了款式各异的衣服，涂上不同的颜色，也用剪刀剪下来。她用这些小人儿演故事。我们都很喜欢她的故事。可是自从进了小学，那些小人儿就再也没有出来表演过。

此外，刚入小学，每天的生活就被成人安排得满满的，自己可以支配的时间却少得可怜，这也是我不能接受的。在学校里的一天，他们都得听老师的安排，放学回家，还要按照要求写作业和体育锻炼，有时还要上家长安排的辅导班。这么小就没有了自己的生活，她长大了充其量就是一颗社会机器的螺丝钉。1956年，美国著名的教育法案的执笔人布朗曾在法律条文中阐明他的教育观点：教育是帮助孩子在未来的生活中更成功地寻求自己的幸福的。教育应该是倾听孩子的声音，帮助他成为他自己，帮助他在未来生活中找到他要的幸福。60多年后的今天，我们的教育是在帮孩子成为他自己吗？瑞士教育家裴斯泰洛齐说过："人类极大的美德是能够等待，不慌不忙，直至一切成熟。"可我们为什么仍旧不遵照自然规律而是拔苗助长呢？

把自己说通了，就决定再次打破常规。一个月后，华德福小学开学，女儿又回到了那个温暖的集体中。老师伸开双臂拥抱她，同学们欢欣雀跃迎接她。

就像橙子学院创始人古典所说的那样：你对未来世界的信念，就是最重要的教育信念。如果一个家长，一个老师，相信未来是善良的，那么他就教孩子们去打开可能性，去创造可能性，去尝试更多，去体验精彩。

妈　妈：孙亚敏，曾任小、中、大学老师，出版社文字编辑。40岁时辞去大学教职，听从内心的声音开始创业，希望自己做一个有趣、有用的人。乐于接受新事物，经常挑战自己的安逸度。喜欢在大自然中行走，喜欢做美食、做美服、做玩具。

孩　子：女儿小玫瑰就读于新教育学校，小学二年级，淳善、安静、敏感、好学，喜欢音乐、戏剧和阅读。儿子板栗，4岁，就读于新教育幼儿园，活泼、大方、阳光，喜欢运动、唱歌和吟诵。

育儿理念

有温度、有亮光的教育可以擦亮每个日子，呵护每个生命，滋养每个家庭，使每个孩子都拥有幸福的人生。

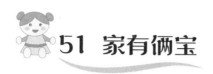

51 家有俩宝

◎ 钭卓珍

我30岁时才得了第一个宝，是个女儿，取名"暄妍"。"暄"是温暖，"妍"是美丽，希望女儿能内心温暖，外表美丽，希望女儿能"内外兼修"，一统"美貌与智慧"的江湖。

然而理想从来都是丰满的，践行起来却全然不是那么回事，于我这种严重拖延症患者，就更加唏嘘了。从懵懵懂懂到跌跌撞撞再到风风火火，转眼我的女儿已经4岁了，扎两根小辫，一双乌溜溜的大眼睛眨巴起来也真有几分会说话的样子，一张小嘴更会说话，或撒娇或忽悠或反驳，不拿出几分斗智斗勇的本事来，还真"收"她不住。

我望着她那小女人的模样，回想她的点点滴滴，竟有好些已经模糊，不免生出"人生是趟单程列车"的喟叹来，即使你全无准备，它也轰隆隆只管往前奔去，绝不停留一秒，更别提让你从某个站点再重新来一次。不曾想，这届的老天爷是个仁慈的老天爷——我又怀孕了！

经过十月怀胎，我的二宝也与众人见面了，是个男宝。当初偷懒，直接给大宝取了林逋"众芳摇落独暄妍"里的这个词，绝没想到有朝一日还添个小子，又想让姐弟的名字能有一个字相同，以便看起来更像姐弟，因此唤他"暄和"。柳永有词："暖律潜催，幽谷暄和，黄鹂翩翩，乍迁芳树。"只盼望，小子将来长成个暖男，我就心满意足了。

生二胎，很多夫妻都觉得需要巨大的勇气，好不容易把大宝拉扯大，日子也能稍稍过得轻松一点，如果又来个小屁孩，生活简直立马变成一地鸡毛，大大降低了品质。诚然，最初是有那么几个月黑白颠倒、着急忙慌、心力交瘁，而且我是剖腹产的妈妈，还是高龄剖腹产的，身体素质较之前生老大时差得远了。后来我慢慢从乱中理出了秩序，从秩序中品出了甜蜜。这甜蜜，有时候来自老大的成长，有时候来自老二的成长，有时候来自自己的成长。

譬如说，还在我怀孕的时候，因总是被教导要小心看紧我的肚子，女儿时常含有醋意地说：弟弟太幸福了，连我都要照顾他!（那时候并不知道就是弟弟，纯属瞎猜。）但弟弟出生后，看到妈妈的辛苦，看到弟弟的粉嫩，她慢慢有了姐弟的概念。过了三个多月，还小心翼翼地问："妈妈，你肚子上的伤口都好了吗？"有时，她会抓起弟弟的手，亲两口，不无羡慕地说："弟弟的手好嫩哦!"去幼儿园，会想我带着弟弟去接送她，以便她的老师和同学们可以看看她的小弟弟。吃饭的时候，拒绝喂饭："哎，我是老大了，才不要你喂!"看到我给弟弟把屎把尿，她会讨好地拿来干净的尿不湿，我也能使唤她帮点力所能及的小忙，端个水递个毛巾啥的，她很享受"被使唤"的感觉，证明她家中长姐的地位。不上学的日子，睡午觉就要求弟弟躺在旁边，一起睡。过年许愿，她说想要一条龙，自己当龙头，弟弟当龙尾。我很欣慰，小妮子心里，是有弟弟的。

有人担心家有俩宝，难免顾此失彼，其实我觉得这是多虑了，大宝和二宝，完全可以手拉手向前走。二宝的到来，让大宝知道自己不是唯一的，虽然爸爸妈妈的爱不会减少，但"老大"的身份自然而然让她有担当起来。入夜，依次给两个娃洗漱好，钻进被窝，一个在我左侧，一个在右侧小床上，有时我们一起翻绘本，有时放放音乐，有时我就随口胡编一个故事，有时就闲聊。

有一天，女儿说："妈妈，等我和弟弟长大了，我们俩结了婚，要买个大房子，爷爷奶奶外公外婆爸爸妈妈和我们都住在一起!"

我问："你知道结婚是什么意思吗？"

女儿说："知道啊，就是一个男生一个女生在一起，我是女生，弟弟是男生……"

我只能干笑。

有一天，我问："这几天你很幸福哦，都有妈妈开车接送你!"

女儿说："你也有点幸福!"

我问："知道为什么可以这么幸福吗？"

女儿说："因为我们互相帮助，互相陪伴！"

有一天，女儿说："妈妈你生了我和弟弟，辛苦了。"

我问："哪里辛苦呀？"

女儿指指我的肚子："肚子辛苦！"

我又只能干笑。

有一天，女儿说："等我长大了，我要做一个有很多座位的火箭，带着你、爸爸和弟弟，到太空去旅行，去月亮上吃月饼，看看地球是不是在转动。"

有一天，女儿说："妈妈，我还是喜欢在家里，因为这里有你！"

我知道，有一天，我的儿子也会拿这些甜言蜜语来哄我。尽管瞌睡得眼皮直打架，但是看看他们安然入睡的样子，我就觉得无限圆满。

妈　妈： 钭卓珍，出生于一个山青水也清的农村，毕业于北京师范大学经济与工商管理学院，曾在多家公司担任过行政、人事、策划等不同部门高管，现任浙商博物馆副馆长。最喜欢文创行业，喜欢在亲子类活动中"搞事情"。

孩　子： 大宝，我写此篇时她4岁，读幼儿园中班。善良，有感恩的心，讲道理，喜欢科普类书籍，喜欢角色扮演，喜欢幻想。有时有点胆小，有时又很有探索欲，有点害怕吃苦，很依恋父母。

育儿理念

没有完人，也没有超人，即使你是妈妈。做不到万能妈妈不要紧，但要相信，做好你自己，家庭和谐，娃娃就错不到哪里去！即使家有俩宝，也能在诸多"一地鸡毛"中找到岁月馈赠的珍珠。

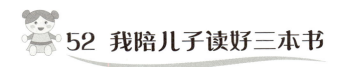

52 我陪儿子读好三本书

◎ 王丹阳

　　和孩子的联结，是妈妈最大的功课，也是一个女人一生的使命，更是妈妈和孩子能否收获幸福的关键。

　　我有一个儿子，今年14岁，善良、正直、开朗、阳光，特别爱笑，身心健康。我们联结紧密，每天拥抱和祝福着。和大家分享三件我一直在做的事。

　　第一件事，写信写感恩，引导他无论如何做一个善良仁慈的人，做一个坦荡的人。

　　自从有了孩子，我就多了一个习惯，就是每天在临睡前感恩当日的人和事，至少三件，记录下来便成了《感恩成长日志》，我总是把这份令人喜悦的感恩单和儿子分享，有时是感恩长辈对我们的关怀，有时是感恩一部电影、一本书，有时是感恩当天的阳光和风雨，有时是感恩一次挫折。这些事在很多人看来微不足道，甚至显得"小题大做"，但是我想传递给我的孩子一份温暖的态度和一种正向的情绪，也让他明白，凡有所得皆非理所当然，凡事发生都有其积极意义。儿子听多了，便也成了一个内心充满感恩和正能量的人。

　　在孩子每年的生日或重要的转折点，我给他最重要的礼物是一封信，我会花很长的时间去用心写下每一句话，包括对他的感恩、祝福和阶段性提醒，至今我已写下几十封。而所有的信都离不开一个核心，就是希望他善心善行，时存感恩。我告诉他：每一件善行都能温暖人心，每一份付出都会有所收获，每一次感恩都能让人体会幸福和富有。因为我一直坚定地相信，自己能留给孩子的最大财富，便是积极的生活态度和善良的品质。我能给孩子最好的爱，便是不断地完善和成长自我，演绎出好的人生给孩子看。

同时，我从不在孩子面前说他人的不是，尤其是说家里人的缺点。我向他频繁地赞美他的爸爸，我赞美我的父母、师长和朋友，让他从最亲近的人身上获取榜样的力量。我送给他三句话，并告诉他，你只有这样去看别人，别人也才会这样看你——

愿你看不到别人的过错，只看到别人的美好；

愿你看不到别人的黑暗，只看到别人内在的光亮；

每个人都是绚烂的花朵、闪烁的星星。

第二件事，给孩子装上阅读的翅膀，让他自由地穿越古今。

阅读就是很好的联结。阅读这本书，就是联结这本书的作者的智慧。在儿子幼小时，经典绘本选择余地还不大，我托人从台湾买了很多书，每天晚上和他一起读，重复地读。事实证明，孩子都是喜欢听故事的，从听进展到说和读，很快他就爱上了阅读这件事，并建立起了对文字的敏感性。

他5岁那年，我自己特地跑到北京等地去学习传统文化，深深地体会到古代先贤的博大智慧。回来后就带他一起听读千字文、韵律文等，在他6岁到7岁的两年里，我们一起通读了《论语》《大学》《中庸》《道德经》《易经》等。由此，我的儿子不用上学前识字班，进小学后，就比同龄人更早地进入了大量阅读的阶段。我自己也因此爱上了儿童阅读、家庭共读这个领域的研究，深入学校、家庭去宣讲儿童阅读的重要性和趣味性，并且专门编辑了册子，倡导和推动了一个"亲子阅读"项目。后来，我就在城市中央专门开了一间纯公益的"慧慈书房"，儿子也把他看过的好书全部捐献了出来。他为同龄人推荐好书，我为妈妈们推荐家庭教育好书。为了让更多人喜欢上书籍，我和儿子一起创意开发了"书篮子"，就是把一本本好书用漂亮的纸包装起来，写上祝福卡片，一起放进一个篮子里，一时间，很多家庭在孩子生日的时候，就流行送"书篮子"。从此在我们的周边流传着一句话："除了菜篮子、果篮子，我们还有书篮子。"

第三件事，想方设法带孩子去看广阔的世界，常常亲近大自然。

每个周末，我们都会带儿子去爬一座山（注意，是真爬！不走铺好的台阶路）。爬完我们城市的山，就爬省外的山，爬向几大名山。每当站到山顶，孩子便会伸开双臂高歌。有人说"自由在高处"，我想爬山的过程就是去体验一种走向自由的过程。

孩子小学二年级的时候，我发现他对学校下午开设的一些副科不感兴趣，我们就请假去大自然看虫子（感谢当时老师的支持）、踩树叶等。后来，因为结识了很多在家上学的组织，所以我们花了一年时间去游学，在他12岁之前，就去了六七个国家，参观一些世界闻名的高等学府，接触了各式组织，体验了完全不一样的风土人情。他9岁那年，因各种原因，我们无法陪他从印度回国，他一个人从香港转机回家。

当他和野生动物亲密接触后，他为自己做了第一个重大决定，想一个人去一所生态化教育的寄宿学校就读六年级。在这一年，他学会了选择和独立。我们完全尊重他，因为他的选择基于没有恐惧，只有愿望。对于一个孩子来说，积极的愿望有什么错呢？即使看起来是危险的错误，为什么不支持他去尝试一下呢？

我跟我的儿子这样说：愿你每天都生活在感恩中。若是顺境，就去感恩成全你的人和事：若是逆境，就去感恩磨炼你的人和事。愿你在成长的路上懂得，一切都是最好的安排，一切发生都了成就更好的你！

妈　妈：王丹阳，家庭教育指导师，国家心理咨询师，杭州市慧慈书房主人，从事公益事业，热爱写作和行走。

孩　子：儿子钱一禾，现读初中，阳光开朗，爱好音乐、阅读等，兴趣广泛，积极上进。

育儿理念

教育如农夫种庄稼，有季有时，讲究天时地利人和。作为父母主要做两件事，一是学会观察，二是学会等待。没有观察的行动常常是盲目而自私的，不愿等待的负责往往带来拔苗助长。

53 家

◎ 王飞燕

　　每天早上，我们都一起起床，一起吃早餐，然后老公去上班，我就带着儿子出门转悠，不管带儿子去哪里转悠，我总会跟儿子"讲故事"，我们走过的路都留下了我讲的故事。在公交车上，在大马路上，在某个公园的角落里，总能听到我跟儿子在"对话"。有一次在西湖边，我跟儿子讲许仙与白娘子的故事，有位大爷跟我说："你跟你宝宝有什么好说的啊，他那么小什么都听不懂。"我回了句："你怎么知道他听不懂啊，你看他一直在咿咿呀呀地回我话呢！"大爷摇着头悻悻地走了。儿子在他学会走路的时候也能说一些简单句了。

　　第三年老公被派往海外工作，老公只提出了一个要求，得去一个能适合老婆、孩子生活的国家。于是我们开启了异国生活。

　　到了9月，儿子才2岁多，就被我送进了幼儿园，他语言不通，又第一次离开妈妈，所以我们选择了一个离家最近但说当地语非英语的幼儿园，而且我们还选择每天就送半天。刚开始他在幼儿园里哭，我在幼儿园家长休息处看监控发呆。好在老师特别和善，不停地哄着他，带他去滑滑梯，带他去看幼儿园里养的各种小动物。一个星期之后儿子就喜欢上了老师，虽然他听不懂老师和同学在说什么，但应该是感受到了老师和同学的爱。小朋友的成长是非常迅速的，没多久，发现儿子已经能用当地语老师和同学交流了，又过了段时间，发现他当地语的水平已经超过我了。当一切都安定的时候，我们就准备要老二了。

　　某天早晨，儿子刚醒来，很高兴地大喊："我有妹妹啦，我有妹妹啦！"我们好奇地问他妹妹在哪里，他就说："在妈妈肚子里。"我也抑制不住地兴奋，赶紧检查，结果空欢喜一场。但儿子依然坚持说他有妹妹了，而且看到人就跟他们分享他的喜悦，我也很无奈。一个星期过后，儿子对他有妹妹这件事还是热情不减，于是我就又跑去医院检查，结果是真的有了。但接下来就是一段幸福又痛苦的日子了，我完全被没完没了的孕吐给吞噬。从那时开始，儿子学会了给我端茶倒水。他总是会跟我说："妈妈，谢谢你，为了给我生个妹妹，让你吐得这么厉害，辛苦你了。"又过了段时间，老公和儿子两个人一致决定，儿子去幼儿园的时间改成一天，并且坐校车上下学，这样能让我有更多的时间休息，儿子也过起了小小男子汉的日子。

很快我的"皇后"生涯结束，迎来了一家四口的生活。老公的生活还是没有怎么变，就是每天回到家要多带一个小宝宝，儿子从此没有了暑假，整个暑假都是在学校度过，不过他很开心，因为那里的暑假每天都是"玩"，课程内容是各种球、游泳、体操、手工、音乐等，而我的生活也发生了巨大的变化。月子过后我就寻思起自己的小生意来，每天带着女儿在路上寻找各种机会。一段时间后，小生意也稳定了，然后又重新安排了自己的生活，每天早上和老公、儿子一起起床，周一卫生日，把家里里外外收拾一遍；周二采购日，客户和自己家里的东西集中采购；周三骑马和学习日，为了强身健体，特意去学了马术；周四休闲日，和朋友聚会或者自己带女儿去公园、海边玩；周五打包发货日，在这一天把一周的工作完成；然后就迎来我们欢乐的周末了。每个周末老公会带我们去不同的地方，在路上的时候老公开电话会议或者处理工作，我负责开车，儿子负责照顾女儿，女儿负责安安静静地躺着，到目的地一家人就抛开学习和工作，好好地玩。

这样美好的日子过了好久好久，直到有一天，我牵着儿子的手走在路上，突然他就站住一动不动，还激情澎湃的样子。我拉他他也不走，过了一会儿他才恢复正常，我问他刚才发生什么事了，他轻描淡写地说"刚才国歌响了"。于是我不淡定了，回家跟老公说了这件事，我们俩随即决定回国。作为一个中国人，自己国家的国歌都不会唱，听到其他国家的国歌就激情澎湃，这样不行，爱国要从娃娃抓起。然后老公办理了离职，我割舍了我的小生意，从此开启了别样的生活。

现在我家一大早就吵吵闹闹，孩子们起床的嘈杂声，我们大人做早饭锅碗瓢盆的碰撞声，然后一家人围在餐桌前抢食物的声音，出门在门口互道再见加"祝你今天愉快""祝你玩得愉快""祝你工作顺利"等祝福语，开启美好的一天。

到了傍晚，家里就又开始喧嚣，每个人到了门口，都大声地喊"我回来了"，有时候孩子们听到楼下的动静知道是爸爸回来了，抢着去开门，在楼道里喊"爸爸"，然后爸爸听到孩子们的召唤，就加快步伐。有时候孩子们要在楼道里喊好几次，才能真正等到爸爸。还不等他脱完鞋，放下包，两个孩子就可能都挂他身上了，都抢着互诉相思，"爸爸，你辛苦了"，接着送上一吻。另一个也毫不示弱，赶紧说"爸爸，我想你了"，噘着嘴用力地亲一口。直到我在厨房喊"快帮忙擦桌子，吃饭了"，然后一家人围坐在一起，一边吃着美食，一边聊着自己一天遇到的事，我家是真的做不到"食不言"。欢乐的晚餐结束，一家人出去溜达或者一家人一起玩、看书。

时间飞逝，一个家从两个人的相敬如宾，到四个人的鸡飞狗跳，马上要迎来第五个人的局面，不知又会如何？

妈　妈：王飞燕，大学毕业后就全职在家。

孩　子：目前育有两个孩子，老大6岁多，性格非常温和；老二3岁多，相对比较高冷。

育儿理念

希望孩子们健康快乐地长大，凡事"顺其自然"！

54 我们的相遇从你变成你们开始

◎ 王广粉

同学都说我是一个母爱爆棚的人，因为每次走在路上碰到小朋友我都要打招呼，陪着他们玩一会儿。虽然很喜欢孩子，但因各种缘由我却成了晚婚晚育的践行者，28岁结婚，直到33岁，才迎来了我生命中的两个小天使。

期盼与实现

无论什么事情如果刻意而为之，就可能会失去事情本身的快乐意义，虽然我们起步晚，效率却很高——我怀上了双胞胎。

当B超医生静静地说出"两个胎囊"的时候，我第一反应是：啊？！不是你，是你们？！将信将疑，又夹杂着欣喜与担忧，当妈妈的愿望终于实现了，可是又对自己90多斤的身体能否承受起两个小生命没有信心。现实是，女人的能量有时候真的超乎想象，正如那句"妇人弱也，而为母则强"所言，当一个女孩变成了一个母亲，她就成了坚强、独立、勇敢的代名词。当年的自己，要上班、下班，回家还要自己做饭。由于老公工作忙碌，出差、加班是家常便饭，前5个月基本都是自己一个人去产检，或许是因为伙食一般，所以我一直很瘦，但两个宝宝却"长势良好"。

平时胆小的我，生产那天却没有丝毫畏惧，自己走进产房，躺在窄窄的手术床上和年轻的一线医生聊天，等着主治医生的到来。忙碌的主治医生都没有搭理我，直到产房里响起两个小生命此起彼伏的哭声的时候，主治医生才站到我面前说，一儿一女，这下所受的苦都值得了吧？事先想象过很多次这个场景，我以为我会激动得热泪盈眶，但实际上我一直在笑，直到回到病房都一直睡不着觉，因为太兴奋了。

相聚与分离

育儿的过程就像一部生活连续剧，时而祥和美好、其乐融融，时而硝烟四起、横眉冷对，情节虽不跌宕起伏，却也是每日不同，百般滋味。

当我刚刚开始体会到和孩子交流的快乐时，孩子奶奶却提出要带孙子回乡下老家，尽管我百般不舍，尽管我有各种顾虑，但最终我不得不屈服，因为我知道我别无选择！

于是我开始了漫长的思念与期待。

奶粉还有吗？加辅食了吗？打疫苗了吗？又生病了吗？会坐了吗？长牙了吗？儿子的每一步成长都牵动着我的心，尽管偶尔想起来会流泪、会失眠，但慢慢地我习惯了在电话里感受儿子的成长，当我第一次听到儿子喊，"妈妈"，第一次听他说"妈妈我爱你"，第一次听他唱《世上只有妈妈好》……每一次，我都感动得泪流满面。

就这样，我一边期待着儿子的归来，一边陪伴着女儿的成长，这个小生命让我尝到了为人母的艰辛，更让我感受到了做母亲的快乐与幸福。

女儿活泼，爱笑，爱说话，从不吝啬对妈妈的爱和赞美，尤其在做饭和唱歌方面给了我很大信心。我五音不全，所以很少在人前唱歌，但自从有了女儿以后，不仅敢唱了，还可以每天晚上唱给她听，只要她喜欢，我就可以放开唱了。或许这就是一种存在感和价值感吧，女儿让我感受到了被需要的幸福。

争宠与融合

他们3岁生日前夕，我日思夜盼的儿子终于回来了，或许是农村广阔天地的"开放式"养育再加上男孩子天生适应能力强，儿子回来后就成了妹妹的"小跟班"，妹妹怎么做他就怎么做，妹妹要什么他就要什么。

慢慢地，哥哥适应了新的家庭生活环境，和爸爸妈妈的关系也越来越亲密，便开始有了自己的想法和主张，不再完全是妹妹的小跟班了，最明显的表现就是和妹妹抢东西，并且多半是用武力抢。尽管我会教他一些文明的方法，但他还是会用武力这种最直接见效的方法。男孩子的调皮天性也越来越显现出来。

直到上了幼儿园，我才看到了他们的兄妹情深——那些每一天的争抢与玩耍背后建立起来的依赖和关心。当别的孩子还在抱着家长的大腿不让家长离开的时候，我们家的兄妹俩会一起牵着手和我说再见了；当别的孩子还需要父母护送进教室的时候，我们家的兄妹俩已经开始一起牵着手排队晨检，自己进教室了。哥哥还会照顾妹妹，每次喝水都替妹妹拿杯子。尽管在家里是"竞争对手"，但在外面他们却是最亲密的"合作伙伴"。

曾经看到过一句话说：生是一天的事，育是一生的呵护。育儿的过程没有风花雪月，而是充满了烟火气息，而幸福就蕴藏在这一粥一饭、一颦一笑的琐碎小事中，看着他们一天天地长大就是一个母亲最浪漫、最幸福的事。

妈　妈：王广粉，曾经是一个文艺女青年，现在是一个忙碌的上班族，一个爱操心的妈妈，但一直是一个钟情于文字的书写者。向往"不宠无惊过一生"，不乱于心，不困于情，不畏将来，不念过往。

孩　子：儿子李昕阳，成长于广阔的农村天地，对人对事没有防备心和界限感，心里澄澈，对人友爱。女儿李昕桐，一个像妈妈一样的文艺宝宝，爱跳舞，爱朗诵，勇于表达爱，喜欢笑的人。

育儿理念

教育孩子不是把自己做人做事的理念强加给孩子，尊重孩子的选择，尊重孩子的个性，教育孩子就是和他们一起成长，一起发现世界的美，一起感受生活的苦，一起在平凡的生活中创造属于自己的快乐。善宽以怀，善感以恩。善博以浪，善精以业。

55 大手拉小手，带你看世界

◎ 王艳

亲爱的天天：

见信好！

不知道你是否还记得，在你还很小的时候，爸爸曾经给你一沓小本子。这些是出国护照和港澳台通行证，因为我们想尽早带你去探索大千世界的奥秘。妈妈觉得，一个男孩子眼界要有世界之大，天地之宽，要有胸襟和情怀，要懂得去体会自然与人文之美，领悟"天外有天，人外有人"。有一年寒假，我们从严冬腊月的温带，到达骄阳酷暑的热带，进行了一段长长的跨国自由行。我们旅居在马来西亚一个叫兰卡威的群岛上。

记得那天又是飞机，又是轮渡，抵达岛上的时候，已是黄昏，夕阳余晖与海面波涛融为一体，美不胜收。之前预定的林中别墅居所，原来是隐藏在森林中的一幢幢小木屋。沿着林中山路，寻访那灯火点点的小屋，你说恍如步入美妙的童话之中。在岛上的日子里，我们租了一辆车，每天环岛漫游，追逐着那无边的海风与落霞。这里水清沙白，遍布椰林浪影，有青翠的森林、奇特的溶洞，以及种类繁多的野生动植物。赤道附近的湛蓝天宇下，晴空万里，我们或在纯净细洁的沙滩上静享浮生半日，或在轻柔摇曳的椰树下饱食刚打下的鲜果……每天清晨，你在啾啾鸟鸣声中醒来，轻轻推开木门，小猴子们会调皮地蹦蹦跳跳过来和你抢手中的食物。人与自然是如此和谐地相处，万物充满了葱茏的生趣，你也以一种更加生动的方式体会着课本上的知识！

那一天，我们乘坐当地人驾驶的快艇进印度洋。这是你第一次感受在大海上驰骋，风高浪急，船身晃动得很厉害，而且开船的叔叔有时候会"故意"把船身压着水面开，真是有些惊心动魄呢。你穿上救生衣，开始有点头昏，害怕地躲到爸爸身后，紧张得闭上了眼。慢慢地，你适应了船上的颠簸，也敢于睁开眼睛了。印度洋海水澄明清透。船身浮潜时候，色彩斑斓的热带鱼成群结队地追逐着我们，伴随着一船的欢声笑语。我们的船一直行驶到太平洋与印度洋之间的交通要道马六甲海峡。你看到了浩瀚的大海，纤尘不染的天空，风平浪静的水面，水鸟就在身边飞翔，溅起浪花朵朵。你逐渐喜欢上这乘风破浪的快感，胆量也越来越大。后来，我们还去尝试了潜水运动，深潜到神秘莫测的海底世界，和海洋生物近距离亲密接触，看各种鱼在身边舞蹈，探索大海令人眼花缭乱的万千奥秘。

　　"天空之桥"是兰卡威群岛的标志性景点，桥美，从桥上俯瞰的景色更美。这个总长125米又大又重的"钢架"居然只用了一根支柱来支撑，被固定在山腰上，然后再由8根钢缆牵引。整个桥就这样最终被"吊"在了海拔687米的高空。而且它经常处于整修期，不对外开放。因此，有机会走过这座桥，确实需要胆识和运气。刚上去时候，你感觉整个人都在晃，脚在颤抖，不敢往下看。下面就是悬崖峭壁、崇山峻岭、野兽出没的热带雨林！你扶着栏杆，慢慢往前挪，越走胆子越大。高空之中，你看到热带雨林之中，郁郁葱葱，生机勃勃，充满了原始生命张力的美景。走过"天空之桥"，你也增强了自信和胆量！

　　孩子，人生就像在大海上冲浪，不会一路风平浪静，但是，只要你能够有镇定的心态，勇敢地面对风浪、恐惧、挫折，一定能看到最美的风景，因为"无限风光在险峰"！踏遍万水千山，努力坚持之后，就会有更加开阔的生命之境。大手拉小手，带你看世界。孩子，旅行是一本促进成长的人生之书，值得我们用心去阅读、体会、践行。在不断的探索与挑战之中，历练自己拥有淡定从容的心态，笑看生命之途中的云卷云舒。悄悄告诉你，继今年暑假的敦煌莫高窟之行，尽赏"大漠孤烟，长河落日"的景观之后，你爸爸已经在筹划接下去的西双版纳探险之旅，期待吗？

　　11岁的你独自出门远行。今年你一个人离家去北京读书，爸爸妈妈希望你能去感受一下传统的中国式公立教育之外的另一种更加国际化的教学模式。无所谓孰优孰劣的比较与定论，在妈妈看来，你在这个年龄点上，可以以比较少的尝试成本，去选择更适合你的教育方式。这实际上也是一种从不同角度"看世界"的方式。然后我们再一起来商议制订今后长远的学习发展方案，比如计划在哪里完成大学学业，是国内，还是国外……爸爸妈妈虽然都是中国传统教育体制下的"好学生"，在国内名牌大学完成了博士学业，但我们不像你们现在的孩子那样有那么多的选择机会。能够生逢更加开放的时代，有利于脚步和思想走得更远，拥有更多的未来发展可能性，这本身就是一种幸运与幸福！当然，因为这种尝试，你也面临了更多的挑战，比如生活环境的改变，寄宿制校园生活的挑战，以及国际学校对外语、体育、艺术等的较高要求，但是，我们看到了你正积极地适应，并获得了可喜的进步，你变得更加快乐、自律、自信、能干。

儿行千里，永远要记得妈妈的牵挂。寒假快到了，盼望你早日南归！

爱你的妈妈

妈　妈： 王艳，博士、教授、学者，主要从事文化产业和文化传播的教学与研究。现任杭州某大学中文系主任、文化与创意产业研究所副所长。今生从高校到高校，19岁之后从未离开过大学，读书、教书、写书，追求书香人间的诗意生活。

孩　子： 儿子董天哲，12岁的可爱小男生，先后就读于北京和杭州的国际学校，从小就有开阔的眼界，活泼的个性。他既爱爸爸研究的人工智能，也爱妈妈研究的传统文化，既爱科学的理性，也爱文学的浪漫……

育儿理念 ～～～～～～～～～～～～～～～～～～～～～～～～～～～～～

志存高远，家国天下。海阔凭鱼跃，天高任鸟飞！

56 育儿碎碎记

◎ 王一婷

那些动人的故事大都始于平淡，蕴于普通的生活中……

2014年2月5日：妇幼保健院32号手术室，西西出生，体重3.55千克，身长51厘米，新生儿低血糖，出手术室就要跟妈妈分开，分开前医生抱给我亲了一下。

2014年2月6日：24小时后，西西从观察室回到我身边，我突然有点不适应，这个软软红红的小东西就是我的宝宝？真不习惯自己的新身份——妈妈。

2014年2月7日：西西听力测试通过，黄疸指数正常。

2014年2月8日：半夜吃不饱，西西哭闹，用小勺喂奶，西西一把抓住了勺柄。这是个吃货啊。

2014年2月9日：大雪，出院，回家啦！手忙脚乱的一天，还好月嫂阿姨及时赶到。

2014年4月9日：打完疫苗第二天，中午西西开始低烧，38摄氏度，精神很好，傍晚温度下降，夜里安睡。

2014年4月22日：我今天抱着西西时哼唱《真的好想你》，西西竟然好像听得懂，跟着后面嗯嗯啊啊表情丰富地唱和。

2014年6月18日：西西会张开双臂呼应"抱抱"，会用肚皮撑住地，学小鸟飞飞。

2014年6月24日：西西第一次无意识地叫出"妈"，听到这一声，我心中一颤，体重7.9千克了。

2015年1月5日：西西肠胃失调几天后，阿姨喂西西吃面条，她胃口大开，吃得很香。我在一边假装很馋，让阿姨也喂我一口，阿姨说不给哦，要留给西西吃。接下来的一幕你可以想象吗？西西扭头张嘴直接对着我的嘴巴喂过来了，接下来她吃每一口都会先把嘴巴对过来喂我。纯净的心，让我融化。今天西西满11个月。

2015年2月14日：西西今天不睡午觉，她的毛绒背心上掉下来一缕绒毛，西西趴在床沿看着阳光照耀下的那卷小绒毛飞着飘着，于是我也趴下来，对着绒毛吹了口气，绒毛飞一飞，再吹，绒毛再飞一飞，西西看得笑眯了眼，咯咯笑出了声，学着我也吹气。娘俩就这样趴在床沿玩了一刻钟……西西，谢谢你让我的生活慢下来，再慢下来。

2015年6月1日：西西会说"谢谢阿姨"这样动宾结构的句子了，而且会在正确的场合使用。能跟我对出简单的反义词：高矮，胖瘦，大小，多少……

2015年10月2日：今天，西西非常清楚地辨明了"我"和"你"的用法。爸爸拿起手机问，这是我的还是你的？西西回答，你的。我指着书架上的绘本再问，这是我的还是你的？她答，我的。

2016年1月12日：西西给自己和我讲了个故事。太长了，我都没能全记下来，大概就是有个大西瓜和小西瓜，大西瓜带着小西瓜出去玩，大西瓜滚到了草丛里去了，小西瓜找妈妈找呀找呀找不到，呜呜哭了……还好，我及时打开了手机录音，保存了珍贵的声音回忆。

2016年8月5日：西西2岁半体检，身高95厘米，体重12.9千克。她跟医生阿姨说，她不爱吃蔬菜，吃了会胀气。出门前，我再次给她讲了一遍《我不怕打针》的故事，并且明确告诉她打针会有一点疼，就好像被小虫子咬了一下，但是绝对可以忍受，其他小朋友如果哭，那是因为被吓到了，并不是真的疼。这样的心理建设很有用，西西验血时不哭，盯着看，还说长大了要做医生。

2017年2月5日：西西3周岁，我订了两个蛋糕。一个小猪佩奇的，和弟弟乔治在家里吃；一个冰雪奇缘的，带去幼儿园分享。西西边吃边对弟弟说，你别馋哦，现在你还不能吃，姐姐帮你吃掉啊！

2017年5月5日：西西最爱听宫西达也的恐龙系列故事，有时候听得紧张害怕，有时候听得咯咯笑。最近两天给她讲《永远永远爱你》，今天酉酉听哭了，大声哭着抱着我说，妈妈，我永远爱你! 真喜欢这样的瞬间，最真实的情感，最自然的表露。

　　2017年5月21日：妈妈，为什么可欣的妈妈不用上班，可以每天陪她玩? 酉酉问我。我为了解释工作的意义和被需要的快乐，费了好大劲。晚上，我要备课，让酉酉自己先睡。她带着哭腔问，那你今晚工作能做完吗? 小棉袄学会关心人了。

　　2017年7月8日：酉酉说，外公顶着大太阳去给酉酉买梨，外公不怕苦也不怕晒，因为他爱我们。酉酉开始懂得付出的艰辛与感恩的心了。

　　2017年10月2日：酉酉说，妈妈，你看我跟弟弟玩得很好，我们姐弟俩真好，我越照顾他就越开心，你再给我生两个妹妹吧。我压力山大，不过，你们好，妈妈真的高兴!

　　2017年10月15日：酉酉说，妈妈，我已经好多记性了，我脑子里全是记性。妈妈你今天犯了个错误，你以后要记住啊，这件事情很重要的，跟照顾你自己的事情一样重要。我不明就里，到底什么事情? 酉酉很严肃地说，你出门的时候忘记把安全座椅拆下来放到爸爸车上了，这样很不安全，知道了没? 我一身冷汗……

　　2017年10月16日：看到电视上的广告，酉酉说，妈妈，这个是给老人做的鞋，爸爸，你给外公外婆买，也给爷爷奶奶买，等你和妈妈老了，我给你们买。暖心。言传身教就是这样润物细无声吧。

妈　妈：王一婷，从业于传媒教育领域，外刚内柔，金牛座。
孩　子：女儿4岁，水瓶座，沟通表达能力极强，讲道理，内心温柔。儿子，1岁半，双子座，古灵精怪，性格不详。

育儿理念

　　俩娃都是风向星座，风力风速不定，妈妈土象星座只能以不变应万变，你们放心去飞，勇敢去追，你们是天空中的风筝、小鸟或是鹰，可以随时落下来休息，我就是下面的土地。

57 贝贝，让我们做同学吧

◎ 王珍

贝贝：

我的孩子，时光在你的身上涂抹着一层层颜色，这是时代的印记和日子的积聚吧，阳光依旧是你的主色调。盛夏随着你的到来骤然而至，就像你不由分说地成长，令我猝不及防，许多惊喜夹杂着绵绵的忧伤——许多生动、有趣的细节都来不及经历，或者说是无缘分享，就这样不由分说地任时光匆匆流过，我自枉然叹息。

从我珍藏的故事堆里，随便找出一个来读，都是关于你从前那种过分乖巧的事：在外婆家的餐桌边，牙牙学语的你津津有味地吃着心灵手巧的外婆专门给你做的葱油饼，快速地和我一问一答。"好吃不？""好吃。""香不香？""香。""脆不脆？""脆。""酸不酸？""不酸。""辣不辣？""不辣。"仿佛你天生就知道酸甜苦辣和香臭的区别，外婆在一旁吹捧：我们贝贝是天才……想到那样的岁月不再回来，我的心就隐隐地疼痛起来。

哦，老贝，说起你远没有像说你的堂妹老月和表弟老眠那样轻松和潇洒。敲打键盘的双手有些凝重，像这些年以来，我的许多无奈与无助连接而成的万不得已。

虽然从来不需要想起，永远也不会忘记，但总有许多和自己千万次的想象不一样的东西跟随着你而来。一种叫作"陌生"的东西时常在切割着我的情绪，虽然抽刀断水水更流，但也时常会让你我之间的沟通出现短暂的断线状。

那份"陌生"不是我以为的你那"非主流"的形象，也不是你从崇拜到质疑的叛逆，更不是你少年人特有的轻狂，而是我不敢如同对老眠、老月那样对你轻松地调侃。

就像你在和我争论"木糖醇是糖还是醇"时，你说："你只是一个记者，不可能知道所有的事，而我以后是要考医大做医生的，这是我生物课时学过的专业知识，我当然比你要懂。"

我无语。

是的，你在提醒着我，越大的孩子我越是无法搞定，我不能像对其他小朋友般任意抒发幽默感，和你说话的语气变得严肃、郑重。我所知道的东西毕竟有限，对于人生，我能说得出的又有几何？社会和生活才是人生最本真的读本，但愿你能找到良好的阅读方法和合适的阅读视角，并从阅读中汲取有益于人生的养分。

从这个意义而言，你平时叫我"同学"也许是最合适的称呼，在社会这个大课堂里，我们谁能说自己已经学会了人生的所有课程？

我学习，和老贝同学一起。

你自称"阳光男孩"，却是一个比任何女孩都怕太阳的同学，每一次外出归来，都要在镜子面前注目，自我审视许久，叹息：又晒黑了。我也开始重新编辑自己的价值取向和审美标准。我知道，那并不是我和你之间的分歧，而是代和代之间的沟壑。就像我一直以来刻意要求你做我假设的男子汉，而你只想做一个被许多女生追得不敢在太阳底下露面的帅哥。

常常听朋友们感慨：看不懂现在的孩子。我也一样，老贝同学，读你，就像是在读一首酸涩、朦胧的诗，那些熟悉的文字在时空中跳跃，我无法读懂其中的每一个句子，却不会减少我对诗歌的喜欢。

于是，我把只属于我的愿望，连同你带着阳光气息的故事一起收藏了吧，并及时修改着关于爱的内容——理解、体谅并接受你的所有，就是我此刻爱的全部。

如此，还能做你的同学吗？

你的老妈同学：王珍

妈 妈： 王珍，毕业于外语系，做过外语老师、报社记者及杂志社编辑，热爱并从事中国文字工作许多年。

孩 子： 王慎之，男，写此文时正值他高考前夕，理科班的他说更钟情文科。文字功底强，刚会说句子时，说出来的就是诗句——"奶奶走的时候，我看到月亮破了。"

育儿理念 ～～～～～～～～～～～～～～～～～～～～～～～～～～～～～～～～

和儿子做同学，举手发言，各抒己见，谁懂得多说得在理就听谁的。

58 培养写作兴趣，呵护善良天性

◎ 王志香

　　记得有一次我陪他去公园玩，公园里有个池塘，我说："铿儿，你看到池塘里有什么呀？"铿回答："妈妈，池塘里肯定是有鱼呀！""那你看到鱼了吗？"铿说："看到了呀，鱼在那里游来游去，它们好像很开心的样子。妈妈，你看，我还看到了鱼排队一个一个地游过去，是不是它们一边跳舞一边去找妈妈给它们讲故事？"我说："那可不一定。"铿问："为什么？"我让铿儿要学会观察，去捕捉新奇的"材料"，然后，充分地想象。后来，铿儿看了好长时间，我问我们可以回家了吗？他点头表示可以回家去了，回去的路上他还在不停地说刚才看到鱼们玩翻跟斗了，因为他把面包分享给它们了，所以它们一开心就翻跟斗表示谢谢了！这天的日记，他完成得非常棒！

　　又是一个星期天，铿儿跑过来问："妈妈，等你衣服洗完，我们去公园好吗？"我答应了铿儿。我们来到公园，他还是要求我去池塘边，我还是那样问："铿儿，你看到什么了？"铿儿回答："妈妈，我看到了鱼，看到了小船，还有荷花。"我好奇地问："哪有船？妈妈怎么没有看到？"铿儿说："妈妈，你看这片树叶在池塘里漂动不是很像一只小船吗？"铿儿想象着小船上如果有蚂蚁需要渡到对岸去，就可以坐上叶子船呀。我问他，没有船桨怎么过去呢？铿儿居然这么回答："妈妈，风可以的，风一吹叶子小船，它就随风漂过去了呀！"有道理，小朋友真的个个是天才，他们的想象力无法估量。回家后，便有了他的《蚂蚁宝贝坐着小船儿去旅游》。

　　当然，我们也会遇到不愉快的事，记得有一次我们还是去那个公园玩，他一个人跑得比我快，转眼人掉到池塘里去了，还好我手脚比较快，一把抓住铿儿后背腰间的裤带，向上一拉。拉上来的铿儿第一句话是："妈妈，我看到小船上有一只小蜻蜓拍打着水面，我看小船要沉下去了，就想把它划过来。"然后才大哭。这个时候你能骂他吗？绝对不能，其实我真的吓坏了，也后怕自己万一没有看到怎么办？可是我只好这么说："你把妈妈给吓坏了！我知道你想去救小蜻蜓，可你还小，池塘水很深的，遇到这种情况你要告诉大人，我们一起来救它才行。"这个时候，铿儿感觉自己做得不对了："妈妈，对不起！"回家后就有了《如果小蜻蜓掉水里了怎么办》。这篇小作文，老师给的是5分，小孩子慢慢有了写作的兴趣。

后来每个暑假有作文什么的，他都不会担心完不成了。只要有空，我都会陪铿儿去玩，他慢慢地不用我提醒去发现什么"材料"了，他自己就行，还会主动地告诉我他看到了什么。记得有一次铿儿对我说："妈妈，你看，这小草怎么那么绿？而且比那边草坪上的草要长得高？我看它昨天是被雨淋湿过了，身上还有水珠呢。"我说："这棵小草因为长在石头缝里，所以它必须要努力地往上长才能晒到阳光，而草坪上的草有阳光能照到，所以比较结实，你看对不对？"铿儿想了想说："那么为什么大家身上都有雨水？"我告诉铿儿："哦，这哪里是下雨淋的呀，是露珠！待会儿太阳出来了，这个露珠会特别漂亮！"铿儿说："那我们等太阳出来！"于是，我在一旁压腿锻炼，而铿儿仔细地观察着小草上的露珠，直到太阳出来了。他回到家就写了《小草顽强地生长着》，记得文中竟然还写到露珠在阳光下，特别耀眼，在小草的叶子上欢快地滚来滚去，像颗珍珠……会比喻了！

再长大点，大概在初二时，铿儿说他在学着写小说了，我看到他每天都在写。这个时候家长很想知道孩子在想什么，是真的写小说吗？为什么每次都把那个笔记本锁起来？一次，他忘记锁了，我忍不住偷看了几页，是侦探小说，还真的有点意思，正在此时，铿儿进来说："妈妈，我已经长大了，可以有自己的隐私了，请您尊重我好吗？"是的，少年时期的男孩子感觉自己是个大人了，有自己独立的思想了，不能像以前一样教育了，我们应当放手了。

到了高中，好多同学都有手机，铿儿提出也想要部手机。我想孩子大了真的也需要的，就和他爸商量，给他买了一部，哪知道，不到一个星期，手机不见了。铿儿当时是比较心疼的，老师就带他到辖区派出所报案了，结果一查，有个同学拿了他的手机去卖，正好被派出所的警察抓住了。来到派出所，铿儿看到是自己的同学，铿儿哭了。这时，警察过来说："你可以告这个同学，金额超过2000元了，够得上盗窃了。"这个同学的妈妈早就哭成泪人了，铿儿直接跑到自己老师面前请求道："老师，他是我同学，我可以不告他吗？您去和警察叔叔说。"老师眼泪也流下来了，跟警察说过以后，警察问铿儿："你为什么不告他了？"铿儿说："因为他是我同学，他虽然有错，但他还那么小，可能一时糊涂，他可以改正的，如果抓进去了，那么人生那张白纸上就有污点了！我不想他这样。"在场的人都被感动了，那个同学的妈妈拉着铿儿的手："谢谢！谢谢你爸爸妈妈！谢谢！我儿子有你这么好的同学！"在回学校的路上，铿儿还求老师不要把这事告诉其他同学，更不要告诉学校，要不然这个同学在学校里就待不下去了。老师说她真的好感动！

后来才知道那孩子是单亲孩子，他妈妈工作比较忙，对他的教育少，而他也已经知道自己错了。通过这件事，感觉小孩子这个时期的教育非常重要，我想孩子的善良、健康、快乐比学习成绩更重要。

妈　　妈： 王志香，任职于一家文化创意公司，喜欢写诗和散文，电视台业余编剧。

孩　　子： 儿子30岁，超级暖男，善良真诚，充满生活的智慧，现任职于一家国企单位。

育儿理念

注重教养，教养重于能力。一个人的能力，决定了一个人飞得高不高；一个人的教养，决定了一个人飞得远不远。有教养的孩子，才是最美丽的。从健康快乐中培养孩子的兴趣，与孩子一起成长，让其学会独立，学会生活，学会爱。

59 那些比知识和技能更重要的

◎ 薇拉

亲爱的小孩:

今年春节,在小波姐姐组织的"生命"分享会上,8岁的你临时决定和爸爸演一个小品,你们事先才排练了五六分钟,结果,轮到你们上台的时候,爸爸演到一半卡壳了,因为爸爸没有记住你教的台词,你当即在小舞台上对爸爸张牙舞爪,不依不饶,哭闹着恨不得揪住爸爸痛打一顿……爸爸一直招架着没发脾气,但你短短一瞬间的爆发让台下的叔叔阿姨、哥哥姐姐们大跌眼镜。妈妈则是震惊之后感到深深地惭愧:孩子,你有一点小才能,并不表示你有权凌驾于别人之上。

对挚爱你的亲人,对所有跟你有关系的人,尊重和感恩,将是你一辈子的课题,这些,将会比所有知识和技能都重要。作为你的爸爸妈妈,也要跟你一起学习和成长,任重道远。

话说那年的金秋十月,一个温暖的早晨,你出生在香港的一家私立医院里。

你半岁以后,妈妈恢复了工作,每天从早忙到晚,你读幼儿园中班时,妈妈第一次参加你班里的活动,妈妈竟然谁也不认识。这样下去不行,妈妈不忍让你和姐姐一样,小学一年级就住校。于是妈妈下了决心,依依不舍离开了工作很多年的公司,换成现在的工作。终于,妈妈有更多的时间可以陪伴在你身边,我们组织了很多户外活动,你和很多小朋友成了好朋友。我们和小伙伴们一起暑假自驾去威海,一起举办生日聚会,一起去看美院的毕业展,最让你念念不忘的,是你6岁生日那天,我们一起在小区网球场搭起了十几顶帐篷,搬来野餐的桌椅板凳,红烧肉飘香,电饭煲里米饭冒着热气,月光下来一场隆重的家门口的旅行……妈妈能够空下来的时光，尽可能都陪你。妈妈相信，你有一个尽兴的童年，在尽情玩乐中体会到分享和协作。

上了小学的你表现得兴趣广泛。学钢琴，多少次你把理由都找遍了才极不情愿地坐上琴凳；多少次因为错音，因为曲子不熟悉，你一次次拍着琴键，喊着"重来"，用"五遍法"一次次从头开始纠正；多少次你放学回来硬撑着弹完琴来不及做作业就倒头呼呼大睡……学琴那么艰苦，我们一起坚持下来了。钢琴，锤炼了你的意志，也让你学会了欣赏音乐的美。学舞蹈，老师再严厉，你也慢慢克服了一开始的不适应，喜欢上了，有空，你就会在家即兴自编自舞一番。你尤其喜欢语言和艺术，从幼儿园大班开始阅读大量的书，常常一个人捧起书来就物我两忘，读起书来那叫一个千姿百态，只见你一会儿倒挂在沙发上，一会儿跪在地板上，一会儿坐在书桌旁，看得有趣时在床上一个人笑得直打滚，好在目前这些书还没有把你变成书呆子！

5岁时，你有了自己的播客，无论和妈妈合作录制《列那狐的故事》，还是自己一章章讲《秘密花园》《世界历史故事》，都给全家人带来了欣喜，连本来超级期待有个孙子的爷爷，这时候都已经忘记了你是个女孩的失落，每天喝点小酒，醉意中连声夸你能干。你写的作文，语言简练，有跌宕起伏的故事情节和出人意料的结尾。圣诞晚会，你挑战高声部的 *You Raise Me Up*（《你鼓舞了我》），完全是小小的女高音麦霸。运动起来呢，你跑步并不算快，下棋打球也很一般，但对刚刚收到的独轮平衡车，你放学就去练，即使下雨也要爸爸撑着伞来帮你，摇摇晃晃出去练习，六天下来，居然已经将独轮车骑得来去自如。至今，你仍是我们家唯一能骑好这辆平衡车的人。

这些知识和技能，也许在不久的将来，机器人就可以掌握并替代人类，但是机器人不能替代的，是温暖的人性。

大部分时候，我们为你感到欣慰。当你能够像个大姐姐一般照顾班里弱小的同学时；当你参加公益活动，一遍遍为盲人录制故事时；当你在餐桌上竖起大拇指，摇头晃脑赞美外婆或奶奶是超级大厨，做出来的美味"此物只应天上有，人间哪得几回尝"，惹得全家人哈哈大笑时；当你玩累了从车上下来，睡意蒙眬中，知道爸爸腰不好非要下来自己走时；当你挑选最精致的卡片写下对圣诞老人的问候和自己的小小心愿时；当你恭恭敬敬写好气球上的祝福语，放飞给天堂的外公时……妈妈知道，你心里一直住着一个善良的小天使。

每一个生命都有各自的价值。所以，亲爱的孩子，请你记得，懂得感恩，才能彼此尊重，才有可能与人合作去完成任务。这是地球生态平衡的需要，更是人与人之间的相处之道。亲人间如此，陌生人之间也是如此。

亲爱的孩子，你属于未来，必须具备为未来服务的能力。未来的人类将变得怎样？除了尊重和感恩，还有什么比知识和能力更重要的呢？让我们以苹果公司首席执行官库克先生在麻省理工学院2017届毕业典礼对大学生们的演讲作为结束——

"我所担心的并不是人工智能可以像人一样思考，我担心的是人们像计算机一样思考，没有价值观，没有同情心，没有对结果的敬畏之心。"

妈妈相信，你懂的。

爱你的妈妈

妈　妈： 薇拉，在一家相信艰苦才能卓绝的大企业奋斗了20年之后，加入了一家股权投资公司。当下最大的爱好是读书、旅行和摄影。

孩　子： 女儿9岁，性格和她名字一般，如温暖的早晨，酷爱阅读、爱唱唱跳跳。会像小猫一样撒娇，也会为吃不上棉花糖大哭一场，过不了多久再跟妈妈说，我好了！

育儿理念

身教重于言传，父母的言行会影响孩子一生。人最大的快乐，来自一次次挑战自己曾经认为的不可能。只要努力，一切你想到的都有可能实现。

60 言传不如身教

◎ 文文

对于孩子的教育，每一个妈妈都有不一样的感受和体会。环境不同，孩子的性格不一样，当然教育方法也就千差万别。

我的女儿属于性格温和比较听话的孩子，在她的成长过程当中我的体会还是那句老话：言传不如身教。给她营造一个良好的生活和学习环境，是促进她健康发展的重要因素。这个环境是受妈妈的品质和为人处世的方法影响的。

孩子就像一张白纸，妈妈是他的第一个模仿对象。孩子就像一面镜子，会映照出妈妈的行为。妈妈要舍得放弃自己的兴趣和爱好，用母爱形成一个强大的磁场，在这个磁场里去深深地吸引孩子。无论再苦再累，妈妈都要持之以恒，不懈怠、不气馁。妈妈是舵，孩子是船。无论风有多大，浪有多险，只要妈妈把准方向驶好舵，船就一定能平安顺利到达彼岸。

小细节是培养孩子良好习惯的摇篮

孩子天性爱玩，做妈妈的必须懂得和理解，并且要知道孩子喜欢玩什么，或不喜欢玩什么，要舍得花时间去陪伴，尽量满足孩子的心理需求。因为玩能开发智力和培养孩子的想象力，孩子玩的过程就是其兴趣爱好形成的过程。一旦孩子的兴趣被大人阻止，就很可能会给孩子带来一些不快或抵抗情绪，然后他们就会与大人唱反调，把大人说的话当耳旁风。

妈妈还要懂得孩子的优点和缺点是什么。做妈妈的要细心观察，发现孩子的优点则及时表扬和鼓励；发现孩子的缺点则不能熟视无睹，要及时纠正。纠正缺点的时候，切记要讲究方法，在恰当的时候和适当的场合指出，并且说话方式要婉转，能够让孩子容易接受。将缺点扼杀在萌芽状态，不至于缺点变大变粗，甚至长出翅膀。发现孩子的优点也要及时鼓励，鼓励会使孩子有成就感，让他喜欢与大人交流，做什么都积极主动。

有些孩子有爱吃零食的坏毛病，尤其是那些油炸食品、饮料、冰激凌等不健康的食品。妈妈不能只说不能吃，一定要耐心地跟他讲不能吃的理由，并用其他的东西去吸引或转移孩子的注意力。

还有，对于大人办不到的事，不能在孩子面前信口开河，要言必信，行必果。答应过孩子的事情一定要兑现，一是一，二是二，对孩子讲真话铁打不改。妈妈做事阳光，带给孩子的一定是光明。

认真的学习态度是孩子进步的源泉

学习最关键的是要引导和培养孩子的学习兴趣，养成良好的学习习惯。大人除了自身要加强学习，还要将学习这面旗帜天天挂着，对孩子反复强调。既可以通过讲古今中外的故事间接地强调，也可以直接说：学习越多，知识储备越充足；学习越多，知识面越广，到达的地方越远等。

我的女儿从小学开始，一直都保持着回到家里，不用大人说，第一件事先做作业，做完作业再玩耍或看书看电视的习惯。寒暑假的时候，也不例外，不做完作业，你叫她出去，她都不出去。长此以往，孩子自然而然地形成了良好的学习习惯。有了良好的学习习惯，学习成绩不愁上不去。女儿升初中时考了全县前30名，升大学时考了全县文科第二名。由于高考志愿不理想，她转到英国读大学，后来读了英国伦敦政治经济学院硕士研究生。

良好的心态是孩子健康成长的催化剂

妈妈待人接物和为人处世的方法，会在孩子身上留下烙印。比如妈妈是如何对待家里的老人、如何处理亲戚朋友和兄弟姐妹关系等。妈妈的一举一动就像磁铁一样吸引着孩子。因为孩子在成长过程中喜欢模仿。好比妈妈在前面跑步，孩子跟在妈妈后面跑。妈妈跑的路宽，跑起来有力量，孩子就不至于横冲直撞，走歪路或摔跤。

妈妈还要引导孩子懂得分享和团队合作，热爱和关心集体，使孩子豁达大度不自私。有了良好的心态和人际关系，孩子的路就会宽广，眼光就会长远，智慧就会降临，陪伴其左右。

我女儿的成长过程是一帆风顺的。在国外读书期间，有的家长会担心自己的孩子吃亏、受委屈和不安全等，我却很少有这方面的顾虑。因为女儿做什么都会向我说得清清楚楚，使我不会对她产生疑虑或担忧。当然更重要的是，我相信她的处事能力和人际交往能力，对她很放心。

怀有博爱方能走远。好的心态，是生活学习的润滑剂。即便眼前暗淡，世界也终会为你提供明亮，你的孩子一定会阳光灿烂、健康快乐地成长。

妈　妈： 文文，公务员，爱好写作、唱歌、跳舞以及乒乓球。习惯记录孩子的成长点滴。

孩　子： 何佳楠，女，美丽聪慧，乖巧可爱。无论是学习还是生活，都不用父母操心。

育儿理念

父母以身作则，用良好的行为习惯自觉不自觉地影响孩子，营造舒适、快乐、和谐的学习和生活环境。引导孩子关爱身边的人，用爱去拥抱自然和生活。

第四辑

最美的陪伴

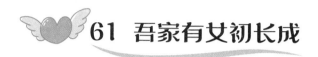

61 吾家有女初长成

◎ 项国红

初一开学第一天，女儿背着双肩包坚定地向杭州英特外国语学校的大门走去，脸上写满了期待与憧憬。作为初一新生的她即将迎来全新的生活。我默默地在远处望着她的背影，自豪、不舍、担心在此刻一起涌上心头，龙应台《目送》中的一段话在此刻有了最好的诠释："我慢慢地、慢慢地了解到，所谓父女母子一场，只不过意味着，你和他的缘分就是今生今世不断地在目送他的背影渐行渐远。你站在小路的这一端，看着他逐渐消失在小路转弯的地方，而且，他用背影默默告诉你：不必追。"

在生女儿之前，影响我的是一本《哈佛女孩刘亦婷》，它让我明白了家庭教育就是一个培养孩子具备不寻常的优秀素质和综合能力的过程。

生女儿的时候，因为我与同龄人相比已经晚了三四年，所以全家人都对女儿宠爱有加。在完全可以用尿不湿的条件下，我还是用起了大人穿过的棉制衣服裁剪的舒适的"土尿布"。在家人的细心照顾下，女儿很少会尿湿裤子。很小的时候，女儿想拉粑粑时都会给大人一个提示，每次她爸爸都会骄傲地说："咱们家女儿真是个爱干净的姑娘。"从女儿牙牙学语开始，不管多忙多累，我都坚持给她讲故事。付出总会有收获，女儿的阅读习惯或许是从那时开始养成的吧。

因为我们要忙于上班，老人又不方便照顾，所以在女儿18个月大的时候，我就把她送进了私立幼儿园。进园的第一天，我猜可能是因为老师忙，没明白女儿的某个诉求，导致女儿失去了安全感，中午和晚上睡觉时，非得拽着自己的小书包和随身物品才肯睡。我从此就打消了让她过早上幼儿园的念头。到了真正幼儿园入学的时候，女儿便是个积极上进认真的孩子。记得小班的六一前夕，女儿兴奋地对我说："妈妈，妈妈，我要上台表演唐诗《咏鹅》了。我和明明一起演大白鹅。"话语中透出骄傲和喜悦。也是从那年起，我给她报了舞蹈班。

孩子对新鲜的事物都有好奇心。一次带她去本地的民居苑玩，看到一位老艺人在剪纸，她就趴在桌子上看了半天不肯走。那老艺人问："小朋友，想不想学啊？"女儿欢呼雀跃地说："想啊！"老艺人就手把手地教女儿剪了一只蝴蝶。回家后她还不时地拿出来看看。看她如此爱不释手，我就去联系了那位老艺人。老人说："现在想学剪纸的孩子不多了。既然孩子想学，那就带来试试吧。"女儿知道可以学剪纸了，高兴地抱着我用力地亲了一下："妈妈，你太棒了！"之后的三年暑假，她就多了一个剪纸的课程。

都说孩子的兴趣来得快，厌倦得也快。但庆幸的是女儿都坚持下来了，就在那最繁忙的六年级，女儿还坚持着素描的学习。记得有一次，我因为急着要去开会，就催促女儿快点去，她爸爸就跟我吵了起来："干吗一个礼拜都排得这么满，女儿一点玩的时间都没有了。"我正要争辩的时候，女儿跑出来对她爸爸说："妈妈帮我报的这些兴趣班都是我喜欢的，又不是妈妈逼我的。"那时我突然觉得女儿懂事了。在路上我又问了女儿："是不是很累？要不我们就放弃一两个吧？"女儿却安慰我说："我不累的，跟伙伴们一起学也很开心呢。只是每天都让你接送，你才辛苦呢。"真的有种"吾家有女初长成"的欣慰。

我总是希望女儿成为一个宽容、善良的孩子。一直以她是姐姐为由，要求她凡事都让着家里的弟弟。可是家里的默默弟弟特别淘气。有一次，她和默默弟弟闹翻了。我却不明事由地批评了她一通。事实上是因为默默之前在学校里看见姐姐，不礼貌地叫她"木乃伊"，女儿一直觉得自己委屈才爆发。这件事当时确实触动了我：每个人都有自己的表达方式。事后女儿也认识到可以用更智慧、更积极的表达方式与人沟通。或许用另一种方式，就更能让默默弟弟心服口服。

对女儿的学习，我像大多数妈妈一样，也担心孩子输在起跑线上。虽然刚开始在她爸爸的坚持下没有让她上课外辅导班，但到了四年级，还是随大流，给女儿报了奥数的辅导班。都说师傅领进门，修行靠自己。我一直教育女儿："做任何事最怕认真两字。每个人的能力是会有差异，但态度会决定结果，凡事我们都要以一种认真、执着、勤勤恳恳的态度面对。"在学习上，女儿还是自觉的，对自己要求严格。就说今年的暑假作业，她虽然前期疏于计划，后期还是要求自己做到最好。

在女儿入学后那周，我老妈说："女儿已经开始住校生活，你也该打扮打扮自己了。"是啊，小学六年，我能做到的是尽力陪伴。最后我想对女儿说："刚刚走完小升初之路的你或许有不舍，或许有遗憾，或许有对未来的期待，但无论怎样，都要以一颗平和的心去面对人生的酸甜苦辣。生命本是一场漂泊的漫旅，遇见谁都是一个美丽的意外，前路漫漫，你是老爸老妈的宝贝，以后的人生路上也许是荆棘坎坷，也许是鲜花掌声，也许是平淡庸碌……但爸妈的爱会永远伴随你，希望你勇敢、自信，拥有坦荡的胸怀、仁厚的心灵，从容面对一切。"

妈　妈： 项国红，公务员，从事财务工作。

孩　子： 陆美亦，小名儒儒，就读于杭州英特外国语学校，爱好唱歌、跳舞、阅读，是个勤奋好学、乐观向上的女生。

育儿理念 ～～～～～～～～～～～～～～～～～～～～～～～～～～～～～～

其实，在孩子成长的每一个阶段，他们都需要学会自己解决可以自理的事情。让孩子成为独立的人，是每一位家长的必修课。

62 握瑜兄的剑和永无岛岛主

◎ 萧耳

"我叫李握瑜，我的名字出自屈原的《九章·怀沙》，怀瑾握瑜兮，穷不知所示。比喻有美玉那样的品德。爸爸妈妈希望我的一生，都能当一名谦谦君子。

"我喜欢《三国演义》和《水浒传》，长大了要成为诸葛亮和吴用那样的'智多星'。我在学校里也是个活跃分子。每天回家除了弹弹钢琴，我什么培训班也没上过。我和妈妈去看话剧《死无葬身之地》和《尤利西斯》，去上海书展，去读书会，去采访著名作家格非和叶兆言叔叔……

"爸爸妈妈从小教育我：好男儿要读万卷书，行万里路，他们也是带我这么做的。我去过美国、日本、韩国……，登过玉龙雪山，在香格里拉骑过马，在塞外坝上滑过雪，在海边尽情游泳冲浪……"

这是握瑜兄小升初时，给公益中学的自荐信中描述的自己。握瑜兄如今已是公益中学初二年级的学生了，一米七的个子，英俊少年一枚，他不是学霸，是一个在学霸身后步步紧逼的追赶者。用我的话说，他正一点点地在开蒙，是一个推窗者，生命中的智慧与情感之窗，都要他一扇扇地去推开，去领略新世界。

每年3月9日的上午，我都会想一想多年前发生的事。我在多年前这一天当了小哈同学的妈妈，关于他的称呼，有哈哈、哈宝宝、小哈、小屁股、哈哥、握瑜兄等。那天早上阳光非常灿烂，因为前一天妇女节我赶着各种活动，活动结束后到堂姐家吃完饭意犹未尽，非要走路回家，活动量太大，那天清早握瑜就提前发动了。我心情大好哼着歌进了产房。羡慕那时候挺着大肚子的自己，精力旺盛得令人发指，怀着他从未请过一天假……在医院的那几天，我这个新妈妈觉得什么都好笑，小婴儿搔首弄姿好好笑，他偶尔还会翘兰花指，我笑得肚子都痛起来了。之后的几年，就不那么容易笑得出来了。人生中最艰难的，是在母亲的责任和职业的夹缝中求生存，求平衡。但对于这个小孩子，无论多忙多累，我都从未失去耐心过，也总是将他置于一个优先的位置。

记得有一年我和他一起看池莉写的关于女儿成长的书《立》，我对池莉的教育理念特别赞赏。握瑜兄在上初二之前，从未上过任何的培训班，可怜的他没有任何拿得出手的可以量化的东西，各种大赛证书、奖状之类，与他都无缘。这么说，他真是个平庸的小孩，这固然是因为他天性中有不爱争名夺利的一面，但也与我这个自由散漫的母亲有关。在他这个应该自由成长的人生阶段，我对任何可以量化的东西都持警惕态度，我们还是先当个"清白而秀"的小布衣吧。我认为这个阶段的孩子对世界的认知应该是一种游动的、漫游的状态，不该被量化或过早地灌输诸如你会背多少首唐诗、奥数得多少个奖、识多少个字、会背多少个英语单词等。我们这些知识分子既然已经认为"所谓无用即为大用"，那么孩子人生最初的十年，我还是想让他在无用状态中当一个世界的漫游者，感知世界的一切美好，为将来的人生打下一个丰足的基础。

即便是这样放任的童年，有好长一段时间，我们的握瑜兄依然强烈地不想长大，他想像彼得·潘一样有一座他自己的永无岛，永远无牵无挂地快乐玩耍下去。每天他说得最频繁的一个字就是——玩。他在自己的永无岛上，有着无穷无尽的奇思妙想，比如他给自己的一幅画配的文字：

"本画讲述一幅画跟现实世界的景色几乎一模一样，但比现实世界中多了亲嘴鱼、打架虾、劝架苹果和救人小鸟。画中画了一个小孩子，他在泡温泉。这幅画不知道为什么飞到了一个与画中几乎一模一样的地方，因为飞翔途中它被磨破，画中的水漏到现实世界的湖里，画中的小朋友也快要落进现实世界的湖里了，后来一只现实世界的小鸟看到这个小朋友快掉进湖里了，就把它的爪子伸到了画里，说，小朋友，快抓住我的爪子，我带你飞离画中。"

这个就是我家的彼得·潘，他无数次地想要当永无岛岛主，耍赖不想长大，但他还是在长高，长大，转眼，成了初中生。

当然我们必须以积极的心态去面对应试教育，身在中国，不能当时代的逃避者。我告诉他：学会考试，是一种能力，也关乎自己的自信心。人，都是戴着镣铐跳舞的。就像你打游戏，打通关了，你才能走到更高的天地去。

每个孩子都是父母的天使，每个孩子又都有自己的天性，握瑜兄天性纯真，不爱争强好胜，不好斗，不爱炫，但相信智慧的力量。此儿有谦谦君子之风，于是我跟他开玩笑："小哈，谦谦君子，温润如玉，你就是《天龙八部》中的那个段誉，现在你的六脉神剑还时灵时不灵，在江湖上修炼得多了，假以时日，段誉也能成为一代大侠。"

现在握瑜兄的语文成绩大多数时候仍没达到理想状态，但我发现他写作文的水平在一天天提高，而且时有出人意料的才气出现。这让我们乐观地预想：或许会有一天，语文试卷的世界和文学修养的世界，会在某个点上产生一种化学反应吧。

到了青春期，周围很多家庭的母子关系有些紧张，但在握瑜兄至今的作文中，总不由自主地把妈妈刻画得很美好，我想他是由衷喜欢我这个女子当他妈妈的吧。

他就这样自在地一天天长大了，周围朋友都觉得我有些宠溺孩子，但我的宠溺，并非是无原则的，所以每当我给他一张严肃脸时，他就会觉得事情有点严重，然后反应过来，这便是界线。

妈　妈： 萧耳，作家，媒体人，高级记者。一个被称为"文艺青年"很多年的文艺中年人。

孩　子： 握瑜兄，14岁的翩翩少年，初三党，妈妈心目中的"段誉同学"，六脉神剑时灵时不灵，但在家人特别是妈妈十几年如一日的赞美下茁壮成长，相信握瑜兄的剑会真正横空出世的。

育 儿 理 念 ～～～～～～～～～～～～～～～～～～～～～～～～～～

自由——我们什么都可以谈，从分数到伙伴，从鸡毛蒜皮到外星生物。壮胆——学霸有啥了不起，明天给我超了他。

63 世界末日前的一些家书

◎ 萧萍

亲爱的沐阳：

一转眼又到年底了。刚刚吃晚饭的时候你突然对我说："妈妈，我们就要期末考试了……怎么搞的，我暑假去香港的情景就在眼前，怎么就过去四个月了呢？"

"是的，沐阳，"我摸摸你的头，"就是这样，光阴如水你知道是什么意思吗？就是说时间像流水一样流逝，总是不知不觉啊。"

不知不觉你已经三年级了，沐阳，多么快啊！

我还记得我为你拍下小学第一天回家的照片，你笔直地坐在餐桌前给我们示范标准坐姿，你让爸爸和我都坐好，你不停地纠正我们的肩膀、腰和屁股，你对爸爸和我说："我们老师说的，要坐得直，屁股也不能坐椅子坐得太多太舒服，不然我们会睡着的……"

我们都哈哈大笑。爸爸拍了拍你这个好小伙子的背，而我亲了亲你的头发，它们像你一样认真地明明白白地根根竖立着。在镜头里，你是多么生动啊！坐得那么笔直，脖子骄傲地扬起，像一棵真正的小白杨，从心底漾出喜悦和明亮。

沐阳乖孩子，乖小人儿沐阳，你为什么那么乖啊？

沐阳，沐阳，每天和你在一起，多么好，又是多么累啊，这都是妈妈的财富，也是妈妈的节日——我最喜欢看你睡觉的样子，香喷喷苹果似的脸蛋，黑黝黝的头发，呼吸均匀美好，万籁俱寂。那一刻，我握着你的手，和你被子里的脚，怔怔地望着你，我恍惚觉得似乎不认识你，也仿佛觉得我们在一起有一百万年那么久。

　　而更多的时候，我心疼地望着你，为你的辛苦，为那6千克重的书包，我很抱歉，亲爱的，你很累，沐阳。作为妈妈我每天都要在你的床边想一遍：你还好吗？快乐吗？我怎么能给你更好的生活，更健康的环境，更人性、更优秀的教育呢？

　　我希望你健康、勇敢，去踢球，去竞技，去做实验，去做一个男孩子想做的事情，就像你最宝贝的那本《男孩的冒险书》描写的那样。

　　我希望你善良、包容，有涵养，在这个每个人都拼命攫取的时代，有分寸，学会退守和淡然。

　　我希望你记得每个帮助过你的人，记得他们的优点，记得他们的温暖，记得他们在关键时刻伸出来的手，也记得在你力所能及的时候，去帮助需要帮助的人。

　　我希望你继续酷爱数学，痴迷伟大的科学实验；我希望你喜欢阅读，独立思考，让理性的思辨和优美的情感充沛心灵。

　　我希望你按时到校，尊敬师长，积极举手发言；我希望你及时关灯关水，将垃圾逐一分类，我希望你知道这是些多么小的细节，可是它们充满了力量；我希望你知道，在今后那无限的岁月里，这个地球上的资源是多么有限，相对于宇宙，我们人类是多么微不足道啊！

　　……

　　亲爱的沐阳，此刻我在灯下写下这些字，希望你能在明天的朝阳中打开看到。我期待明天又是一个冬日的晴天，在那些暖阳下，让我想象你在学校的样子：你的午饭还会磨磨蹭蹭地吃吗？你的作业是不是能轻松自如地完成呢？你和同学们在玩什么样的新游戏呢？而我多么希望看到，那个在戏剧沙龙上脱去了羞涩、战胜了自己的蚂蚁——恰恰，或许它的声音和表情不是蚂蚁中最好的，可是它在进步，它的茁壮和天天向上，已经让妈妈内心欣喜震动！

　　可爱的小沐阳，加油啊！

　　最后，在这封信的结尾，让我和你再次重复我们每天晚上游戏般的对话：

"我爱你，儿子，感谢上帝让我当你的妈妈！"

"我爱你，妈妈，感谢上帝让我当你的儿子！"

新年快乐，进步！

妈妈

天啊，我不得不说，沐阳，妈妈好像偏题了，我说好了要写一封关于末日的信的，可是我却写成了一封平常的岁末家信。对不起，对不起！

沐阳，妈妈知道2012年的12月21日，是玛雅人说的世界末日。从现在开始，真的还有365天！亲爱的，我们都是普通的妈妈和儿子，如果我们没有足够的幸运和足够的金钱去登上21世纪的挪亚方舟，那么我就宁愿和你，和你爸爸一起静静地待在家里，让我们吃365天后最后的晚餐，一起点亮烛光迎接这个世界的未知吧！

妈妈又及

妈　妈： 萧萍，著名儿童文学作家，戏剧学博士，教授，"非吼叫妈妈俱乐部"创始人，上海师范大学儿童艺术创意与研究中心主任。代表作品有《沐阳上学记》《春天的浮雕》《蚂蚁恰恰》《流年一寸》等，翻译作品数部，曾获全国优秀儿童文学奖、陈伯吹国际儿童文学奖等奖项，作品入选德国慕尼黑青少年图书馆"白乌鸦"国际书目。

孩　子： 儿子沐阳，正在读高中。

育儿理念

跟孩子做朋友，与孩子一起成长。

64 宝贝，妈妈许你一个幸福的童年

◎ 谢成莹

　　每一个中国妈妈都有一个心愿，就是想培养出一个优秀的让自己引以为傲的孩子。我也是千千万万中国妈妈里的一个。

　　我有一个乖巧的女儿，今年8岁了。还记得，在这个小生命降临的那一刻，当她的小脸蛋触碰到我的脸时，我的泪水掉下来了，好幸福好奇妙好感恩！从那一刻起，我就想不顾一切地要给她所有的爱。她好像知道我的心一样，特别体贴我，晚上没有哇哇哭个不停，也没有断奶后的半夜起床喂奶粉，让我特别省心，小棉袄真心不假。我天天都在她的身边，没有一刻离开过她，生怕在她成长的时候错过一点、一瞬！见证着她每一次的小进步。慢慢地，我发现与其说是我们陪伴孩子，不如说更多的时间是孩子在陪伴着我们。孩子的喜怒哀乐是那么纯粹，她会把真实的感受毫无保留地展现出来。当然，有时候他们也会制造各种麻烦，而我们付出得越多，得到的也会越多。

　　记得有一次我生病住院了，她跟着爸爸回家。晚上洗好澡，她躺在床上偷偷地抹眼泪。尽管背着爸爸，但还是让爸爸看到了。到了第二天，爸爸喊她起床，她把小手放在嘴巴上："嘘，妈妈，你好了没有啊？妈妈，你好了没有啊？妈妈，你好了没有啊？"连着喊了三声，她爸爸跟我说的时候，我感动得眼泪都出来了。我们每天关心着孩子，照顾着孩子，其实她也会同样地关心着我们。那年她3岁。

　　有一次，我跟她爸爸吵架了。她明明上一秒还在玩玩具，可是下一秒她就跑到卧室来用手擦掉我的眼泪，然后什么也没说就出去了。其实她很慌，过了一会儿，她抱来了家里我们三个人的几乎所有的合照给我看，给她爸爸看。看着她，心里有千言万语说不出来，只想紧紧地抱着她。晚上睡觉时，她一只手捏着爸爸的耳朵，一只手捏着妈妈的耳朵，说这样是最幸福的。那次之后，我们再也没有在她面前吵过架。是的，不管任何事情、任何原因都不要在孩子面前吵架，吵架带给孩子的是心灵上无法言说的伤害。那年她4岁。

就这样，我陪着她一路成长，她爸爸也是尽职尽责地陪着她，爱着她。下了班，回家第一件事就是抱她，把她扛在肩上，把一天的疲劳扔得干干净净。这样的时刻让我瞬间体会到生活的意义就在于家庭的幸福！而这种幸福就体现在爸爸妈妈一起陪着孩子成长……

我好想这样幸福下去，可是人有时非常渺小，非常无助，我碰到了人生中无法主宰的意外！

从那个夜晚开始，三个人的家庭，剩下我跟女儿相依为命！在家人朋友的劝说下，我还是最后残忍地告诉了她一切，很爱很爱她的爸爸离开了我们到了另一个地方。她问另一个地方是哪里？我告诉她是天堂，在天上，她哭了，拼命地哭，拼命地喊爸爸。我知道她懂，什么都懂了！从送走爸爸的那天之后，她一步不离地跟着我，我知道她没有了安全感，她怕我也会离开她。从那之后，她更加懂事，超出了同龄孩子的成熟。她生怕惹我生气，她在我面前不再提她的爸爸，也许那个很爱她的爸爸让她小心翼翼地封存在心里了，只能自己偶尔偷偷地想。她学会了察言观色，看着我的脸色小心翼翼地讨好我。我好着急，这不是一个孩子应该承受的。对于单亲孩子心理的健康成长，我很关注！必须要走出来，我要乐观积极地生活，给她足够的安全感，命运残忍地让她失去了父爱，我要用双倍的母爱补偿她！想到这里，我心里很疼。可是……那年她只有5岁！

我们一起走过了最黑暗的一年，女儿大班了，我时刻关注着她，生怕她的性格有所改变，不过还好，她活泼、阳光、热情。

孩子7岁了，成了一名真正的小学生了，她曾经期待着、渴望着、盼望着放学回家可以写作业，现在终于可以实现了。

　　她非常愉快地度过了适应期，开始正式上课，可是难题来了。面对拼音，她一遍一遍痛苦地拼着，但每次拼出来的都是不一样的，声调不对，我终于忍不住爆发了，自己走进卧室，扔下她一个人孤零零地在客厅小心地哭着。突然，我听到了她一边哭一边轻轻地呼喊："爸爸，爸爸……"顿时，我的眼泪哗哗直流，我错了，这次真的错了！对于零基础的她来说，她在一遍一遍地练着，只因没有做到我心目中的那么熟练，我竟然这么大声地骂她，我到底是怎么了？自责在我心里一遍又一遍地翻来覆去，我知道我是太心急了，要让孩子有个消化的过程。我马上换了方式，去握着她的手一起陪她继续练，一遍不行两遍，两遍不行三遍，就这样反复练着，孩子也有了自信，卸掉了压力。在愉快轻松的氛围下，她脸上露出了笑容，我也终于松了口气。孩子在遇到困难的时候，我们应该做的是蹲下来，牵着她的手，跟她一起度过。有时候不是孩子脑子笨，学习不好，而是大人们用自己的方式抹杀着孩子的童真跟灵性！

　　虽然命运的境遇让我的孩子比同龄的孩子多了一份考验，但我要通过自身的努力和坚强，陪伴孩子一起成长，让孩子拥有跟别的孩子一样美好的童年！

妈　妈： 谢成莹，小学文印员，虽然工资不高，但上班时间跟孩子的上学时间是同步的。

孩　子： 余苗，女，二年级，还算乖巧懂事。喜欢画画、弹钢琴、看书。随着年龄的增长，从乖乖听妈妈话变得开始有自己的主见和小叛逆。

育儿理念 ～～～～～～～～～～～～～～～～～～～～～～～～～～～

　　我觉得最好的教育就是陪伴，陪伴孩子的每一点成长，陪她慢慢长大。而这个过程一旦错过就再也弥补不了。

65 书剑妈妈的育儿故事

◎ 熊秀英

我爱我家广播电台

中午，在猜了一会儿谜语后，小伙在我的强迫下爬上床睡觉。突然他提出要求："妈妈，我们像昨天一样听会儿广播吧。"我嫌弃昨天的广播中广告太多，于是异想天开，手在嘴巴上做话筒状开始广播："亲爱的听众朋友们，大家好，您正在收听的是'我爱我家广播电台'，我是主持人'书剑妈妈'。下面为大家放送一首非常温情的歌曲，它是由非常温暖的周华健大哥演唱的，没错，就是这首《亲亲我的宝贝》。亲亲我的宝贝，我要……"

我正忘情地演唱，没想到引来一声尖叫，回头一瞧，小伙正捂着耳朵头摇得像拨浪鼓，并听他大声抗议："救命啊，不要唱啦！"

唉，失败。不过小伙非常喜欢这种形式。他开始要求我让他唱一首歌。于是我继续广播："在这首非常好听的《亲亲我的宝贝》之后，我们要欢迎另一位小歌手的到来，他便是聪明帅气的书剑小朋友。书剑小朋友不但人长得帅气可爱，而且学识丰富，天文地理动物植物可谓无所不通。这一切都源于他喜爱读书。"说到这里，小伙悄悄在我耳边补充："他还喜欢画画。"哈哈。我赶紧给补充了进去："另外，书剑小朋友还非常喜欢画画，而且具备这方面的天赋，从他1岁半拿起笔的那一刻开始，他便与画画结下了不解之缘。这么一个可爱帅气的小伙子，今天要给我们带来一首什么样的歌曲呢？嗯，这是一首非常清新的歌曲，它的名字叫《鞋子也会踏踏响》。"我广播完了，等着小伙开口唱，却等来他的不满意："我要唱的是国歌！"

哦，那就国歌吧，我家的红色小子。

接下来的时间里，我们唱了好几首歌，还进行了古诗词朗诵。瞧着热情不断高涨，我不得不厉声叫停："好了，今天的广播就到这里，谢谢大家的收听。"小伙补充："要说晚安。"

路上的时间

从我家到学校，骑车需要近一个小时。朋友撺掇我就近租间房，因为他觉得这路上的时间实在是太浪费了。也是，早上7点20分出门，8点多才到学校，下午4点放学，差不多5点才到家，我们把别的孩子早上听磁带的时间，下午做课外练习的时间，都花在路上了。只是经过这几个月的风吹雨打，我已渐渐爱上这路上的时间，要我放弃，似乎需要更强大的理由。

一路上，书剑最爱的，是看车。停在路边的，呼啸而过的，豪车名驾，少见的稀有的，但凡他感兴趣的，总能听他大呼小叫："我刚刚看到一辆×××！"仿佛那是一桩多大的幸事似的。有时，他甚至会一路背诵看到的某辆警车的车牌，直至到家。对于他的爱好，我一般会配合，表达同样的欣喜或诧异，看到玛莎拉蒂这样的车时赶紧招呼着看，遇上没见过的标志时虚心讨教一番。但有时我也会很不在状态，对他的车表示无感，他就会很瞧不起我，转过头去继续自己的游戏。

这么长的路上时间有个好处：我们不用光看车，还有节余去做旁的事，比如思考。

某一天，书剑在车后座上"发明"了水能源汽车与水砖房屋，并在我的各种疑问中进行了改进；某一天，书剑利用回家的时间，完善了他的"玩中学"学校的各种设定；某一天，在凛冽的寒风中，书剑想明白了口罩内之所以暖和的原因。就在这辆车上，书剑跟我解释人衰老的原因跟自由基有关；就在这辆车上，书剑猜测西溪湿地地下可能有秘密基地；还是在这辆车上，书剑与我出了不少灯谜，想好了回家后的各种计划。在这路上，我们玩了好久的"我可恶（我口误）"游戏，进行了关于生活、学习、理想和现状的交谈；就在这路上，我们一起聊时间与空间的话题，想远古与未来的模样，讲孔子、老子，讲盘古开天辟地；也就在这路上，今早，我们还讨论了解决黑板反光的各种方案，各自陈述了"玄"表示什么颜色的理由……

这一路，真是段奇妙的旅程。很不经意，却精彩纷呈；很短暂，却也乐趣无穷。

我想我是爱上了这有一搭没一搭的亲子对话，爱上了这上学放学路上的母子思想大碰撞。

而这一路，还处处是风景。春天桃红柳绿，夏天碧水荡漾，秋天叠翠流金，冬天，哦，这一路的冬天，我们还没有经历过，相信只要我们用点心，定也会惊喜连连。就是不看景，光看那来去匆匆形形色色的人也很出彩：那个人用桶装水的容器做了自行车的前篮，这个人用塑料泡沫制成了挡风板；有人路口闯红灯闯得理直气壮，有人等绿灯时还拿出手机来刷几下微博或朋友圈；公交车司机遇上人行道都会停下让行人先走，也有司机转弯绝不会让直行的骑车人先行；那位大叔挡在路中间，伸长了脖子看热闹，丝毫不理会后面的人把喇叭鸣得惊山响；这位姑娘，别人冻得簌簌发抖，她穿着短裤，连丝袜都没套一双……这一路，风景独好！

稍稍一梳理，我想我是得出结论了——在接下来相当长的时间里，我会继续像以前一样，"浪费"这路上的时间。

妈　妈：熊秀英，全职妈妈。喜欢写写画画，尤其喜欢水彩，梦想成为一名插画家。

孩　子：儿子郑书剑，爱看书，爱写作，爱画画，爱音乐，爱"胡思乱想"，目前已出版奇幻小说《龙》。

育儿理念

爱他，就慢慢地陪着他长大，爱他的聪敏，也爱他的笨拙，爱他的快人一步，也爱他的努力追赶，相信时间会是最好的魔法师。

66 顺水推舟与溯流而上

◎ 徐芳

2016年的秋天，儿子进入了他心仪的大学，就读喜欢的专业。很开心也很欣慰，他的坚持与努力成就了他的小小梦想。

儿子算是个挺省心的孩子，比较努力上进，一路走来我觉得运气也不错，总能遇到责任心、爱心满满的师长，谆谆教诲，适时引导。

儿子读幼儿园中班时恰逢非典时期，他就读的幼儿园停办了，于是把他转学到了新幼儿园，我们很担心略显内向的孩子不能马上适应。新幼儿园的翁老师与小朋友见面时，弯腰、蹲下身子、拉着小朋友小手说：我们一起去看小蚂蚁，好吗？儿子欢喜地点头，陌生感和距离感刹那间远离了。老师的柔声细语和小细节打动了我，也让我很有感触，对孩子的教育也许就在细微处，体察孩子的心理，顺水推舟，既能拉进与孩子的距离，传递暖意，也能增强孩子的信心。

在孩子的教育上，孩子爸爸更多地讲求"无为而治"，认为孩子的学习是他自己的事，要培养他的自主意识，自主地管理好自己、自主地学习，我们家长不提供过多的陪读与辅导。于是我们更关注独立思考的意识、良好的生活、学习的习惯的培养。在小学低段，老师要求家长在作业本上签字，我们也仅仅是签字，并告诉儿子，我们不负责检查你做的题的对错，需要你自己对作业的质量负责。

儿子学习较为自觉，学得还算轻松，到了小学毕业阶段，成绩尚可，有资格参加杭州外国语学校的选拔，只是抱着试试的心态参加了，竟然意外地以微弱分差获选。一直以来我们都认为"杭外"是可遇而不可求的，而这次美丽的邂逅，或许缘于他主动学习的态度，缘于他爱看书，涉猎较广而培养了较宽的知识面，在课外知识较多的选拔赛中略占了优势。

养成读书的习惯后，即便是到了高三，孩子仍订阅《美国国家地理》《南风窗》等几本杂志，闲时翻阅几页。儿子参加了复旦的三位一体综合考试，该考试延续了知名的千分考，笔试知识量几乎覆盖了中学的所有学科，答错题倒扣分，难度较大。笔试过关后还要经历五位不同学科教授的五轮面试。儿子得以顺利过关，一方面得益于他较扎实的基础知识学习，另一方面也缘于他较广泛的阅读以及对时政、经济等热点的持续关注。

在小男子汉成长的过程中，在一些方向性选择上我们和孩子也会有分歧，我们的处理办法是倾听和沟通。

高二时，面临文理分科，儿子的各科成绩比较均衡，我们内心希望他读理科，因为当时的高考制度下，文科的专业选择面没有理科宽泛。但是孩子爸爸希望他可以按自己的兴趣来选择，我们都会支持他，当然也告诉他我们的看法。孩子告诉我们虽然他的理科的成绩也不错，但他对文科的课程更感兴趣，学得也更轻松些；理科的学习让他感觉有瓶颈，有触碰天花板的感觉，关于日后的专业选择，他对管理、经济、法律等有兴趣，学文科也适合。沟通较为愉快，我们彼此了解了各自的想法。儿子在后来的学习上也渐入佳境，在高三的一模测试考入杭州市前十名。

面临的较大的选择是高中毕业后的去向问题。杭州外国语学校给了学生宽广的平台，孩子们可选择出国、保送、高考多个通道。儿子出国的意愿不强，保送只能就读语言类专业且不能转专业，他不愿受这束缚，希望凭实力参加高考，获取专业选择的自由。

而我们深知高考具有太多不确定因素，抱着求稳的心态希望他选择保送，觉得如有机会进到北大、清华这样的平台，做些妥协也无妨。我们开玩笑说，先爬进再说吧。儿子则觉得，如果保送后能转专业，那是努力跳也要跳起来够一下的。如果不能转，只能就读语言专业，非他所愿，觉得这样的学习并不那么开心。我们很在意他的感受，但又恐孩子过于理想主义，努力了未必能达到理想的状态会失落；也唯恐过于在意孩子的感受，在人生紧要的关口未起到父母应有的作用，帮他把好关。只是希望他多做了解，慎重决定。

孩子也听从了我们的建议，做了很多功课。向学长了解大学的情况，听不同学长对专业及学习的感悟；主动跟各个任课老师沟通，听取他们的看法。

一周后的周末，孩子留校复习，我去看他。这时已到保送报名的当口，娘俩再聊起时，儿子的决定还是参加高考。希望在就读喜欢专业的基础上，有余力的话考虑修第二专业，而不是花主要精力在没兴趣的专业上，再用第二专业弥补。但放弃保送的机会，确实让我觉得可惜，也担心他日后后悔，于是我把方方面面的可能都跟他聊了聊。我有点遗憾地跟儿子说我煲了很久的汤，因为小失误，你们都没能在中午吃到，儿子说了句，妈妈，没关系的，人生总是难免有意外的。听完这句，我心定了，说，考吧，妈妈支持你！

是的，让我在意的并不是儿子能否上名校，我想凭着他的脚踏实地和高远的理想，上重点的或普通的大学都没关系，不管在哪儿，他都能奋起。

我想无论是顺的事情还是逆的事情，父母和孩子的沟通永远是最重要的，彼此了解心意，才能给予彼此最大的支持。

妈　妈：徐芳，高级会计师，从事企业财务工作。闲暇时喜欢翻翻书报、看看影视剧、爬爬山、做做美食，享受恬淡自然的生活。

孩　子：儿子20岁，复旦大学经济学院学生，从初中开始住校，个性较独立，喜欢阅读，也善于思考，有较开阔的视野。

育儿理念 ～～～～～～～～～～～～～～～～～～～～～～～～～～～～～～～～～～

孩子小的时候兴趣比能力重要，不急于求成，重在培养呵护兴趣，逐步地提升其能力。倾听并尊重孩子的想法和选择，适时加以引导，与孩子一起成长。

67 静待花开

◎ 徐洁

"妈妈，我的妈妈，我真的好想你啊！"视频里的丁丁抽泣着说道。我也禁不住红了眼眶："妈妈也想你的，丁丁。"今年暑假我给他报了为期7天的足球夏令营，这是丁丁近九年的人生中第一次离开我们独自生活，能撑到第二天晚上才哭，已经相当出乎我的意料了。

晚上教练与我发微信时说："丁丁每天一哭，看见夕阳就哭，他说经常和妈妈一起看夕阳的，听歌也是，很多歌都不能放，说在家里和妈妈一起听的，听到就会想念妈妈！"儿子呀，你这是多愁善感呢，还是会折腾呢？

都说我们这一代孩子照书养，是的！当时，我学习过孩子的敏感期的相关资料，了解丁丁的一些行为的缘由，所以，尽管丁丁总是到处闯祸，我还是给他足够的耐心和关照。虽然书上说孩子过了这个敏感期，他们的行为自然会有所改善，但丁丁并没有。直到他上幼儿园接触到集体生活，我才真正体会到什么叫"不知所措"。丁丁从小就不认生，谁抱都可以。到了上幼儿园的时候，我满心以为他一定没问题，可谁承想，他一直从托班哭到中班，每天早上送去都会哭一下。相比早上哭，更让老师和我头痛的事情是，丁丁的课堂纪律问题。他对规则意识完全没有概念，上课的时候随心所欲，想干吗就干吗，一会儿拍人家一下，一会儿推人家一下，一会儿打人家一下。老是有小朋友找老师告状，老师批评后，认错态度极好，可一转身就又忘记了。就这样，在老师不断的告状声、我的道歉声和各种高低起伏的情绪中，丁丁度过了幼儿园，成为一名光荣的小学生。

小学对纪律的要求远超幼儿园，丁丁虽然有所进步，但是他的表现远远不够好，他在同学家长中的活跃度和知名度更是远超幼儿园。有位家长跟我开玩笑："丁丁在学校，上到校长下到保安，没有他不熟悉的。"我不知是该哭还是该笑！为此，我经常被老师召唤至学校，突然非常理解小豆豆妈妈当时被要求转校时的心情。为了丁丁在学校的表现更好，在家里我们动之以情晓之以理过，甚至体罚过，他每次在家里保证得好好的，可一回到学校又故技重演。有一段时间，我真的很崩溃，幸好身边有很多朋友给了我极大的支持。我看了很多相关的育儿书，跟许多教育专家也有过交流，还在学习一些课程。我想通过自己的改变，言传身教来影响丁丁。虽然丁丁现在还是会有各种问题，但我还是看到丁丁每天都有进步呢！

丁丁虽然在学校各种调皮捣蛋，但是在家里与我和他爸爸还是很亲近的，哄我那是一套一套的。其实丁丁在各个阶段都表现得比同龄孩子发育快，尤其在语言方面，口头表达能力和欲望比较强，实足的小话痨一个。

某日，趁爸爸出差，我跟丁丁说："丁丁，爸爸不在家，你现在是家里唯一的男人了。"丁丁说："妈妈，你放心，我已经是男子汉了，我会保护你的。"我马上跟上："对对，丁丁长大了，是男子汉了，所以要学着独立了，从今天起，你要自己睡一个房间了。"丁丁明显愣了一下说："我不想自己一个人睡，为什么长大就要独立呢？谁规定的？"我说："因为你迟早都是要独自飞翔的呀！"丁丁立马回道："可我没有翅膀，不会飞啊，那就不用独自去飞翔了！"最后好说歹说，软硬兼施，丁丁终于勉强同意。但是他要求必须等他睡着我才能走。我等了许久，确信他睡熟了，回了自己房间，辗转反侧至半夜才睡着。唉，我以为是他离不开我，原来是我舍不得他。很多时候，孩子的独立也是对父母的考验，我暗暗告诫自己一定要坚持，不能心软。也许是睡得太晚，竟一夜无梦，早上被闹钟叫醒，睁开眼睛，突然发现个毛茸茸的小脑袋贴着我的肩膀。不是丁丁又是谁？他同样被闹钟叫醒，我惊奇地问道："你怎么在我床上，什么时候来的？我怎么一点都不知道？"丁丁忽闪着大眼睛，故作委屈地说道："妈妈，我半夜起来上厕所的时候偷偷钻进你被窝的，怕吵醒你，一直都不敢动，妈妈，没有你的味道，我实在睡不着……"好吧，第一次分房计划失败！屡败屡战，下次继续!

在育儿路上,虽然磕磕绊绊,焦虑过,抑郁过,但更多的是欢乐和满足。我和丁丁一起在学习在成长,我们一起学游泳,我这个当了30年旱鸭子的人居然会游泳了,我们一起学跆拳道,我跟着丁丁锻炼和坚持,还一起学尤克里里,一起学画画……

亲爱的丁丁,因为你,妈妈做了很多以前认为做不到的事情,很感谢你让我成为这样的妈妈,勇敢地面对所有的困难。你是第一次当孩子,我也是第一次当妈妈。你在学着如何认识这个世界,我也在学着如何做好一个妈妈带你认识这个世界。虽然你一点都不完美,甚至还经常让我头痛,但没关系,这不影响我对你的爱,我愿意陪着你慢慢成长,静待花开。

妈　妈:徐洁,从事通信行业,喜欢笑。
孩　子:儿子丁怀瑜,小学三年级,遗传了妈妈爱笑爱闹的性格,活泼可爱。

育儿理念

不是每一粒种子都会长成参天大树,静静等待,悉心陪伴,总有一天会有惊喜!

68 我和我的女儿

◎ 许瑶萍

　　女儿出生于2008年奥运会开幕式后，当时的开幕式文艺会演有个节目是由很多演员组成一个"和"字，大约从那时起女儿的爸爸就对"和"字感觉特好，深深地印在脑子里了。女儿名字中的"贝"是我的意思，当时女儿出生了还在医院，马上要办出生证了，医生很着急要求我们报名字，我灵机一动，就叫"楼和贝"吧！"和谐社会诞生的宝贝"，哈哈，就这样，女儿就叫"楼和贝"啦！

　　不知不觉楼和贝就到了上幼儿园的年龄了。女儿在中班的时候，我想到女儿需要学一门乐器。会一门乐器，是多么高雅的一件事啊！可是学什么好呢？学钢琴吗？钢琴这个乐器体积太大啊，家里房子面积不到60平方米，哪有地方放钢琴啊？学小提琴吧，可是听说小提琴很难学会啊！有了，干脆就学古筝吧，对，古筝体积也没有那么大，听说古筝也是所有乐器中比较容易入门的，于是我就和女儿商量，女儿答应了，准备学古筝了。我很快就找到了学琴的地方，定好了老师，买好了古筝，女儿也很争气，虽然每次上课的时候都会不自觉地打哈欠，但每次都能认真地上完课，她也很顺利地通过了一级考试、二级考试和三级考试。

　　进入四级的时候，女儿的古筝老师说她的外孙女出生了，她教的学生太多了，不得不把女儿引荐给别的古筝老师。考虑到老师的难处，再加上女儿也没意见，我们就给她换了一个古筝老师。一开始她也能适应的，顺利过了四级考试。

　　过了四级后，曲子难度加大了，爸爸要求也高了，每天定好闹钟要她必须练半小时。已经上小学的女儿开始不耐烦了，我也对她爸爸的做法颇有微词，人又不是机器，怎么能定好闹钟每天练半小时呢，人总有心情好坏的时候，想练的时候可以多练点，不想练的时候可以少练点，哪能天天做到必须半小时呢。我们当初叫女儿学琴的时候也没有想着让她成为古筝家，只是想让她学门乐器，陶冶下情操啊！可是她爸爸不认同我的观点，说必须要练啊，不练怎么学得会啊？为这事，我们夫妻俩争吵了好几次。终于，在女儿通过五级考试后，她死活也不肯再练了，不肯再弹一次古筝。唉，女儿也许是爆发了，这是对爸爸的强制练法的一种逆反，她本来也没有爱上弹古筝，再加上爸爸的每天闹钟练法，她不耐烦了，不想再碰古筝一次了。我果断地没有让女儿再坚持了，如果她每次练琴都很痛苦，都很不情愿，那么又何必强迫她呢？

现在女儿已经是三年级的小学生了，她的成绩算不上班上的尖子生，我们也基本没在外面给她报兴趣班，有时看到别的同学都在报，我也会建议女儿报个兴趣班，但每次女儿都拒绝。我觉得，兴趣班只有是女儿自愿报的，她才能学进去，如果是父母强制报的，那么她的学习效果一定不会好。女儿偶尔也会考个满分，来个全班第一名，我并没有强求她一定要考高分，考试不理想的时候，我会对她说"你的进步空间很大噢"；偶尔她会离满分很接近，我会对她说"哇，贝贝，如果做这道题时你能够再细心点，全班最高分满分就是你的了"，女儿听完会很开心。

我希望女儿能够快乐地生活，快乐地学习，我们母女俩共同进步。在生活中，我也会经常和女儿交流我工作上的思路，令人欣慰的是女儿非常懂我，我们母女俩真是心意相通呢！这点连她的爸爸都不及呢！

妈　妈： 许瑶萍，大学毕业后从事综合金融专业。擅长与人沟通，擅长发现别人的优点和缺点。

孩　子： 女儿楼和贝，目前上小学三年级，性格乐观、文静、内向，喜爱阅读，成绩虽还算不上班里的尖子生，但在往此方向努力，充满信心。

育儿理念

愿孩子向上向善，快乐生活和学习。只要让孩子感受到学习和生活的乐趣，那么健康快乐乃至优秀成长都是水到渠成的事。

69 我们想要怎样的女孩

◎ 严国萍

　　每一个女孩都是独一无二的，都是上天赐予父母的最宝贵的礼物。她们是天使，一尘不染，飘然出世，宛如璞玉。如何把这块玉雕琢好，是父母们需要日夜思考、不断探索的课题。我们常说，父母是在和小孩一起成长，这是因为培养小孩的过程，也是父母吸取营养、丰富自己、完善自己，然后如燕子衔食般"喂给"小孩的过程。一个气质、品质都良好，让人羡慕、喜爱的女孩背后，往往有一个善于学习的父亲或母亲。在我看来，一个女孩无论多么优秀，人品是第一位的，所以如何做人是培养的首要内容。

　　《论语·学而》有段话非常经典："弟子入则孝，出则弟，谨而信，泛爱众，而亲仁。行有余力，则以学文。"这就是一种基本的行为准则，对于我们培养小孩尤其是女孩很有启发。

　　"入则孝"，用现在的话说，就是耳熟能详的"感恩"两字。百善孝为先，一个人最起码的素质就是要懂得尊重父母。在一个女孩的成长过程中，父母付出的心血往往要超过培养一个男孩。女孩敏感而细腻，需要更多的呵护。在平时，要让孩子体会到父母对她的关心，尽量用商量的语气讨论和她有关的事情，以平等的姿态对待她，让她自然地体会相互尊重的重要性。有时也可开开玩笑，比如："现在爸爸妈妈给你洗澡、洗脚，等爸爸妈妈老了你会给我们洗吗？""大家都说女儿是爸爸妈妈的小棉袄，以后你嫁人了，要经常回来看看爸爸和妈妈哦。"当然，父母也要树立威信，小孩犯错冲撞大人的时候，该出手时还得出手，不能放之任之、溺爱之。这样，在潜移默化中，使孩子懂得尊重父母、孝敬父母。

"出则弟"，是指在外面要友爱。对于现阶段的女孩来讲，就是对待同学和小伙伴们要友爱。"郎骑竹马来，绕床弄青梅"，两小无猜的童年是宝贵的。在生活中，要让女孩明白童年的小伙伴们的可爱。友爱的一个重要基础是大度。一个女孩如果大度、谦让，不睚眦必报，那就无法不让人喜爱。当自己的小孩与别的小朋友闹别扭的时候，不管谁是谁非，我们应该首先教育自己的孩子停止不良言行，让一步海阔天空，成长便可得到更大的空间。我们还要时刻教育女孩要大方，懂得与人分享。大方还体现在与外人的接触上。在各种聚会、活动中，抓住一切机会鼓励女孩克服羞怯心理，充分展现自己。当一个落落大方的女孩站在你面前时，怎不令人欣喜万分呢？

"谨而信，泛爱众"，"谨"是指严谨。"谨"对女孩而言非常重要。从外在看，要引导女孩站有站样、坐有坐样、走有走样，不能马虎。如果站得东倒西歪，坐得不登大雅之堂，走得横行霸道，那就离"有气质"十万八千里了。女孩的气质就是在平时的站、坐、走中一点一滴积累起来的。平时注意了，习惯成自然，优雅气质自然水到渠成。当然，也不要刻意，孩子有孩子的天性，过于要求，过犹不及。从内在看，就是要教育孩子约束自己，懂得自我管理。自己能做好的事情自己做，能够认真做好的事情必须认真做，不能马马虎虎。比如，做作业，必须是孩子自己先认真、仔细做好，然后再进行辅导，帮助孩子做不会做的题目，切忌做一题辅导一题，使孩子养成依赖的习惯。"泛爱众"就是能够爱人，有爱心，在别人碰到困难的时候能够提供帮助。一般而言，女孩情感丰富，特别有爱心。爱护花花草草自不待言，特别是当灾害来临的时候，用事实激发孩子的同情心，引导孩子奉献爱心、捐款捐物，即使力量微弱，也要不因善小而不为。

把上面的做好之后如果还有精力，"则以学文"，可从事其他方面的学习。这里的"文"，不单指文学，还可以是艺术、科学。学才艺，是增强女孩气质修养的有效途径。我觉得可以借鉴古代培养大家闺秀的做法，女孩要学点琴棋书画，不要求其成家，能够喜欢一样、学好一样就行。我自己就在陪女儿学钢琴和书法国画，学钢琴可以使人优雅、聪慧，学书法、国画可以使人淡定、内蕴，这对女孩的成长大有裨益。我好友的女儿也有学国画、围棋的，这对提高女孩的大局观和谋篇布局的能力很有好处。

世界上每一片树叶都是不同的，每一个女孩都是唯一的。父母们培养的方法不尽相同，但殊途同归，都希望培养出的女儿气质超人、品行一流。璞玉就在我们手中，让我们一起顺其天性，精心打磨，细心呵护，终有一天必成大器！

当我这篇短文写完的时候，突然想起孩子爸爸在培养女儿过程中经常提到的两个观点。一句是，"依赖于女儿的依赖"。女儿依赖父母，表面上看父母是主体，女儿是从属，但事实上父母也依赖于孩子的依赖。所以，父母尤其是父亲要有陪女孩的时间，这既给了女孩与异性交往的机会，也是父亲角色的自我实现。第二句话是，"对待女孩，既要有叮咛，有要求，也要有宽容，有等待，甚至有放手"。女孩的"成长"远比"成果"重要，家长们不要把考级、获奖、得到表扬等"成果"作为目标，而是当作女孩成长的自然结果。

妈　　妈：严国萍，1977年5月生，中共浙江省委党校教授，《治理研究》常务
　　　　　副主编。

孩　　子：郁家桐，2006年1月生，绿城育华小学六年级学生，爱好文学艺术，
　　　　　擅长书法。

育儿理念 ～～～～～～～～～～～～～～～～～～～～～～～～

让孩子快乐地、自然地成长，做最好的自己！

 **70 爱也要有方法**

◎ 言宏

前几天我在微信上晒了一幅图，上面是一盆发芽的番薯，番薯芽绿绿的，直指上空，被我放在狭长的小盘子里，好像一艘小船。然后我写道："当年这是我和女儿常常玩的游戏。每年春天都会养番薯藤，并要求琳琳给番薯藤起名。有一次，她引用唐诗，命名为'一船明月一帆风'，我历历在目。"获得很多点赞。留言的朋友们都觉得很有趣，说我们居然玩这样的游戏。

其实这样的游戏，在我们当年是非常多的，家是做各种各样有趣事情的地方，做这种有趣的事其实就是按下了孩子快乐的按钮。

比如说，有一次，我在揉面，想做馒头。琳琳也想玩，我就给她一团面让她自己玩，玩着玩着就成了我们一起玩。我们在面里加很多盐，以防发霉，然后和她一起揉面，让她捏各种各样的东西，比如小乌龟、小兔子、小蛇、小猪，什么都可以。我和她一块儿做了很多的小动物，排在架子上，让它们慢慢阴干。干了后用微波炉烤一烤，烤好后再给它涂上色。我们家那一阵子到处都是这样的小动物，她还用这些小动物编故事，自己对自己讲。后来我把她送进了少年宫的陶瓷班学习，她好几件作品在少年宫展出，还在市里的比赛中获了奖。

琳琳喜欢画画，画得家里墙壁上都是，我便送她去学画画，跟着胡行娜老师学习。胡行娜老师是个非常有爱心的老师，儿童画的技艺也很高，她教琳琳怎么布局，怎么画画，怎么折纸。后来在全国少儿书画比赛中，琳琳还拿了金奖。这一切，都鼓励了孩子。琳琳在上小学的时候，因为画画不错，文字不错，一直做宣传委员。从英特外国语学校，到杭州外国语学校，甚至到南京大学一直都做宣传委员。画画是她一生的爱好，也让她获得了很多的乐趣。她会画简笔画，也会画水彩画。在她的笔下，小蜜蜂变成了天使，小花有了生命，会对你笑，而小猫咪就是懒懒的，窝在地上，尾巴挑得高高的，上面停着三只小小的蝴蝶。看她的画你会看出童趣，看出一种非常可爱的感觉，这也是她心情的一种反映吧。她心情不好的时候，会随手画一幅，她心情好的时候，也会随手画一幅。所以画画是她一生的爱好。

我和她很爱玩，在家里我们玩过树叶，做书签，做标本；也玩过各种各样的科学小实验，比如树枝慢慢变色的游戏。我们会采来一些小树枝，把它浸在蓝墨水或者红墨水里，然后看着它将墨水一点点地吸上去，树枝变蓝了，或者变红了，她觉得这个过程很有趣。我还带她玩过做小船的游戏，把乌贼骨挖掉一小块，放上油墨，然后将乌贼骨放进水盆里。油墨散开的过程有个推进的作用，这时乌贼骨就变成了一条在水盆里往前跑的小船，特别有趣。这些其实就是一个个科学小实验，可以培养最初的科学思维。

有一次，她在一个店里看到一台小小的织布机，有人在用这个表演织布，她就移动不了步子了。当时那个织布机要80块钱，在20世纪90年代的时候，80块钱对我们来说不是小数目，印象中我们每月工资也就四五百块钱。但她很想要。两个月后是她的生日，我们说："就把这个当作你的生日礼物提前给你，好不好？"她很高兴，于是我就买了这台小小的织布机。她在家里织出几段小小的编织块，我用这个做了她的辫饰，她非常开心。

还有一次，我带她去一个剧场看人体彩绘表演，回来以后，她觉得很好玩，就自己尝试，她拿着我的口红在身上大画。其实我很心痛我的口红——CK（Calvin Klein，简称CK，国际知名品牌）的口红，是我一个朋友送我的。她用这半支口红在她身上画得一片狼藉，可是我没有骂她。我把水粉颜料拿出来，调好色让她在身上画。于是，琳琳把自己画成了一棵树，还缠了一棵藤。身上都是叶子，有各种各样的叶子，有的嫩黄，有的翠绿，有的枯黄，她说这是春夏秋冬的叶子，特别有想象力，后来我给她拍了一组照片，现在想起都是满脸的温馨啊。

我在乡下有个屋子，经常带着她去玩。我采了南瓜藤的叶子，南瓜藤的茎，两个人把茎上薄如蝉翼的透明"皮肤"编织成小挂饰挂在她的头上、耳朵上，再在她头上放一片绿绿的南瓜叶。我说："哎呀！南瓜姑娘来了。"她开心极了。我带她挖番薯，挖出一个就哇哇叫一下，那种神情，我到现在都还记得呢。我还带她去挖笋，春天来了，山坡上那种小小的野笋，只要下一场雨，晚上就会长一点。她会看着小笋，对它说"快点长"，过几天会去摘。

我带她做糖桂花。我们院子里，有很多桂花树，到了秋天，满园的清香，我带她到树下，把报纸放在地上，然后跟她一起摇桂花树。伴着咯咯的笑声，阵阵桂花雨洒落。我们两个人把花晾干，然后把它放在小瓶子里，一层花一层糖，一层花一层糖压紧。过两个月，这就是香香的糖桂花，配着藕粉特别好喝。这样的糖桂花，她送一瓶给奶奶，送一瓶给外婆，自己留一瓶，她非常有成就感。

家庭教育最重要的应该是生活的教育、自然的教育。

妈　妈：言宏，一个爱美食、爱聊天、爱运动、爱未知的活力阳光女人，喜欢与好玩的人一起做好玩的事。

孩　子：俞寅琳，女，毕业于杭州外国语学校，现为美国哥伦比亚大学国际教育与比较教育专业研究生，一个思考深入、做事专注认真的阳光女孩。

育儿理念

相信孩子，拥抱潜能！孩子有无限的可能，父母能做的就是给她提供各种条件，陪伴她，鼓励她，让无限的可能变成真正的可能！

71 每个孩子，都闪着天分的光芒

◎ 燕珂

　　我和爱人结婚晚，生孩子更晚。当这个可爱的孩子来到我们面前时，我和爱人给他取名"上"，一方面谐音是"赏"，感谢老天对我们的奖赏；另一方面寓意孩子乐观向上、进取向上。

　　上上现在已经是一年级的小学生了。虽然只有7岁，但是他的阅读量已经有三四千万字，对写作也乐此不疲。从萌发创作意识到现在，短短一年时间，他的作品已经有两三万字，体裁包括小说、诗歌、童话、寓言、散文、戏剧等。周围不少妈妈总是问我："你是怎么培养的？上上怎么认识这么多字？"问的人多了，我才开始思考这个问题，认真回忆了上上的成长细节后，我发现似乎也有一些路径可循，那就是引导他多阅读，和书本做最好的朋友，发展他的心性，让感情和思想变得丰富而自由。

　　我和爱人三观很一致。比如：孩子从出生到现在，我们家的电视机几乎从来没有开过。因为我们深知，电视对于孩子来说，是个弊大于利的事物，一方面看电视多了伤眼睛；另一方面，电视集声、光、影为一体，不断变幻的画面、丰富鲜艳的色彩、动听好玩的声音，对孩子的吸引是巨大的，也是非常可怕的，因为孩子看电视是一种被动的灌输，不像阅读能激发主动的思考与想象。

　　孩子一岁半的时候，我们小区附近有家绘本馆开张，我毫不犹豫地办了一张借书卡。每次都是十本八本地借来看，坚持了一年半。遇到喜欢的绘本，上上会反复地看、反复地让我讲，讲得我口干舌燥，他依然兴致勃勃。这个阶段里，我们亲子阅读了大量的优秀绘本，印象最深刻的一次是阅读《我的爸爸叫焦尼》。

故事的主人公狄姆是一个离异家庭的孩子，他不能经常见到爸爸焦尼，但是只要能和爸爸在一起，他每一分钟都是快乐的。每次爸爸乘坐火车离开后，焦尼就期待着下一次和爸爸见面的时间。这是世界闻名的经典绘本，上上百看不厌。为了让他体会故事表达的感情，我还让我先生和上上扮演绘本里的父与子，结果，当我先生扮演焦尼一步步走到门边和上上说再见时，上上恋恋不舍地挥着手，忘了这是故事，眼泪真的快夺眶而出了。通过这件事，我深刻认识到，孩子的理解力和感悟力都是非常强的。而好的文学作品，对孩子的影响是潜移默化的，它们教会孩子感知世界的真善美和假恶丑，教会孩子爱和被爱。

上上读幼儿园后，看书的兴趣一点一点地在增加，而且慢慢开始喜欢自主阅读。我们没有买过一张识字卡，也没有刻意教过他认识一个字，但是在大量的阅读中，他对文字的感知力越来越好。有很多字虽然他不认识，但是放在一篇文章里，他完全理解这个字、这个词的意思。

到目前为止，我和先生比较欣慰的一点，就是上上的阅读习惯已经牢牢养成。对上上来说，看书就是最好的休息。有一次，我专门拿着他最爱吃的棒棒糖和一本书，逗他说："只能选一个，你要哪一个？"他看了看糖，又看了看书，小舌头舔舔嘴唇，笑着说："算了，我还是要书吧。"

在大量阅读的基础上，突然有一天，我和先生发现，孩子居然有懵懂的创作意识了。2016年8月13日，上上创作了他的第一篇完整作品《夏天的王国》，这是一篇小童话，300字左右。但是我和先生非常惊喜，我们发现有种小小的文学天分，像一束光在孩子的身上闪现。我们决心呵护好、守望好这束光。

上上还不会写字，因此他的创作，其实都是口述。我们先用录音笔录下来，然后原封不动地打到电脑上，配上从网上下载的插图，最后装订成册。看到自己说的话变成了有图有字的"绘本"，上上很开心，这也算是对他的一种激励吧。

从他6岁零10个月创作第一个作品到现在，每隔几天，上上就会灵感迸发，自己拿着录音笔，跑到一边去讲他的"大作"了。当然，也有时候，他是在不经意间就冒出妙语巧思，比如吃饭的时候，看着墙上装饰的绿萝，就开始形容它的姿态，想象世界如果只剩下最后一片绿叶将会怎样；跳绳的时候，问爸爸柔然古国是怎么灭亡的，问着问着，自己开始臆造一个"御林军反叛+沙尘暴侵袭"的答案……我和先生眼疾手快，赶紧取过录音笔，悄悄打开，于是上上的两篇新作——散文《绿萝》、历史小说《柔然》诞生了。

古人说：读万卷书，行万里路。除了阅读，我也鼓励上上观察现实，记录生活中的点点滴滴。比如，有一次在新昌，我带他在街边小摊买当地特色小吃春饼，看着老奶奶麻利地做好一个春饼，上上觉得非常神奇，而且觉得非常好吃，于是我就鼓励他把这个过程记录下来，写成一篇《炒春饼》，我称之为"文学写生"。还有一次，我带他参加了将讲读与看景结合起来的旅游活动——浙东唐诗文化之旅，在实践中体验唐诗的意境。在那古意幽幽的山道上，上上举着捡来的竹枝，采着野生的青葱，玩得很高兴，还想出"千年古寺无人住"这样的诗句。

阅读和写作使上上有了充实的每一天，他甚至开始憧憬他的未来。他说："我要在20岁时成为职业作家，让全世界的人都欣赏我的作品。"我当然表示鼓励，但也提醒他，写作并非一定要成名成家，而是为了表达自己的想法、抒发真挚的感情，不管能不能成为作家，首先要做一个健康美好的人，好好成长，还送他一句话："过我人生，抒我心怀。"

当然，每个孩子的禀赋、性格不同，个体差异也会很大。但是我相信每个孩子都是来到人间的天使，作为家长，我们能做的，就是努力发现这些像光一样美丽，却像光一样娇弱的天分，小心呵护，安静守望。

妈 妈：燕珂，法律硕士，律师，《法律茶座》节目创始人。热爱一切美好的事物，工作时理性，生活中感性。

孩 子：儿子上上，7岁，一个痴迷于阅读和写作的小调皮。

育儿理念

顺其自然，发展心性。不盲从，不攀比，寻找适合自己的方式。

72 桐桐成长趣事小记

◎ 杨雁

母女对话（桐桐3岁时）

桐：妈妈，我给你变个魔术，"一二三"，一朵花，漂亮吗？

妈：漂亮。我的桐桐，最漂亮了！

桐：妈妈，你怎么这么喜欢拍我呀？

妈：因为你是我的开心果呀，还有两个小酒窝呢！我们是好朋友呀。

母女对话（桐桐5岁时）

桐：妈妈，我今天陪你逛西湖，下次你陪我去游乐场玩。

妈：你除了玩还喜欢什么呢？

桐：看书啊，睡觉啊，吃东西啊，还有很多很多呢。我以后长得比你高，妈妈你会不会哭呀？

母女对话（桐桐7岁时）

桐：妈妈，你说我是你的贴心小棉袄，爸爸说我是他的小宝宝，奶奶和外婆说我是她们的命根子，什么叫"命根子"啊？

妈：就是最珍贵的东西。

桐：妈妈，我可不是"东西"，我是桐桐呀。

妈：对，你是桐桐，是我们的开心果。

母女对话（桐桐8岁时）

妈：我们桐桐越来越漂亮了，像个小公主，不过心灵更美！

桐：妈妈，我知道，要助人为乐，要乐于分享。

妈：真是个乖宝宝。

母女对话（桐桐9岁时）

桐：妈妈，你说有些人生来就有幽默感，我觉得我就是这种人，我喜欢搞怪，喜欢逗人笑，我喜欢欢乐。双儿姐姐，我可爱吗？

妈：你最可爱，最搞笑了，每次逗得我笑弯了腰。

桐：妈妈，你说我"发傻"，我觉得妈妈你比我还爱"发傻"，不过我喜欢妈妈陪我一起"发傻"，你就像个小孩子，有时候还要我照顾，你还让我叫你姐姐。

妈：嘘，别说那么大声啦，我会不好意思的，嘿嘿。

母女对话（桐桐11岁时）

桐：妈妈，以后我要考北大、清华，还要出国留学，爸爸说我以后至少要考浙大，不能比他低，我以后要当财务总监，我要给你和爸爸买带游泳池的别墅，我们可以一起在家里玩水喽！

妈：宝贝，爸爸妈妈期待这一天，加油，桐桐！

母女对话（桐桐12岁时）

桐：爸爸妈妈，谢谢你们，每个周末带我出来玩，我觉得我们家民主、欢乐、幸福。

妈：周末时一天玩，一天写作业，劳逸结合，会玩的人，学习才会好，只会读书，不会玩，那是书呆子。

桐：妈妈，你真好，说到我心里去了，不愧是我老妈，周末有爸爸妈妈陪伴，我觉得这才是最幸福的事！

妈　妈： 杨雁，一名快乐的全职妈妈，不断学习、吸收新知识，保持一颗童心，喜欢运动、阅读、摄影、素食、旅行，喜欢亲近大自然，喜欢一切新鲜和好玩的东西。是全职妈妈，也是义工；是运动达人，也是文字书写者。

孩　子： 女儿叶聆宇，12岁，小名桐桐，一个快乐的孩子。内心纯洁，笑容腼腆，开朗活泼。

育儿理念

先做人后做事，善良周正有爱，不麻烦别人，做个受欢迎的人。父母要树立榜样，和孩子一起成长。家庭生活即最好的教育。家庭教育的最终目标是激发孩子的创造力和认同感，实现自我成长。

73 朵朵上学二三事

◎ 叶爱梳

　　照常是11点5分放学，我11点到校门口，可等到11点30分还没看到她出来。正要进她教室里看看时，小朵背着重重的书包从里面出来了，小脸乌青乌青的，神情很气愤，又有点委屈。

　　"妈妈，我要被老师气死了！"她说着眼泪就滚下来了。

　　"怎么了？"我急切地问。

　　"我又没有写错！还有一些同学也没有写错！凭什么她要罚我们全班同学中午抄完整本书的词语！我们中午怎么抄得完啊！杨老师这么做就是霸道！霸道！霸道！"她越说越激动，声音也自然而然地大起来。

　　"杨老师为什么要罚你们抄词语啊？"

　　"因为今天课堂上许多同学听写成绩很差。可是我和一部分同学都挺好的呀！为什么我们也要被罚？妈，我气的是老师罚我们全班同学抄，这不公平！不公平！"经她这么一强调，我开始感觉这事我要好好和她聊聊了。

　　"让我更气的是，我下课后鼓足勇气到老师办公室请求她减少作业量，可她根本不听我的请求。我是代表全班同学去的，而且是深思熟虑后才去的。"她说到这里时露出了一点得意自信的神色。

　　"啊！你去找老师谈过了！对于你的请求，老师怎么说的？"

　　"我最气的是老师说'你有时间跟我讨价还价还不如利用这时间早点回家做作业'。"

　　"妈妈，你一直说你是我最好的朋友。现在你要站在我这边还是杨老师那边？"

"宝贝，我们先吃饭，好不好？"

"你不回答我，我饭都不想吃了！"小朵天生是个急性子。

"我们边吃边说好不好？"我语气非常坚定。

"好吧。"她耸了耸肩，听从了。边吃边聊是我们家的习惯，我觉得很多事情在饭桌上聊着聊着就聊开了，聊着聊着就解决了。

我剥了只虾放她碗里，故意放慢语速说："我两边都支持。但你的两个办法都不可行，开开玩笑可以。如果说你们小孩子上学读书也是在玩一个游戏，那么完成老师布置的作业就是每个学生必须要遵守的游戏规则。老师罚你们全班同学抄写，这说明老师觉得你们学习不够认真，词语积累得不够扎实。她没答应你的请求，也合情合理呀。平时听写词语，你不是也有写错的时候吗？虽然今天这次听写你没有写错，但多抄写词语对你来说也有好处。现在正是期末复习的时候，作业量多一点也正常的呀。妈妈支持你，是因为你能代表同学去和老师论理，勇气可嘉，妈妈要给你一个赞！"

"可我中午怎么抄得完呀？现在已经12点了呀！我还有数学作业呢。"说着说着，她又开始激动了。

"我作业做不完，下午不想去上学了。没按时交作业，那多倒霉啊！老师一定会批评我的，我的小红花数量也会减少。我宁可在家里做作业。"她说完眼睛就红了。

哎呀！这负面情绪不疏解好，我想我是没法安心了。我是那种对孩子学习成绩要求不高的妈妈，从来没要求孩子考100分或考第一，我可以接受孩子的学习成绩不优秀，但不能让孩子带着负面情绪上学。可我该怎么说服她呢？

我一下子别无他法，就一本正经地严肃地说："杨老师罚你们全班同学抄写词语也是为了让你们更好地积累词语，而且这样的作业量并没有违反教育局的规定，你如果下午不去上课才是违反小学生行为规范，违反教育局的规定呢。"

没想到她听了以后愣住了，沉默了大概五分钟后，说："妈妈，我不想做一个破坏规则的人。老师经常说，人人都要遵守规则。我下午还是去上课吧，就算我的小红花被减了也无所谓了。"没想到一本正经的道理起作用了。

"这就对了啊。再说了，咱们不是为了得到小红花才有好表现的，对不对？"

"嗯。"她点点头。

接着，我又给她吃颗"开心丸"："宝贝，妈妈也是老师，妈妈知道杨老师一定在心里很欣赏你呢！"

"欣赏我什么呀？"她一下子就兴奋起来了。

"欣赏你有勇气主动代表班里的同学和老师交流想法呀。"

"哈哈，我当时也是想来想去，想了又想才鼓起勇气去找老师说的。"

"嗯，做事之前先认真考虑好，这是对的。"我摸了摸她的头，夸赞她。这下她高兴了。

小朵高兴起来后，我让她先做数学作业。同时我私下发微信给杨老师，简要说明缘由，请求中午的抄写作业晚上补做。很快杨老师就回复说"好的"。很快地，朵朵完成了数学作业。

午后的阳光正浓，我看着她背着书包又开开心心地上学去了，心里舒坦了。

妈　妈： 叶爱梳，中学高级教师，爱好文学、音乐、旅行、厨艺，喜欢过慢节奏的闲散生活。

孩　子： 女儿朵朵，小学五年级，天性活泼，爱好跳舞、唱歌、运动。每天一出校门就迫不及待给我们讲述她在学校里的点点滴滴。

育儿理念 ～～～～～～～～～～～～～～～～～～～～～～～～～～～～～～

父母要做孩子的"知音"，顺着孩子的天性因势利导，促其健康快乐地成长成人。

74 对孩子温柔点，再温柔点

◎ 叶丹

"事故"一：不按时刷牙，小屁股遭了殃

彤彤3岁时，有一晚临睡前，我招呼她跟我一起去刷牙，小家伙嘴里答应着，但没有实际行动，还在吃葡萄。等她来刷牙时，我早刷完了。她拉着我的衣角不依不饶："妈妈，你陪我刷牙嘛，陪我，你再重刷一次。"

为了不助长她这种又哭又闹逼我就范的"歪风邪气"，我拒绝了她的要求，蹲下身来跟她讲道理："你任性了，不讲道理，妈妈不喜欢你这样。"

"没有任性！"她一听这个词来劲儿了，小手忽地往我脸上挠过来。

一旁的爸爸一下子火了，以迅雷不及掩耳之势拉过她的手臂，拎过她的人，就是一顿屁股上的快节奏。

彤彤顿时号啕大哭："妈妈，爸爸不要我了……"

原本一桩小事，搞成这样哭天抢地的，着实让我难受。

"事故"二：一句严厉提醒，效果适得其反

彤彤5岁那年，幼儿园举行家长开放日活动。我和其他家长一起，观摩了孩子在幼儿园的学习情况。

彤彤整体表现不错，只是在数学课和阅读课上，举手发言不太积极。这时，作为一个期待自己孩子表现完美的妈妈，我失去了平常心，课间休息时，忍

不住以严厉的语气提醒她："你要多举手啊！"

但是，这句提醒不但没有取得好的效果，后面的课，彤彤反而表现得更加胆怯了，完全不敢举手。午饭后，她更是执拗地要求妈妈带她回家去，眼泪一个劲儿地流，怎么劝说都不听。

"事故"三："温柔的妈妈"，让孩子最受激励

7岁，彤彤上小学了。有一次，她连着发烧好几天，请假在家休息，因此积压了不少作业。

退烧后的那天晚上，我们要求她把数学作业补好。可小家伙显然不在状态，被爸爸批评了几句，又一次泪眼婆娑，越发无精打采，消极怠工，以至于错误频出。

后来，我放出诱饵：作业补好，晚上就能让妈妈陪着睡觉！有这个目标激励，小家伙顿时来了精神，只用了很短的时间就完成了作业。

那天晚上，孩子在黑暗里搂着我的脖子轻轻地说："我最喜欢这个时候的妈妈，很温柔。"我的心里一阵触动。

这三个小片段中，面对孩子的不完美，我们分别采用了体罚、批评和诱导的方式，显示出的结论是：教育手段越是"温柔"，效果越好。如何做到温柔地对待孩子呢？

首先，要学会接纳孩子的情绪。

孩子无法清晰表述的时候，你替她说出来，并表示理解，尊重孩子是你继续和孩子进一步良好沟通下去的前提。当她的行为是你所要制止或是不赞同的时候，有了前面的良好基础，你便要充分描述你作为父母的感受。

不要随意给孩子扣帽子，说她任性，说她不求上进，说她不明白事情的重点是什么，你只需要诚实地、平静地、尽量客观地表达你那时那刻的感觉，你的情绪也要让孩子明白，你在不开心，你在生气，而这，是因为她的某些不妥

当的行为造成的。

其次，要学会控制自己的情绪。

作为家长，作为成年人，我们要在每一次"战争"之后去反思在知道自己情绪爆发的原因后，怎样去控制自己的行为和情绪，而不是让坏情绪牵着所有的人的鼻子走。

孩子的反应来自家长的反应。当你打了她一棍子，她在无力反抗的情况下，必是以磨蹭、反应迟钝、出错来回敬你，倘若你学会控制情绪，再多一些温柔，多一些耐心，多一些鼓励，她必会积极地回报你。

第三，要学会批评和表扬的艺术。

与孩子相处的每一天，你会发现无时无刻不是伴随着这两件法宝：批评和表扬。你会批评，会表扬吗？这可是件技术活。

批评无须过长，表达出你的想法和情绪后一定记得给孩子一个大大的拥抱，告诉她，她还是爸爸妈妈的好孩子，这样就可以了。其实孩子早就意识到自己的错误，这样就事论事以及带着爱的鼓励的批评不会伤害她的自尊，又能唤起她的自省，是可取的。

表扬要诚恳，要针对具体的事件或行为，不可泛泛而谈。鼓励家庭成员间经常开展一分钟表扬，多发现彼此的优点，形成和谐的亲子氛围。

在育儿道路上，温柔地对待孩子成长中的所有"事故"，相信，你的孩子一定会长成你所期待的样子。

妈　妈： 叶丹，来自杭州，读书、书法、旅游是平生三大乐事。

孩　子： 女儿李乐彤，8岁，是个典型的小女生。

育儿理念 ∽∽∽∽∽∽∽∽∽∽∽∽∽∽∽∽∽∽∽∽∽∽∽∽∽∽∽∽∽∽∽∽∽

融洽的亲子关系、和谐的家庭氛围一定是陪伴孩子健康成长的良方。

75 平凡中的坚持

◎ 伊锦

一

　　某个冬天的早上，我牵着言言的小手，带着她愉快地走在去幼儿园的路上。气温骤降，空气中弥漫着入骨的冷意，言言和我同时打着喷嚏，一阵惊天动地之后，两人鼻子下面同时挂着两根"面条"。我连忙笑嘻嘻地从口袋里掏出两张餐巾纸，一人一张各自擤着鼻涕，继续说说笑笑着前行。

　　走着走着，我突然想起了什么，连忙问她："言言，刚才擦鼻涕的餐巾纸呢？"

　　言言低着头，眼角的余光偷偷地朝我瞄来，扭捏着半天才慢吞吞地回答："我……我把它丢到路边的草丛里了。"

　　我慢悠悠伸出自己的手，将原本攥紧的拳头摊开在她面前，温和地说道："言言，你看，妈妈刚才使用的餐巾纸还在手里，我没有乱丢哦。妈妈是不是很棒？"

　　言言看了看我手中的餐巾纸，冲我使劲点了点头。

　　我一鼓作气地继续诱导："那你现在打算怎么办？"

　　她想了想，偏着头对我说："把它捡起来。"

　　"好棒！"我由衷的高兴，"妈妈陪你一起，好吗？"

　　"好！"她高兴地拉起我的手，两个人一起转过身，一边往回走，一边寻找着她丢弃的垃圾。大约往回走了二三十米，言言一蹦一跳着在草丛中捡回了自己丢掉的餐巾纸，我们攥着餐巾纸，将它们丢进了前面路边的垃圾桶里。

　　常说身教重于言传，这一天让我彻底感悟到了身教蕴含的巨大力量。从前任你唾沫横飞，苦口婆心，侃侃而谈，滔滔不绝而坚决不肯低头的孩子，在我一伸手的瞬间，醍醐灌顶般知错就改，让我欣喜异常。世界上哪里有不犯错的孩子，犯错不可怕，最重要的是学会改正，然而最重要的，也恰巧是最难的。

二

前阵子装修，先生问我对装修有什么要求。

我想都没想，几乎脱口而出："我要每一个可以坐下的地方，伸出手都可以够到书本。"

这是我梦寐以求的家庭阅读环境，我一直觉得沐浴在这样书香环境中的言言一定也是书卷气十足的。

购书狂妈妈对买书有着强烈的欲望，带言言去书店看书，从来没有空手而归的。自从有了言言后，她的书日益攻城略地，导致我的书籍盘踞之处日益收缩，家里五个书架全部被塞得满满当当，好大一部分只得移居储藏室。

做妈妈的殚精竭虑，绞尽脑汁想办法潜移默化地影响她，做义工主讲绘本故事真是一个不错的选择。我在幼儿园给一整个年级四个班的宝宝们上过绘本课，也在社区主持过数次亲子阅读会，精心挑选绘本，用心设计小游戏，再来一个亲子小手工，真的很受小朋友们的欢迎。2016年，我在杭州图书馆少儿馆给宝贝们讲过几次故事，小朋友们人头攒动，听得认真，互动也很好。在这种氛围里，爱上看书是必然的趋势！言言确实也是一个爱看书的孩子，她喜欢泡图书馆、新华书店、博库书城、钟书阁……一泡一整天，遇见书本，便似种子落地生根，再也无法挪动半步。

喜欢阅读，也让言言的朗诵水平大大提高，才幼儿园大班，已经通过了杭州市少年儿童图书馆太阳风朗诵团的面试，正式成为朗诵团的一员呢！元旦的时候和四五年级的哥哥姐姐们同台比赛，她也毫不怯场！

三

古人云：读万卷书，行万里路。我们要多读书、读好书，也要学会欣赏行走中遇到的每一处风景。行走中看到的一花一世界，一木一风景，日积月累，培养了一双善于发现周围美好的眼睛。一个眼界开阔、胸有千壑的孩子，必定是一个热爱生活、开朗积极的人。

籽言6岁，和妈妈在一起的日子，无论寒暑，无论春秋，一场场有趣的活动吸引着她，一处处美丽的景色等待着她，一个个生动的游戏盼望着她。我的职业是老师，暑假的两个月是我最空也是最忙碌的时候，杭州的高温永远无法撼动我和籽言外出游玩的兴致。杭州大大小小的风景点、游乐场、图书馆、书店几乎被我们母女俩跑了个遍。40摄氏度的高温，别人家孩子在室内吹冷气看电视，我们去北高峰饱览一城山水，去少儿公园戏水捉鱼……记得那年因大雪放假，我们也没有因寒潮而却步，兴致勃勃地跑去了动物园。车行到九曜山隧道附近，漫山遍野银装素裹，琉璃剔透，如此美景，让看呆了的我们一生难忘。

我想，在父母的心中，孩子们都是世界上最美丽的花。只是每一朵花，怒放的花期各自不同。要想让自己孕育的这朵花在他的花期里开出最美丽的花，还需要我们家长精心的浇灌。

妈　妈： 伊锦，原名金喜英。浙江省作家协会会员、浙江省散文学会会员、浙江省网络作家协会会员、杭州市网络作家协会会员。出版作品《秋水谣》《天子策》。2014年，其家庭获评杭州市学习型家庭。

孩　子： 杨籽言，一年级"新新人类"一枚。杭州市少年儿童图书馆太阳风朗诵团成员、《青年时报》牛通社小记者。作品多次发表在《少年儿童故事报》等地。

育儿理念 ～～～～～～～～～～～～～～～～～～～～～～～～～～～

我和你，我们一起阅读，一起写作，一起享受大自然的葱郁，一起拥抱四季，踏踏实实走过每一天。我用我全部的爱，助你迎风扶摇，遨游九天。

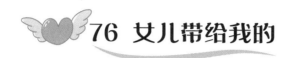

76 女儿带给我的

◎ 于娜

我是个有点任性的人，喜欢什么事情都按照自己的心意来，但在女儿面前，我还是尽量为她服务，我觉得我是个好保姆、好玩伴，我越来越发现，一个好妈妈更需要付出爱，对孩子无微不至的关爱。

女儿出生以后，我便每天照顾着她，看着她一天天成长，快乐地见证着她的点滴进步。有一次，家里养的小鸟死了，那时女儿2岁多，她双手捧着小鸟，跟我说，"爸爸回来，让他修修"。

有了女儿，我在小区里慢慢认识了很多带娃的全职妈妈，她们和我一样，每天照顾着宝宝。随着时间的推移，我跟几位妈妈的感情越来越深，托女儿的福，我也有了朋友。不是说我以前没有朋友，而是随着我们的生活走进不同阶段，朋友从同学，到同事，陆陆续续地物理距离越来越远了。而整天带孩子一起"奋斗"中的妈妈们却总有说不完的话，丝丝缕缕的缘分也越来越深。而且比任何同事或同学接触得都深！这是女儿带给我的礼物，给一个不善与人沟通交流的我的温馨礼物。妈妈真心对你说声"谢谢你，宝贝"！

女儿小时候还躺在床上不会坐时，我就给她小画本看，她一个人躺在床上，把手举起来，在空中翻着薄薄的小书，那模样甚是可爱！转眼间，她现在已经5岁了，她特别喜欢听故事，各种绘本都喜欢看，特别是公主的故事、《西游记》的故事，她都听不够。每天早上起来，她的第一句话就是"妈妈，我想喝奶，听故事"。然后我就得立马起床，做好"保姆"的分内事。我庆幸她喜欢看书，有时候我忙事情，她一个人可以一直看半小时到一小时。此刻我们俩都很幸福！我也庆幸我有个好"保姆"一样的妈妈，让我顺其自然地继承了"保姆"的特质，细心地照顾女儿。也许，保姆也没什么不好，至少比那些三心二意的妈妈要好吧？但我想说，如果我在"爱"方面能提高一些，就完美了！

现在女儿有点反抗，如果我想让她做什么，她不愿意时，就会叽叽歪歪地表达自己的不满。有时她还会脱口而出"求求你"，我是个心软的人，偶尔也抛弃自己的原则，所以女儿仿佛也深谙这其中奥妙，经常软磨硬泡。我们的对话经常是"如果你……，我就……"。

"我数三个数，如果你不来洗澡，晚上就不给你读故事书！"

"1……2……"

还没数到"3"，她就来到洗手间，乖乖配合了。

"妈妈，如果我按你说的做，你能给我讲两本书吗？"

"可以。"

"那讲三本吧？"

"你得寸进尺是吧？你知道得寸进尺的意思吗？就是给你一寸，你还要一尺！"

女儿是个懂事的孩子，在外面玩耍时，如果遇到哪个小孩子哭了，她就特别在意。她很小的时候，就问我"他为什么哭呀"，于是我能想到什么就说什么，给她一个理由，或者一个猜测。

长大点了，她会想帮助那个哭了的小孩子。很热心，也有点操心。这点像我，每次出门遇到需要帮助的人，总是主动帮助，感觉是自己的举手之劳，可以让别人没那么多烦恼是一件特别好的事。孩子也在一点一滴中学会了。

孩子现在在上幼儿园，我给她报了两个兴趣班，一个是舞蹈，一个是钢琴。都不是她特别喜欢的，但是我喜欢，所以才引导她学习的。学习舞蹈要练基本功，压腿之类的，她怕痛，不爱练习，我承诺她把报的课程上完就不继续学习了。本来也是想让她多体验下，增长见识的。钢琴我打算坚持久一点，因为我自己很喜欢，所以也许在慢慢学习的过程中，孩子有一天也会喜欢上吧！

其实她自己的爱好是看绘本、听故事、画画等。但这些似乎不需要上课。

我觉得，如果她能在不擅长的方面学一点东西，也许是一件好事。我不知道怎样培养孩子是正确的，每个孩子都不一样，方法也都不同。面对孩子不喜欢学习某样事物时，父母与孩子的冲突是不可避免的。我能做的只有引导，让她慢慢接受，我尽量不发火，不情绪化。但有时，看着孩子哭着说，"我不想去上舞蹈课"，我心里也很不舒服，既头痛又火大，很容易将不好的情绪发泄在孩子的身上。我想，这也许是我对未来的迷茫和焦虑。有时我会问自己，为什么让她上兴趣班，是为了让她有个兴趣爱好，还是怕她以后没有一技之长？哪个比例占得更多？恐怕是后者，我心里有些矛盾。

无论我怎么对待女儿，爱她，骂她，她都会给我比我给她的还要多的爱。每当她亲我时，仿佛就给了我一种力量。当我们沟通不畅，我生气，她委屈地哭泣时，我给她一个拥抱，亲一下，说一句"对不起，妈妈不对"，我们就立马重归于好了。她太可爱了，是上天赐给我的一个天使。

女儿带给我的，远比我给她的东西多，而且是无价的，我爱我的女儿。

妈　　妈： 于娜，80后，从事数字传媒行业，擅长配音。热爱大自然，喜欢和孩子一起游玩。

孩　　子： 女儿馨月，5岁多，是一个胃口好、个子高、开朗活泼又懂事的小女孩。

育儿理念

我们来到这个世界上，如果不会爱，就只是一个躯壳。

77 给儿子写信，一直是我的育儿方法

◎ 俞宸亭

舒扬小儿：

从你出生起，我就有给你写"育儿手记"的习惯。最近几年，因为开办了桐荫堂公益书院，有时，繁杂事情一来，一月不少于一篇的"育儿手记"就有些松懈，但还是经常会给你写一段，记录与你的点滴。

我永远记得，你出生的时候，黑黑胖胖的，还浑身长满汗毛，一点都不好看，但这丝毫不影响我对你排山倒海的爱。直到今天，我始终以为，你就是我的"心想事成"。所有的同学、同事都知道，我是那样喜欢男孩子，从不会改变。而你出生后第6天，我突然听到一阵笑声，"咯咯咯"的，我四处找，最后才发现，原来是"你发出来的笑"。那一刻，我认为，天下最动人的声音，就是你的笑声。

你第17个月，是你最"伟大"的一个月。因为，在那个月里，你学会了走，学会了说话，也可以一觉睡到天亮。我也永远地记得：因为你说话太迟，走路太迟，你急了，我也急了。为了证明你不是一个聋哑人，你总是"嗯嗯嗯"地指引着我走向挂画。因为那上面，标注着动植物和简单的文字。我说什么，你就指着什么，一点都不会出错。

3岁入园，8岁入学，你的幼儿期和童年期，一个字就可以概括：皮。胆子超大的你，会对园长讲，可不可以去外面逛一圈。因为，她讲的那些，你老早听懂了，而且还会背。慧达的园长居然会让你在背诵后，允许你去外面的小沙坑里玩一会儿。让妈妈永远记得那个年轻园长的好。

直到小学四年级，你才终于知道，原来每天是要做作业的，而不是到了早上上课时才赶作业。你真的不是不会做，而是一下课，你就如离弦的箭，冲出去玩了。等你记得回教室拿书包回家时，布置好的作业，早已被勤劳的值日生擦干净了。因此，你天真地认为，你那个以道德教育著称的西湖小学，就是没有作业的。而老师对你的惩罚，都是留下来抄课文。后来，你长大了，你说你现在写字这么快，就是当年抄课文抄出来的。让我和你的父亲不知说什么才好。

进了杭州育才中学念初中，你仍然不改一下课就冲出去玩的"好习惯"。记得有一次，因为贪玩，被教导主任好一顿训，你居然写了这样一封检讨书：因为自己从小志向高远，以后要为国效力，所以如果现在不注意小节，长此以往，会严重危害到某个地区、某座城市，云云。让所有的人，啼笑皆非。当然，这些都不影响你拥有了一群好朋友，更不妨碍，你是众多老师心目中的好学生。甚至，我还参加了这样一次家长会：因为你数学考砸了，怕受批评，你父亲把车子停在学校外面，让我们母子俩去参加家长会。没想到，因为数学老师是班主任，在忙着张罗家长会的琐事。而其他科目，比如，英语、语文、科学……你都考得超级好。这下，本来以为是一场挨批评的家长会，竟然成了一堂听任课老师表扬的家长会。会后出来，美滋滋地告诉你父亲，让你父亲恨恨地认为，我这个当娘的，也太有心机啦！哈哈哈，只要一想起你读书时的种种片段，总是会让我进了赛车跑道，怎么也刹不住车。

进入杭州高级中学后，你顺风顺水，甚至成绩还经常名列前茅。当然，你的写作能力，也早就有点小名气。书出了不少，奖也得了很多，"小才子"的美名，因那篇准高三的广播发言一时传得更加遥远。只因"无厘头"的你，居然把学习比作大太太，把打篮球、玩游戏、看课外书什么的，比作小妾。

在高中的三年，是你飞扬青春的三年，是你挑战自我的三年，是你激扬文字的三年，是你追逐梦想的三年。

2016年11月30日，就是你18周岁的生日。

为了纪念你的18岁，我们给你出了一本你的个人作品集《亦青集》。第一次签售会，就放在了城北体育公园。而签售的款项，全部用来2017年夏天去西藏那曲文化走亲。届时，你会在雪域高原上，对大山里的孩子，讲讲你怎样写作文的。毕竟，媒体报道中曾经说你"可能是杭州最会写作文的中学生"。

至于《亦青集》的畅销，也在意料之中。两个月，销售了4000册。连你的初中母校——杭州育才中学，也订购了500册。杭州高级中学、杭州育才中学以及传媒实验学校等很多学校，就等着你高考后，来几场签售会，为你的高中画上圆满的句号。

2017年6月，就是你正式高考的日子。随后的自主招生环节，对于我们这个书香之家来讲，也是一个极大的考验。这么多的奖项要输入进去，这么多的表格需要签字盖章。我一度觉得自己回到了当年工程建设阶段，每天要盖几十个章。而选择推荐专家时，那么多的选择一下子也让我们不知所措。而你，请了足足五个晚自修的假，字斟句酌地书写你的自述，一丝不苟地填写你的履历。

而即将到来的高考，同样也是即将到来的你的远航，让我们彼此非常珍惜现在每天相处的日子。因为我们始终以为，陪伴就是最好的教育。

给你的信，如果没有字数要求，我完全可以写到地老天荒。虽然这信一点没有文法，愧对我"城建女作家"的称号，有失我以文字洗练有力见长的水准。但是，爱，就是没有道理，没有章法，没有规矩的。只有这样，才能永恒。比如，我们的母子情。我们肯定要彼此相磨个三辈子。哪怕你厌了，也逃不掉啦！

你的母亲：俞宸亭

妈　妈：俞宸亭，人称城建作家、旗袍作家、桐荫堂堂主。
孩　子：儿子俞舒扬，清华大学新雅书院学生，人称江南小书生。

育儿理念

孩子是上天给我们的最好礼物。

78 记我和宝贝的一次"交锋"

◎ 张冬梅

　　做一个妈妈，真的太不容易，感觉似乎每时每刻都在跟宝宝比耐力比体力比精力。一个全职妈妈，似乎真的要十八般武艺样样精通。同时，作为妈妈，还要有探索和思考精神。这不，你看——

　　这是一个中午，我按时去接宝贝放学。下楼之后，宝贝要跟同学在幼儿园的操场上玩，玩了好一会儿，玩得也挺开心的。我和同学奶奶见两孩子玩得也差不多了，就叫宝贝们别玩了，要回家。宝贝跟一起玩的孩子是好朋友，于是俩孩子牵着手高高兴兴地出去了。

　　但是，刚走出校门，宝贝忽然哭了，宝贝说："妈妈，你怎么没有骑摩托车来接我呀？我要坐摩托车。"我就耐心地跟宝贝解释为什么没有骑车来接她："因为中午人和车都很多，妈妈要是骑车来，我们可能会被堵在路上，所以妈妈觉得步行回家更快一些。"可是宝贝一点都听不进去，哭了起来。宝贝同学的奶奶就说了："怎么就哭起来了呢？这简直就是小孩子的行为嘛，我家贝乐就不会。"然后我又耐心地跟宝贝解释了一遍不骑摩托车的原因。可是宝贝还是不听，我真的没有耐心了，当着其他人的面，我就吼她："你再哭，再哭我就打你了。"在大街上，我居然不顾宝贝的情绪，还是没有忍住不骂她。我叫她不要哭了，可她还是哭。哭啊哭啊，哭得我的心都碎了，心情也很差。一路上我忍住了没再发火，我只是一直牵着她，哭着哭着都快到家了，她还在哭。

　　到家了，宝贝的外公外婆看见了，就问她为什么哭，宝贝也不出声，就是站在那里哭，特别委屈的样子，停了一会儿又接着哭。嘴巴扁扁的，哭声哇哇的，那委屈真的无比大。大人一问，她就接着哭，我当时也有点纳闷：怎么就这么想坐摩托车回家？哭了好一会儿了，外公外婆也有点生气了，外公外婆说："不要哭了，不要哭了，再哭就要拿扫帚来打你了。"并且还四处找"用刑"的工具。宝贝还是哭，我强忍住没有再出声。

　　我走到窗户边，思考了一下，觉得现在宝贝在哭，我们大人说任何话，她应该都是听不进去的。按她平时的表现来说，她不是这种为此大哭的孩子。宝贝外婆实在忍不住了真要拿扫帚来吓唬她。我制止了，我对宝贝外婆说："我在家呢，就由我来管宝贝，那我不在家呢，你想怎么管就怎么管，好吗？"当然我说话的时候比较生气，对我妈妈的态度不太好，其实孩子对妈妈的态度，都是通过妈妈对外婆的态度学来的，这点我也要深刻地反省和改变。后面，宝贝自己慢慢停止了哭泣。然后在外公外婆的帮助下，把中饭吃了。

　　吃了饭，我就一个人上了三楼。没有再去理会宝贝。我一直在上面待着，没有下去找她。过了一会儿，快要上学的时候，宝贝上来找我，她说："妈妈，送我去上学吧，可是你要骑摩托车送我上学。"我说："你不是不要妈妈送你吗？你不是不要妈妈了吗？"宝贝不好意思地看着我笑了一下。后来，我送她去上学了，一路上，宝贝表现特别乖，完全不像中午回家时那么不可理喻，仿佛自己哭完后，想通了很多事一样。

　　其实，回头想想，孩子们也是需要有发泄情绪的渠道，他们虽然是孩子，虽然少年不识愁滋味，可是，他们也有情绪，只是他们不知道躲避大人，他们是那么真实，不知掩饰，所以他们会因为一个小小的理由而触发了情绪。事后宝贝也跟我说了，其实她也没有那么生气。她其实就是想自己哭一下而已。所以，作为家长，我们应该去理解孩子，真正去爱护她，真正去懂她。尤其是要控制好自己的情绪，不要动不动就发怒，吓唬孩子，打骂孩子，那将会给孩子的心灵留下多少创伤啊。当孩子放声大哭的时候，什么都别说，握着她的手或抱紧她，如果不要你挨边，就站在她附近，用心去感受她的哭声，去获取哭声背后宝贝释放的讯息，事后给予安慰和支持，真正去做一个有智慧的妈妈！

　　现在的孩子，敏感而聪明，需要我们用更多科学的方式去了解和培育他们! 祝愿每一个宝贝都有健康快乐的童年，能够自信上进，能够拥有德行和责任，最后找到真爱和幸福!

妈　妈：张冬梅，生娃前是"拼命三郎"，总想创业；生娃后是"拼命三娘"，换着法子围着孩子转。喜欢心理学、成功学，对早教理论和爱与幸福理论很有兴趣，换着花样折腾自己的大脑。

孩　子：女儿孙一心，6岁，从小随着父母辗转很多城市，适应性很强，在家特别活跃，在学校或公众场合就略显羞涩。儿子孙培原，2岁，小暖男一个，烂漫的笑容让人忘掉所有烦恼。

育儿理念

　　每个生命都值得被尊重和敬畏，善于理解和共情，用真爱让孩子自己找到情绪的出口、找到幸福的方向。不要发火，缓缓更有爱。

79 你那么爱我

◎ 张娟

　　一直以来，我总以为我爱你到可以超越一切的情感，甚至包括我的生命。永远忘不了六年前的那一幕，我在产房里声嘶力竭、痛苦万分而悔不当初，发誓如果这辈子可以再选择绝对不会选择再经历一次生孩子了。当你顺利出生，被接生的医生拎在我眼前看了一眼"男女"之后，就被放在了旁边的台子上，裹着厚厚的包被，而我只能继续躺在产床上。那三个小时，宁静的出奇，不仅是凌晨三四点的夜晚的寂静，也有我内心的平静，经历了一场关乎生命的惨烈搏击后，所有的痛苦、沮丧、绝望、懊悔竟然在你闪现在我眼前的那一瞬间消散殆尽，取而代之的是深深的喜悦、满足、安宁和从未有过的渴望，我急切地期盼着能赶紧把你抱在怀里，看看你的样子、亲亲你的脸、闻闻你的味道、摸摸你的手……

　　那是神奇的三个小时，我筋疲力尽却精神满满，疼痛相随却喜不自禁，与你近在咫尺却又如远隔千万里。一分一秒，我只能侧脸望着你的小包被，想象着你的模样，屏气细听你的呼吸声。也就是从那时起，我知道我是那么爱你，你的出现彻底改变了我的人生，从此以后，我有了世上最眷恋的人了，有了我愿意用生命去呵护的人，有了无论病痛磨难我都愿意替他去挡、去替他承受的人了……

　　五年多的时光转瞬即逝，与你相伴的日子让我越来越多地发现自己。记得3岁的你，因为自己放寒假了，得知妈妈竟然没有寒暑假时难过得哭了许久，因为你想让妈妈也能好好休息一下。有一次和妈妈在城墙上逛，当我把你紧紧搂在怀中往前走时，刚好挡住了迎面吹来的冷风。我随口提了句："真好，这样暖和多了。"走了一段我体力不济，不得不把你放下来。可是你自己没走两步就偎在我腿边，当我心里暗自思忖："又想耍赖让我抱了吧。""妈妈，娃给你挡风吧。"听闻此言，我不禁心头一热，原来我刚才嘟囔着"挺冷的"就被你记在了心里。那一刻，我突然觉得不论迎面的风有多大，只要有你在身旁，我的内心都是火一般的温暖。

你4岁半的时候，有一天下午我下班回到家刚一进门，你就扑了过来，满脸喜色，喊叫着："妈妈，你平时都是7点回来，怎么今天6点就回来了？"我诧异道："今天下班、到家的时间和平时差不多啊。"只见你指着手机屏幕上的"18:57"说："你看，这不是晚上7点，你以前都是到了7点才回来呢，我一直在家等着你。"在大人眼里丝毫不会觉察，更不会放在心上的两三分钟，在等待妈妈下班回家的你眼中，却变成了一秒一秒流过心间的期待和妈妈的影子，就连偶尔提前的三分钟都成了妈妈给你的一个意外惊喜，触动着你心底的快乐。有一天，我看到你存钱罐里的钱就逗你说要拿出去买你最喜欢的玩具，意外的是你竟然坚决反对，还特别着急，后来才慢慢明白你的心意，你要把所有的钱都留着，留着等爸爸妈妈老了，挣不了钱的时候给爸爸妈妈用。

你5岁多时，学校因为雾霾严重停课，你在家休息，但是爸爸妈妈还要继续上班。晚上定手机闹钟时，你突然说道："今天早上都被你们的闹钟吵醒了。"随后又补了一句，"不过也挺好的，早点醒来还能多玩一会儿，也能看到爸爸妈妈了。"听到此话，我们心里不由得一酸，妈妈由于单位离得远，每天早上你还未醒就已经早早出门了。而临近年底了，爸爸每天晚上都加班到很晚，你一次又一次都是在"我想我爸"的念叨声里睡着的，早上你还在睡梦中时他也已出门了。别说是爱你，就连能多陪你一会儿竟然都成了一件奢侈的事情了！前几天幼儿园里举办留宿体验活动，小朋友们都抢着报名，玩得不亦乐乎，而你连续两次都坚决不愿意参加，理由只有一个，"不想离开爸爸妈妈十二个小时"！

当我被你这些点点滴滴的爱一次一次打动的时候，也才终于明白不仅仅是我在爱着你啊，你对我的爱也是那么深，深到了你生活的每一分每一秒，融进了你的一言一行，甚至我们还未曾到达的遥远未来。与你的爱相比，妈妈做得那么浅、那么势利、那么牵绊、那么纠结。是啊！对你的爱不应该只是挂在嘴边的一句"口头禅"，应该是一种生命对生命的尊重的爱，应该是不计得失、无怨无悔、不求回报的简单的爱。未来的日子里，我愿与你一同带着爱的力量过好当下的每一刻，努力去发现更多的自我，成就更好的彼此！

妈　妈： 张娟，从本科到研究生的七年时光都是在师范院校度过的。最大的爱好是阅读，喜欢用不同的体验丰富自己的内心，感受着自己一点一点变得豁达和沉静，变得视野开阔！

孩　子： 儿子向飞宇，6岁，小名小宇点。宇宙浩瀚无垠，身为其中的一个小分子，既渺小又独一无二。

育儿理念

　　家长自己能够在日常生活中时时做到情绪稳定、内心喜悦、充满正能量，能够享受付出勇于担责，能够不断地超越并成长、越来越靠近最真实的自己才是孩子最大的幸福！教育的核心其实是自我成长、自我发现！感恩孩子的到来！

80 哈哈、"胡扯藤"及其他

◎ 张文军

哈哈从小就特别爱聊天。带他去游泳，过了没多久，他就已经趴在游泳池边上和救生员聊上了；带他去轮滑，过一会儿就找不到他了，最后发现他去了花店，一直在和里面的阿姨聊天来着；在家里让他一个人玩，他没过多久就开始找听众。

有一次他在家里玩乐高积木，硬把我拉过去，向我介绍他搭的花园里的一种植物，叫"胡扯藤"——

"胡扯藤是一种藤本植物，它可以弯成任何形状，可以弯成爱心形、汽车形、城市形、大美创意园形。它会到处乱扯，可以扯到世界的任何角落。它可以把自己藤的一头卷起来画画。它还可以长得很长，长到900009942米，可以一直伸到云层中去，在云层的上面胡扯。胡扯藤常常把事情弄得很复杂，有时候把事情弄得乱七八糟的，有时候也会做好事，例如，它可以像绷带那样把受伤的奶奶的手固定好……

"有一种胡扯藤叫紫晶胡扯藤，它是胡扯藤中很珍贵的一种，但并没有面临灭绝，很多人家中都有种植，它永远不会死，100年只能长1毫米，它的生长方式就是到了0.1毫米会突然拔高3米长，然后开始长高，胡扯，让人很开心。

"胡扯藤的叶子很特别，有时会扯出一片巨大的叶子，叶子上能放下一所房子。它还会开花，它开的花有三种。一种花是支撑花，可以着地；一种花是比较普通的花，用来繁殖；还有一种花是装饰花，可以用来装饰自己，也可以飞走，飘到别人身上装饰别人……"

哈哈的聊天很多时候有自言自语的性质，甚至是天马行空式的胡扯，就像这"胡扯藤"。因为他的这个特点，我作为他的妈妈得到过朋友的赞许，也受到过朋友善意的批评。

有朋友问："哈哈这么有想象力，你是怎么培养的呢？"

其实是有秘方的，这个秘方我也是偷来的，这个秘方借自哈佛大学教育研究生院埃利诺·达克沃斯教授，至于她是怎么说的，那三天三夜也说不完。所以，我把她的理论总结成了简单实用的三个字——

"你说呢？"

从哈哈1岁多喜欢问问题时开始，无论他问什么问题，我的回答都是："你说呢？"然后他就会提出各种各样的假设，我再继续问："你说呢？"接着他就会拼命去找证据证明他的假设了，这些证据来自书、影像、他的观察还有大人的聊天。当发现自己的假设有错时，他会马上更正并提出新的问题；当发现出现新的疑问了，他会根据新的疑问继续探索……有些问题他一直没有找到答案，他会过段时间又回头研究这个问题，用新获得的知识和技能来刷新一次该问题的答案……

例如，关于宇宙的起源，这个每个孩子都很感兴趣的问题，他就一直提出假设。4岁时，当他得知宇宙是因为大爆炸产生的时候，就问我："宇宙为什么会爆炸呢？"

我就回答："你说呢？"

哈哈回答说："是不是地球诞生了，所有的星球都急匆匆地赶来看地球，你挤我，我挤你，挤得乱七八糟的，所以就发生大爆炸了？"

然后我说，妈妈也不知道啊。

这就使他对这个问题一直很好奇。6岁的时候我带他去书店玩，让他自己挑本书的时候，他挑了《时间简史》和《果壳中的宇宙》。虽然他不能看懂（其实他妈妈也看不懂啊），但是我还是让他自己读读，继续探索一下他对这个世界的原始追问。

胡扯了一通，其实只是想说，每个孩子来这个世界上都是在进行一场奇妙的旅行，他们最初的惊奇和发现答案时的惊喜是他们找到自己和安然栖居于世界的力量。尽管每个孩子的成长都会遇到各种不同的困难和问题，他们会发展成怎样也不是我们可以预设的；但我们仍然可以保护他们自发探索和学习的愿望和动力……

你说呢？

妈　妈： 张文军，大学教师，教育研究者。喜欢探究儿童成长的方方面面，希望成为更多儿童成长和未来发展的助推者。

孩　子： 哈哈，一个善良、纯真、充满正义感的小学生，思维活跃，奇思妙想很多，喜欢设计和发明，也喜欢写作。

育儿理念

发挥孩子的主观能动性，保护孩子自发探索和学习的愿望和动力。

第五辑

你好，小时光

81 我们的小时光

◎ 张亚群

你，很清秀，帅帅的，是妈妈的小暖男。

总想落笔写写你和我，写写我们的情谊，虽然腹稿打了一遍又一遍，心里对你说了千千万万的话，但始终没有好好地落笔来唠叨。

今年你初三，繁重的学业将你牢牢地困在了书桌前。因为我很多时候只能看见你在书桌前伏案做题的背影，静静地，沉沉地，无奈地。所以，我一定要在餐桌前与你面对面地坐，和你聊聊天，看你脸上任何细微的表情和成长的印记。细细地观察你，比如，今天有没有微笑，是不是很疲倦，之前鼻子上长的痘痘有没有被挤破，嘴唇上有没有开始长稚嫩的胡须……作为妈妈，我实在不想错过你成长的每一个小变化。

你是妈妈的第一个孩子，也是唯一的孩子。所以，不成熟的我，一路走来，有过太多次对你的"伤害"，虽然我每次都冠以"为了你好"的堂皇的理由，但是，现在回想起来，这理由是多么自私与可恶。可是，赤子情怀最可贵，每一次，你都无条件地原谅了妈妈。其实，是你教会了妈妈爱与宽容。

作为一个妈妈，有本能的母爱，愿意给你人世间所有的美好，让你温暖与快乐；可是，曾经是教师的妈妈，有职业的"洁癖"，见不得你任何的懈怠与平庸，所以带给了你很多愚蠢的束缚与生硬的教育。对你成长的期许中夹杂了太多教育的焦虑，面对你学习上的失误与不足，我总是很难控制好自己的情绪而对你苛责有余，鼓励不足。真不知当时你小小的心灵是如何扛住了妈妈对你的"重大打击"，想至此，实在很内疚，作为一名教育工作者，在你面前我却失去了所有的耐心与教育的智慧。

当年幼的你抵挡不住美丽的"诱惑"，自己偷偷去买玩具时，盛怒之下的我没考虑这只是一个孩子纯净简单的欲望，却一定要教育你深刻认识到这种行为的极端后果。最后你号啕大哭，却终究不知犯了何种大错而要面对这么严厉的妈妈。因为对一个一年级的孩子来说，这实在是太难理解了。

写到这里，忽然觉得这是妈妈的"忏悔录"，爱有多深，悔就有多重。因为，不管妈妈多么"可恶"，你对妈妈的情感从没减弱过一分。现在的你，171厘米的个子，青春的脸庞上还有着孩子的稚嫩，是老师的好学生，同学的好朋友，妈妈的好孩子。你，不曾叛逆，心态平和，善解人意，有悲悯的情怀……

走向大自然，让你变得更美好。那年春天，空气里弥漫着百花的香味，大自然万物复苏，不断地诱惑着人们出去春游。于是，我们带着你，各骑一辆自行车，从海盐县城出发，一路往南，骑骑停停，赏足了满田野金灿灿的油菜花，经过一个多小时回到了乡下老家。看着你绯红的小脸，热气蒸腾的额头，我不由得惊讶于你小小生命里的大能量。一路上，再累你也只是要求停下来喝口水，从没提过要放弃。你根据那次骑行写的生活作文《骑行在春天里》，得到了老师很高的评价。

于你的成长而言，行万里路，对你帮助不小。2011年的那个夏天，妈妈囿于单位事务不能脱身，于是你和爸爸俩人从东海之滨穿越中原大地远赴南疆北疆。八天之后，当妈妈再见到你时，竟然没有认出拉着行李箱向我走来的你，那个变得黑黑的看起来很成熟的你。据同行的人说，此次远游，你照顾爸爸似乎更多一点，完全超出了妈妈对你的定位。回来后，你写的《滑沙》被发表在了国家级读物上，为你自豪！

2012年，我们仨一起去了贵州和湖南；2013年，你和爸爸游了温州鹿麀岛；2015年，你又和爸爸一起远赴了西藏；2016年，你还是和爸爸一起去了台州……这些旅行，似乎是两个男子汉的成长之旅！是的，在你的成长路上，爸爸从来没有缺席过，妈妈很欣慰。

现在的你，会打篮球，任何时候都能和同学们组队挑战；爱好足球，愿意享受驰骋绿茵场的快意；擅长乒乓球，班级里能与你比拼的并不多；爱好音乐，拥有萨克斯十级证书；习练书法，一笔在握游刃有余；学习努力，老师寄予的评语是聪慧沉静，实力在握……

你，其实真的很美好！

时光它静静地走，你与我亲密相处的这十几年，是我们生命里的美好时光，你不断生长，我努力成长。做最好的自己，做最好的母亲。

可是，余生虽长，相聚却短。再过三年，我愿与不愿，都得放手，只能目送，让年轻的你在广阔的天地里放飞自己的梦想。

妈　妈： 张亚群，一个沉静的中年女子，工作第十年，从中学的讲台出走，转型成为一名政府部门工作人员。以一颗文学的心从事着一份法律服务工作。闲时，爱户外活动，更爱宁静的独处。

孩　子： 小名棒棒，寄予了家人诸多的祝福。正值青春年少，心灵活泼而举止内敛。

育儿理念 ～～～～～～～～～～～～～～～～～～～～～～～～～～～～～～～～

今生有缘，愿此生成为一对情深意长的母子，各自精彩，彼此欣赏，互相喝彩。

82 与儿子一起成长

◎ 张婴音

拥有一颗感恩之心

阳阳上小学了，开始有了零花钱。放学后学校门口会出现许多小吃摊，面对各种诱人的香味，阳阳居然不为所动，从来不用零花钱去买那些东西吃。渐渐地，我发现他好像有点财迷，在家没事时总喜欢把钱包拿出来乐滋滋地数钱。这么小的孩子就财迷心窍，我觉得问题似乎有点严重，应该对他进行严肃的教育，让他树立正确的金钱观。

晚上我正准备与阳阳促膝谈心，没想到阳阳的老师给我来了电话。阳阳的老师很喜欢笑，她先在电话那一头笑起来，老师的笑声让我紧张的心松弛下来，肯定不是告状的。果然，老师说，这个学期让阳阳班里同学兴奋的事是来了两位年轻漂亮的新老师，她们是师范学院的实习生。新老师们实习一个月，马上就要结束实习回学校去了。今天下午同学们自发开了欢送会，可是大家发现阳阳和另外几个男同学离开了会场，正在奇怪时，阳阳和那几个同学满头大汗地回来了，气喘吁吁地走到新老师面前，小心地把怀里的宝贝捧了出来，啊，是鲜花！是美丽的康乃馨！大家都欢呼起来，新老师捧着鲜花情不自禁地流下了热泪。老师高兴地说，多么可爱的男孩！他们以自己的方式来表达对新老师的爱与感激。当然，我也很感动。后来我故意问阳阳："你们买花的钱是从哪儿来的呢？"阳阳得意地说："零花钱呗，我早就做了预算，买花时又与花店的老板讨价还价，物美价廉嘛！既花了不多的钱，又向新老师表达了我们的心意。"我及时表扬了阳阳。我想，这时候鼓励孩子把这种爱延伸到对长辈、对一切值得尊敬的人身上，孩子以后会以一种感恩的心情去对待生活。

果然，有一天，阳阳去看外婆。正聊着天，阳阳从口袋里掏出50元钱，一本正经地对外婆说："外婆，我最近手头比较紧，只有这50元钱，我想这钱给你做交通费，你上医院看病时打个的士，年纪大了不要挤公交车了。"外婆感动极了，但说什么也不肯拿这个钱。我说："还是拿着吧，这是阳阳的一片孝心。"

阳阳的孝有时还像一面镜子一样照着我呢。有一段时间，阳阳的奶奶住在我们家，阳阳对奶奶很孝顺，有好吃的东西总是先拿给奶奶。奶奶耳朵不好使，他对奶奶说话特别有耐心。一次，奶奶独自上洗手间，我怕她摔倒，就大声叫阿姨去帮奶奶，谁知，阳阳不客气地对我说："你为什么自己不去帮？如果是你自己的妈妈你早就冲过去了。"从那以后，在这方面我就非常注意自己的言行，生怕阳阳的镜子又照到我。

进入初中以后

关于孩子，家长最大的考验应该是在他们进入初中以后。初中的学习比较紧张，学习压力也大，但无论怎样，我不能再给孩子增加更多的心理压力，所以，我尽可能在家里营造一种轻松愉快的气氛，每天都希望能听到阳阳的笑声。阳阳从小就学钢琴，作业做得累了，他就去弹钢琴。因为学业紧张，他已经很少有时间弹琴了，他说："我现在才真正体会到弹琴是多么爽的事啊。"

一个周末，阳阳去学校后一直没回家，我急得要命，正准备打电话去问他的同学时，他却满头大汗地回来了，手上还抱着个球。他一进门就兴高采烈地说今天踢球踢得很过瘾，大破对方的球门，我忍不住说了他几句，没想到一向听话的阳阳突然大叫起来："我太压抑了，我需要运动，需要释放！"不知怎的，我的心头一热，眼睛顿时一片湿润。是的，我平时总是以为自己很理解阳阳，可是我怎么就没想到应该让他放松一下呢，越是紧张的阶段，越是要让孩子的情绪稳定。

　　阳阳喜欢听音乐，平时MP3总带在身边。有一天，他主动把MP3放到钢琴上说决定最近一段时间不再听了，以免分心。我倒认为做作业时适当听听音乐也没有什么，尤其是做作业累了的时候，听音乐更是一种调节。于是，我会与他一起听一些轻松的曲子。在阳阳的影响下，我也喜欢听一些流行歌曲。正因为我对他的理解和信任，阳阳会主动和我聊天，把自己的想法告诉我。

　　初三第二学期，阳阳的状态不错，学习也比较平稳，这让我感到欣慰。那段时间，我和阳阳谈话的话题不是中考，也不是怎样填志愿选学校，我们谈得最多的是火箭队的比赛，那种心跳的感觉，那份激情，姚明身上的精神……阳阳突然冒出一句："我佩服姚明！"

　　是的，姚明身上有一种精神，这种精神很阳光、很美。我想，其实每个孩子身上都有一种精神的美，就看你是否会去发现、去挖掘。

　　现在，20多岁的阳阳已经是一个文学青年了，有他自己的追求和理想。但我还是常常会想起他少年时代许多成长的故事，深深感悟到作为一个家长，除了需要不断学习家庭教育的新理念，调整教育的方式方法外，关键是要与孩子同行，和孩子一起成长。

妈　妈：张婴音，中国作家协会会员，儿童文学作家，《家庭教育》杂志社副编审。发表作品数百篇，计200多万字，曾获冰心儿童文学新作奖、陈伯吹儿童文学优秀作品奖等奖项。

孩　子：陈冬筱，小名阳阳，2012年7月大学本科毕业。2012年开始文学创作，在《最小说》发表短篇小说《塔》等。2013年7月，由长江文艺出版社出版长篇小说《流放七月》，同年获第一届"紫金·人民文学之星"长篇小说类提名奖。2015年4月，获浙江省"新荷计划·实力作家"奖。

育 儿 理 念 ～～～～～～～～～～～～～～～～～～～～～～～～～～～～～～～～

　　言传身教，身体力行，完善自我，潜移默化。在日常生活中，培养孩子良好的行为习惯。教孩子做人是一个漫长的过程，家长需要终身学习，修炼不止。

83 用吼的方式能解决问题吗

◎ 张瑜

大宝今年4岁，她的活动量越来越大，自己的主意也很多，有时她根本就不听我的。早上上幼儿园之前，给她换衣服，我帮她选的衣服往往都不称她的心，她不是嫌弃裤子太紧了，就是嫌弃衣服不好看。而每次到了星期一，规定要穿校服的日子，她都拒绝穿校服。一个早上，感觉快把我一天的耐心都用完了，很多次都有发火的冲动，有时候就索性丢下衣服，然后恨恨地看着她："我不管你了，你爱穿不穿。"每到这个时候，她积攒的情绪就会爆发，哭天喊地的叫声立马响起，一整个人匍匐在地。她就是这样不怕威胁的家伙，我看着匍匐在地的小人儿，只好把她抱起来，然后轻声细语地安慰："宝贝，你自己去选吧。"

这么小的家伙就有这么强烈的自主意识了，那么再长大点是不是更有主见了？看来叛逆也是迟早的事情。有孩子的家往往是杂乱无章的，他们一路扔，家长一路跟着捡。前几天，我刚买了一个小小的书架，放置了一些小孩读的童话书，不放还好，一放就更糟心了，不仅仅是大宝喜欢乱扔，连小宝都跟着"啪嗒啪嗒"把书扔得满地都是。有时候，我不想收拾就拼命喊："你们快点把书捡起来，放到书架上去。"他们扔完就跑了，完全没把我的话当回事。我的吼声再调高几度："你们是不是欠揍啊，赶快把书放到书架上！"他们仍然无视我，然后大宝还直截了当地说："妈妈，我不想捡。"我硬着头皮安慰自己：亲生的，亲生的，这是我亲生的。

后来，他们再扔，我就不吼了，吼没效果，我吼干吗，浪费我的力气。于是他们扔，我就随他们扔，我待在一边翻几页书，或是笑容可掬地对着他们。

某一天，他们扔完之后，来找我玩一个游戏："妈妈，我来当快递员，来给你送快递好不好？"于是，大宝开始把地上的书一本本捡起来，放到厨房里的碗柜里，让我扮演取快递的人。一来二去，她似乎完全沉浸在游戏中了，玩了一遍又一遍。后来，看到地上还有些书呢，我就灵机一动："嘿，我们来当图书管理员吧。"她听了很来劲。我蹲在地上整理书本，她也跟上来，我把书本放到书架上，她也学着放上去。这一次，我们整个晚上都比较愉快，她没有听到我的吼声，而我也让自己的喉咙做了短暂的休息。

我们身边带孩子的妈妈或者长辈，很多人都用吼的方式面对孩子，而大多时候不仅孩子不会听你的，自己也会搞得筋疲力尽。某一日，一个孩子在写作业，孩子的妈妈在旁边监督："你看这道口算题这么简单，你都做错了，快点改过来。"孩子磨磨蹭蹭，用橡皮慢慢地擦着，妈妈看不下去，然后开始大吼："动作这么慢，你想不想吃饭了？"孩子擦着擦着，眼泪就出来了。一个女人，一个工作了一天又要负责照看孩子作业的母亲，我们可能要原谅她那样的情绪性爆发，但事实上是她的方法出了一些问题。她不用像一个特务一样时刻紧盯着孩子的作业，完全可以放手让孩子自己写。如果孩子的自觉性确实比较差，那么作为妈妈也可以拿一本自己喜欢的书坐在一旁看，不要去关注孩子有没有做错，做得好不好，他做得好不好是他的责任，他应该要为自己负责。

经常看到那些长辈照料着孩子。孩子喜欢奔跑，喜欢玩泥沙，喜欢走凹凸不平的小路，喜欢玩水……一切大人眼中脏、乱，甚至会有危险的东西，都是他们爱的。一天下雨的午后，小区的某些地面留下深深浅浅的水坑，孩子一个个欢呼雀跃，朝着水坑跑去，那些奶奶、外婆们开始大呼小叫："啊，我的小祖宗啊，不要去，太脏了。"她们把孩子们抱出来，过后孩子们又冲进去，如此往复。有些心急气躁的长辈，就开始把孩子强硬地抱在怀里，孩子在她们怀里上蹿下跳，哭着喊着。看着这些头发都有些斑白的老人，我觉得她们太可怜了。但是这些被剥夺快乐的孩子，难道就不可怜了吗？老人用最原始的方式，爱着孩子，怕他们脚受凉感冒，怕他们在水坑里摔倒，怕他们踩了水长水泡……但孩子们根本不关心这些，他们需要去体验。如果教育是对自由的剥夺，那么这样的教育会成功吗？这样被剥夺自由的人，他们能快乐吗？下雨天，为了让孩子享受这样单纯的快乐，不妨给他套双小小的雨靴，告诉他：孩子，你踩吧，踩吧，尽情地踩吧。

孩子的世界是不同的，他们目的单纯，简单而快乐。我们这些疲于奔命的大人，是不是可以用一些适宜的方式让孩子获得最大限度的自由呢？他们不需要一个整天大吼大叫、束缚他们自由的人，他们需要一个正常的、温暖的、可以信任的宽广怀抱。

妈　妈： 张瑜，家庭主妇、自由撰稿人。
孩　子： 家有俩宝，女儿5岁，儿子3岁。

育儿理念 〜〜〜〜〜〜〜〜〜〜〜〜〜〜〜〜〜〜〜〜〜〜〜〜〜〜〜〜〜〜〜

给孩子自由和爱，他们就会像藤蔓一样越爬越高的。

84 天使会飞

◎ 章鱼

亲爱的小斑鸠：

你被我送进幼儿园第一天，你号啕大哭，老师说整个楼道里都是你惊天地泣鬼神的哭声。第二天，第三天，第四天，都是如此！

妈妈很抱歉，我没有来得及告诉你，幼儿园的生活会是多么精彩。即便我说了，你也未必相信我。你对我说：妈妈，你上课时，我不会讲话，我只想和妈妈在一起。真的很抱歉，我还没有让你做好准备，就把你推进了幼儿园。

妈妈想起自己特别喜欢的一句话：有时候，所谓父女母子一场，只不过意味着，你和他的缘分就是今生今世不断地在目送他的背影渐行渐远。

你上托班时，妈妈为你生了一个妹妹。

你上小班时，妈妈写了十年的小说相继出版了，于是你就跟着妈妈去了很多小学。

你上中班时，妈妈走遍了全国300所形形色色的小学，写完了10本书。当你在图书馆里，看到妈妈写的书时，你是那么欣喜，那么快乐！洋溢着的自豪，是妈妈最珍贵的回报！你说，你也要做一个作家！因为，你最喜欢妈妈给小朋友签名的时候，能给他们在书上画画。你擅长画一只只可爱的章鱼，还会搭配画上一只可爱的蝴蝶结。

你上大班时，你终于能理直气壮地走进我的教室，听懂妈妈讲的课。

在过去六年的时间里，你从一粒小米那么大的小胚胎，长成一个可以自己开锁、可以自己炒鸡蛋、可以自己背书包独自走进幼儿园、可以自己跨入小学的大门头也不回的小大人，我惊叹这个小生命了不起的悄然成长！

在过去六年的时间里，你跌跌撞撞，懵懵懂懂，但总体来说，你是快乐的，是自信的！妈妈必须要在你出发前，对你叮嘱几句。你要听好了，不许开小差！

首先，祝福你，孩子。你是那么健康乐观！

就在昨天，你给我扎头发，你总是那么喜欢玩我的头发，我有些生气了，重重地拍了一下你的背。我本来以为你会哭的，但你却愣了一秒，扬起笑脸对我说："妈妈，你生气了哦！"我一下子有些无地自容了。你比我更会控制自己的情绪。妈妈要向你学习。

记得上小班时，你给我唱你在幼儿园里学的歌："宝宝哭了，不好看了，宝宝笑了，大家都喜欢！"妈妈对你说："孩子，无论你哭还是笑，妈妈都会喜欢。但是，妈妈更希望你做一个爱笑的人。因为爱笑的孩子，会有好运！"于是，你常常会对我笑，你不知道你笑起来，是多么好看！总之比哭好看太多了！

其次，妈妈要告诉你，未来，你一定会拥有一个巨大的宝藏，但你怎样才能收获这个宝藏呢？听清楚了，你必须要把自己放在一个非舒适区，去挑战自己，突破自己！

记得你上小班时，每次在学校里游泳都会号啕大哭。你特别怕水。你一看到泳池，五官就扭曲了。你故意把毛巾藏起来，告诉老师，你忘记带了。这样你能蒙混过关，不下水。可是，如果你一直这样站着，你觉得自己会学会游泳吗？当然永远都不会，就像外婆总是站在岸边，不下水，所以她到现在也不会游泳。

也许，你已经不记得这些了。因为今天的你，面对水，是那么欢乐！当大人们夸你游得真棒时，你早已忘记，你曾经的退缩与扭捏了。因为你战胜了自己。

在你每天上学的时候，妈妈总是会抓紧时间去阅读、写作。你马上上小学了，妈妈也要去香港继续学习。那天，你问我，妈妈，为什么你还要读书。妈妈想告诉你，妈妈希望自己能成为一个有学问、满腹墨水的大人。我们为什么要一直读书，就像我们现在为什么要吃饭一样。我们吃过的饭，有大部分已经不记得了，可能也没有留在我们的身体里，但是，我相信一定有一部分，已经被我们吸收，已经融入我们的骨头、血液，成为我们的血肉。我们读过的书，大部分也已经不记得了，但是我相信，一定也有一部分，变成了我们的思想，在某一个时刻，轻轻一触，就会喷涌而出。

所以妈妈希望你未来一生都能与书籍相伴。做一个有学问、有气质的女孩子，做一个努力、有智慧的女孩子。我希望你拥有好的品格，也拥有很棒的口才。我相信，一个有人品的孩子，未来才会走得更远。

晚上，你问我，我们会活到几岁。妈妈告诉你，人活到100岁已经是很长寿了。生命都会经历出生、死亡。妈妈希望，在有限的生命中，你能活得有意义、有价值。

希望你永远不要低估自己的行为、你存在的力量。你的一些小小的举动可能会改变一个人的命运。妈妈希望你能用自己的快乐与爱心去照亮他人的生活，结交有意义的朋友，过有意义的人生，这样我们的生命才是一场不虚此行的旅行！

一辈子都爱你的妈妈

妈　妈： 章鱼，30岁那年，生命之树结出了三颗果子——作品《章鱼国小时代》出版了；创办的章鱼新语文课程走进了全国百所学校；第二个女儿也诞生了。

孩　子： 大女儿姜品意，一只倔强的小蜗牛，一步一步地往内心最渴望的样子前进着！20年后，她一定会长成自己最崇拜的样子！

育儿理念

接纳她的全部，唤醒她的生命！

85 宝贝成长记

◎ 章月珍

女儿叫贝贝，每当回忆起和她一起走过的日子，我的心中就充满了快乐。

我们家有点特殊，因为女儿刚出生的那一年，我婆婆就得了精神疾病，本来就贫困艰难的日子更是雪上加霜。

所谓穷人家的孩子早当家，我必须培养女儿独立生活的能力。女儿3岁，我就开始尝试培养她的独立能力。她每天背着她的小书包，穿过几条马路，去幼儿园上学。走在马路上，许多人都觉得她好可怜，小小年纪却没有人护送，纷纷出于好心，要捎带她去上学，但是女儿微笑着拒绝，说："妈妈说过，要我自己走到学校的！"

女儿7岁，上小学，我告诉她必须每天自己起床做早餐。自己的孩子肯定心疼，但是对她的疼爱必须藏在心里。天蒙蒙亮，女儿就准时起床，穿好衣服，蹑手蹑脚地下楼，因为不能吵醒我们。做好早餐，她自己吃好。等要去上学时，她就上楼来叫醒我起床去吃她做的早餐。所谓习惯成自然，她养成了良好的生活习惯。

除了培养女儿的独立生活能力，我平时还要教会她如何做出正确选择。

记得有一年，快过年时，我钱包里只有100元，是准备给她买新衣服的。不管生活怎么艰难，我每年都给她买过年的新衣服。不巧的是，当时村里下来通知，叫儿童去卫生院打预防感冒的预防针。因为打预防针要96元，好多家长感觉有点贵，就没有带孩子去。我问女儿："我只有100元，你是要买新衣服呢，还是去打预防针？你自己选择哦，我尊重你的选择。"

女儿有点为难，眉头紧锁。我很理解，我自己也年少过，过年穿新衣服是每个小孩子都渴望的。我抚摸着她的头，温柔地说："美丽虽然很重要，但是这世上还有比美丽更重要的东西，那便是健康！"

女儿想了想，点点头，下了很大决心，选择了打预防针。我感到很欣慰，又有点内疚，轻轻将她拥入怀中。女儿很懂事，握着我的手，笑着说："没事的，妈妈，我人长得好看，就算穿旧衣服也很漂亮哦！"我被逗笑了。

幸运的是，大年三十，她的两个姑姑知道了这件事，特意去商店买来新衣服送给她。女儿欣喜若狂。那一年，她过了一个心满意足的新年。

女儿从小就很懂事，但是在成长过程中，也会有自己的情绪和看法，我注重的是她必须要学会尊重别人，孝顺长辈。

记得有一次，我和女儿手牵手经过邻居阿香家门前，看见阿香正大发雷霆，痛骂自己的女儿小菲不好好学习。阿香还怒气冲冲地用手指戳着小菲的头，说："我看你就一猪脑子，不用读书了，跟着你婶婶去做苦力好了！"她边说边故意瞟了我一眼。阿香口中说的婶婶就是我，我当时正在一家工厂里做苦力。我立即感到脸上火辣辣的烫，不知该说些什么，感觉有眼泪要涌出来，我拼命忍住了。我假装平静地笑笑，准备离开。

我女儿在一旁听了，怒火中烧，没好气地对阿香说："香嫂，你太过分了吧！你骂小菲姐姐就骂小菲姐姐，干吗扯上我妈妈，她哪里惹你了？不错，我妈是做苦力的，可是你自己不也是做苦力的吗？你干吗拿我妈来说事！"阿香被说得哑口无言，愣愣地站在那里。我赶紧示意女儿别说了，硬拉着她回家。

到家后，女儿还是愤愤不平，小脸涨得通红，说："妈，你不能太懦弱，必须要大着嗓子跟她据理力争！你要让她知道，你不是读书不好才去做苦力的，你是因为要照顾家才去做了这份苦工。做苦力怎么了？你学历比她高，她凭什么看不起你！"

我拉着她坐下，耐心地说："这个世界上有许多事情是不需要去解释的，我们只要做好自己就行了。既然你说我学历比她高，那么我更不应该跟她去计较，对不对？虽然她说得不对，做得也不对，但是她总归是长辈，你是不可以用那种态度跟她说话的，知道吗？"

女儿噘着嘴，嘟囔着："谁叫她胡说八道的啊！我就是看不惯！她凭什么看不起你啊！"我笑笑，语重心长地说："她看不起我是她的事，我只要自己看得起自己就行了。当遇到别人轻视你的时候，你不必气急败坏，更不必据理力争，你要做的就是让自己变得很优秀，人家自然而然就会对你刮目相看了。"

女儿听了，点点头。

说到尊重和孝顺，让我想起她对待她患有精神疾病的奶奶的态度变化。

她5岁那年，很羡慕小伙伴都有慈祥的奶奶照顾，自己可怜兮兮的，就很想把从不照顾她的奶奶换掉。我告诉她：奶奶之所以不照顾你，是因为奶奶病了，从你出生的那天起，她便永远是你的奶奶，谁也无法替代！

女儿听了，失望极了。

到了上小学，同学们都嘲笑她有一个穿着神态都不正常的奶奶，骂她奶奶是疯婆子。女儿觉得有这样的奶奶真是太丢脸了，太倒霉了，大声抱怨。我听了，第一次向她发怒，厉声吼道："别人可以看不起你奶奶，不尊重你奶奶，但是，你是她的亲人，你的身上流着她的血，不管你奶奶变成什么样的人，她都是你要去尊重的人。想要别人尊重你奶奶，你必须首先做到尊重你奶奶。"女儿听了，知道了问题的严重性，立即承认了错误。从那以后，遇到有同学嘲笑她奶奶，她都会毫不犹豫地护着奶奶，渐渐地，同学们也不再伤害她奶奶了。

如今，女儿已经长大成人，欣慰的是，大家都夸她是一个懂事、独立、孝顺的好女孩。在宝贝的成长过程中，我和她不仅仅是母女，更是朋友、知己，这是我想要的。

妈　妈： 章月珍，爱好写作，其作品广泛见于《小说选刊》《安徽文学》《广西文学》《故事会》《知心姐姐》等杂志上，并多次入选语文试卷中。

孩　子： 叶贝耳，女，已经长大成人，懂事、独立、孝顺。

育儿理念

人品比学习成绩更重要，从小就培养孩子独立自主的能力，更要求她做到孝敬长辈和礼貌待人。喜欢在女儿面前示弱，为的是让她从小学会照顾人。

86 爸爸教好，妈妈教坏

◎ 郑春霞

　　放学一回来，快快对我们说："爸爸妈妈，老师说，在学校要做个好学生，在家里要做个好孩子。我就是传说中的好孩子。""那你怎么表现呢？"我这样逗他。他马上过来给我捶背。哈哈，我跟他说，好孩子当然人人爱啦，但是我们快快要做一个活泼、可爱的好孩子，带点调皮也没有关系的。妈妈眼里的好孩子，除了乖，还要巧；除了读书好，还要热爱生活；除了听话，还要有自己独立的思考。有时候，一个人也需要有一点点"坏"哦。

　　"不会吧，你要把我教坏！"快快听得呆住了。孩子爸爸笑着说："妈妈说的坏可不是真正的坏哦。"快快吐了吐舌头，摇摇头，百思不得其解。哈哈，我就跟爸爸约定，我来教坏的，爸爸教好的。作为快快的两个监护人，作为爸爸和妈妈，我们都相当负责任地认为好和坏都不可或缺，应该交相辉映。

　　于是，我们就分头行动啦。爸爸教他《三字经》《弟子规》《孝经》《论语》，跟他讲礼义廉耻、忠孝节操。爸爸当然也很刁，知道孩子不喜欢这么枯燥的老一套，就买了相关的动画版的DVD，时不时地给他放放。他首先是被那些配乐节奏和精彩的画面所吸引，后来就跟着读，听多了，读多了，渐渐就能背了。感兴趣之后，他爸爸就详细地给他讲解，举了许多生动有趣的小例子。还活学活用到生活中。比如，有时候他在看电视，要吃饭了，我们叫叫他不来，叫叫他不来，他爸爸就问他了："刚刚昨天跟你讲的《弟子规》那一句怎么说的？"他马上回过神来，答道："父母呼，应勿缓。父母命，行勿懒。"他爸爸让他把意思解释一遍，他说："爸爸妈妈叫我，我要及时回答，不能拖拖拉拉。爸爸妈妈有事交代，我要立刻去做，不能偷懒。"说着，他快速地坐在餐桌旁认认真真地吃饭。吃完饭，他还把餐桌收拾了，把地扫了，还给爸爸妈妈捶捶背。

我呢，就带他唱歌、蹦迪，教他随着音乐的节奏尽情舞蹈。他喜欢摇滚，唱《回到拉萨》《梦回唐朝》，还挺像模像样。经常是我们全家三个人每人一首歌交替着唱几个小时。平均两个星期一次。三四岁的时候，还有很多字不认识，他看着屏幕干着急呀，为了把歌词学会，他回家让我教他认字。当他要学的时候，学起来真是事半功倍。等他幼儿园毕业的时候，百分之七八十的常用汉字他都认得了。因为他唱歌唱得多，乐感也很好，在学校音乐节还获得不错的成绩呢。而且，经常唱歌的孩子会很快乐，很开朗。怀他的时候，我就天天唱歌，他在肚子里跟着我的节奏滚来滚去呢。

后来，他爸爸教他游泳、轮滑、骑自行车，跟他讲安全知识、防火措施、逃生以及自救的一些小知识。跟他讲看见陌生人不要随便说话，不能全部相信别人的话。听到门铃，不要马上去开门，要通过猫眼看看是不是认识的人。所以，每次我在楼下按门铃，他就问："请问你是谁？"我说："我是你妈妈。"他继续问："请你说一下你的手机号码。"我答对了，他才开门。小孩子学会自我保护也是非常有必要的。而我呢，就教他交际，让他到同学家里玩，或者邀请同学到我们家来玩。他一带带好几个同学，我做饺子、烤鸡翅给他们吃。吃饱喝足之后，由着他们在我家闹腾个够。自我保护固然重要，但人与人相处都像防贼似的，还有什么乐趣呢？

他爸爸又教他端端正正地写字，每天写几行。有时候是软笔字，有时候是硬笔字。他爸爸每天吃了饭就写，写好了还让他来评。他评得还真像那么一回事。他说，字和字之间要相亲相爱，不能离开太远。但又不能太近，太近了就太挤了，坐不下去了。又说，写字就像练武术一样的，横就是棍，竖就是剑，撇就是大刀。我们夸赞他厉害，问他捺是什么？他说不出来了。

我教他吹泡泡糖，这个真不好教。跟他说，先把泡泡糖咬烂，用舌头顶着，然后鼓着气，吹。教了好长时间才教会。又教他打扑克。跟他说，扑克一共54张。分为四种花色，分别是黑桃、红桃、草花、方块。2到10，他都认识。"J"呢，我告诉他，比10大，是英语"Jack（侍卫）"的首字母，而"Q"是英语

"Queen（皇后）"的首字母，"K"是英语"King（国王）"的首字母，"A"是英语"Ace（一流的）"首字母。所以，A比K大，K比Q大，Q比J大。还有两个最大的是副司令和正司令。他一下子就听明白了，我们就开打了。从争上游开始，一边打一边教他，现在他每天都想要来几盘了。

前几天，他问他爸爸喝酒什么感觉。他爸爸说如果没有酒，这个世界不知道少了多少乐趣呢，并且背了杜甫的《饮中八仙歌》给他听，说如果不喝酒，李白哪有"天子呼来不上船"的狂傲之气呢，而王羲之的《兰亭序》也是在酒酣之际才写得如此龙飞凤舞的呢。说着，说着，他爸爸沾了一点酒，给他尝了尝。我赶紧打住，跟他说："小酌是品味，烂醉就是毒药。既不利于身体健康，也不利于为人处世。小孩子正在长身体，酒碰都不能碰啦。"这下子，他爸爸倒教了一回坏，我教了一回好呢。

等他长大了，他爸爸肯定要跟他讲男子汉的责任和担当。而我呢，就教他怎么吹口哨，怎么追女孩。

妈　妈： 郑春霞，作家，家庭教育专家。著有《中国妈妈的亲子课》《中国妈妈的唐诗课》《卡通老妈》《爱上学的小快快》等书。

孩　子： 陈快意，小名快快。钱塘江边长大的小帅哥。自幼热爱武术和写作，系中国武术协会会员，浙江省青少年作家协会会员。著有7万字科幻小说《元素传奇》。现就读于杭州英特外国语学校。理想是：能文能武，敢作敢当，快意人生，笑傲江湖。

育儿理念 ————————————————————————

母子是血亲，是知音，互为作品，互成风景。

87 养育爱自然、爱阅读的孩子

◎ 郑秋明

我是在乡村长大的孩子，田野里玩耍、沟渠里抓鱼、房前屋后种梨摘枣，和小伙伴在秋天的田埂上烧荒漫游……构成了童年记忆中最快乐的底色。大自然风霜雨雪的变迁，土地宽阔而深沉的温暖，都给人的心灵以永远的慰藉。四五岁时，随父母搬到镇上，仍是被农田、村庄围着，并没有脱离土地。记得长大后每每到了假期，沿着乡间小路走回村子去和亲戚家的小伙伴玩耍，或看望仍住在那里的大姨，都有一种喜悦和自由的感觉在内心升腾。

大姨家是村子里最特别的人家，因姨父是镇上高中的生物老师，所以研究植物是他的专长。别人家院子里都养鸡养鸭，大姨家则是养了一院子花木果树，甚是雅致优美。鲜红欲滴的草莓、挂满"小灯笼"的橘子树，令童年的我垂涎欲滴，分外着迷。

花草多，果树多，大姨家书也多。除了彩色插图、黑白插图的生物书，大姨家还有许多文学期刊、文学名著和数不清的小人书。小时候我常常随母亲一起去那个美丽的院子玩。夏天的黄昏，母亲和大姨在低矮的门廊下摇着扇子乘凉闲话，我就趴在西厢房有檀香味的木床上看书，常常不知不觉就睡着了。我久久难忘那文字进入心灵幻化成憧憬的美好感觉。

花草和文字有翅膀，带我长大成人。通过求学来到城市工作，定居，然后有了孩子。城市的喧闹中，生活也日渐繁杂起来，教育理念更是五花八门。但很自然地，一想到孩子的教育，我就从内心深处升腾起了最朴素的想法：自然和阅读。这一代的孩子出生在钢筋水泥做的丛林里，天生与大自然隔离，被各种人工物质包围,孩子生来贴近自然万物的灵性,有可能还没舒展就已经被折断。

所以在佑宁读幼儿园之前,我经常带他去同小区的朋友楼老师家玩。为什么老是去楼老师家玩呢?因为那里是一个美和爱的天地:楼老师有一个非常漂亮的小花园,两年下来,佑宁已成为"蜜丝楼"的好朋友。他走进楼老师的花园就好像进自己家那样随便,每次必做三件事:给小花小草浇水,拿剪刀剪草,玩门口草丛里的鹅卵石。我相信自然万物正在慢慢进入孩子的心灵,比如他看到路边开的小花也会跑去闻一下;会在泥地上拿着小铲劳动,并望着天上的云说,云朵云朵你不要下雨,我们还要挖泥呢;会坐在酸奶店看着外面发愣,问他看什么,他说妈妈我在看大树上的风呢!夜晚路上黑漆漆的,他抬头看到月亮,大声喊,月亮你好!妈妈月亮在跟着我们走呢!上了幼儿园,每天早上经过小花园,他都要像模像样地打招呼:再见小花,再见小花园,我要上幼儿园去了!

在楼老师的建议下,我买了现在这处一楼带一个小院子的房子,和装修同时进行的是,我也在院里院外都开垦了土地,种上了花草。绿色的凌霄爬墙上,红色的月季开在门口,不知名的花花草草,都蓬勃地生长着。希望在这个小小的城市丛林里,当风吹拂小草的衣裳,当蝴蝶旋绕清晨的花朵,当倾盆大雨打在院子的玻璃屋顶上,孩子都能够和这些生命力旺盛的植物一样,心怀喜悦,自由生长。他会穿着雨衣雨鞋欢快地在雨中踩水,陶醉于雨滴敲打的声音,那是大自然最美妙的乐章。

坚持每天晚上给佑宁讲故事,是我最近一两年每天都做的事情。他还不识字,但现在他一到睡觉时间,就会嚷着:"妈妈,讲故事!"洗脸、刷牙、洗脚完毕后,我们依偎在床头,就从台灯旁边的书堆中随意抽取一本、两本或三本绘本,讲起来。我讲故事没有章法,要听哪本就哪本,伴随着妈妈的阅读声进入梦乡,我想要他的童年就这样度过。

最近我给佑宁买了一本一苇编写的《中国故事》,打算用中国传统民间故事喂养他的耳朵和心灵。《田螺姑娘》《聚宝盆》《牛郎织女》《范丹问佛》等,一则则深植于中国人灵魂深处、从远古时代继承来的民间故事，带着温暖有趣的文化基因，在他小小的心灵中种下一颗美好的种子。虽然现在的他还天真懵懂，一味只觉得好玩。我们的讲述刚刚从第一个故事《狗耕田》开始，这则故事已经反复讲了很多天，停滞不前，因为这第一篇就已经太好玩了。其中有个细节，勤劳的阿弟有一只会耕田的狗，被懒惰而贪心的阿哥借去耕田，却被心急的阿哥打死了。阿弟伤心地哭着把狗埋了，小小的坟茔上长出了一棵摇钱树，阿弟经过就落下金币银币。贪婪的阿哥听说了也去摇树，树上落下来的却是狗屎！每次听到这里，佑宁都乐得哈哈大笑。虽然有时候疲累难挡，但孩子的童年很短暂宝贵，为了这开怀的笑声，我想睡前故事一定要坚持下去。

妈　妈： 郑秋明，杭州纯真年代书吧助理，各类文学文艺沙龙繁花中的绿叶一枚，俩娃的妈。虽然生活"一地鸡毛"，但还是想在大娃哭小娃叫的尘埃里"开出花来"，热爱生活，热爱文艺，热爱花草自然。

孩　子： 王佑宁、王嘉乐，5岁和3岁的调皮小子，妈妈种花他们俩摘花，妈妈讲故事他们俩打架。

育儿理念 ～～～～～～～～～～～～～～～～～～～～～～～～～～～～～～～

在爱与美中慢慢长大，成为真正的自己。

88 你几岁，我就几岁

◎ 郑瑶洁

冬的喜悦

"亲爱的宝贝，今天是2014年11月24日，是西方国家盛行的感恩节，爸爸妈妈发现你已经来到我们身边48天啦！欢迎你，宝贝，我们爱你！"

"今天做B超听到你的心跳了，哈哈哈！医生说你有1.1厘米，真是好小哦！"

"现在是农历的龙年初一，我们全家守岁到凌晨，爸爸妈妈在这里给你写下新春的祝福：希望宝宝健康、聪明，顺顺利利地来到这个世界。"

"亲爱的宝贝，今天是特别有纪念意义的一天，爸爸妈妈第一次感受到胎动，右下腹凸出的小鼓包就如小鱼吹泡泡。"

"今天是正月十五，妈妈常规产检，医生说你够大挺正常，宝宝你真棒！现在向你汇报你的B超数据：年龄17周多，双顶径3.9厘米，股骨长2.3厘米，心搏规则，143次/分。"

"亲爱的宝贝，妈妈梦见你的样子了，眉毛清秀、眼睛明亮……"

"明天就是预产期了，可你还是没有动静。"

夏的燥热

焦躁不安的等待，一天一夜的艰难生产。壬辰龙年，夏日朝阳，"晨晨"来了。

科学喂养是必须的，于是乎，育儿书籍变成了床头读物，琐碎的喝奶量、睡眠时间和大小便次数变成了我们的大数据。然而孩子永远不会按照你的规律运行：奶粉需求量远远超出了书上的建议；"小喷泉"随时向四周洒水；哭闹时也不会在意是不是深夜。

2013年7月8日，我在日记中写道："儿子探索完床底世界，又研究起我的拖鞋。儿子未满周岁，却一直在努力学习和适应，在一定程度上，儿子是我的导师，让我重新感悟人之初的本能。"

春的脚步

《易经》有言："先迷后得。"慢慢地，我也梳理出了自己的育儿框架：一条警戒线，两块长短板，三个"知"（知人、知事、知己），四个"字"（平安、健康）。

他爸是软件工程师，非常热衷于陪晨晨玩，父子俩一起踢足球、做实验、玩游戏，总是没完没了，不亦乐乎。借此，我也常常大言不惭地发表高论："儿子，就应该爸爸多陪玩！""所谓父母，就是要各自发挥所长。"

那我这个妈妈又"随风潜入夜，润物细无声"般地做了些什么呢？我常常将一句话挂在嘴边："孩子自己想做的时候，就尽量让他自己做，千万别等孩子耍赖犯懒的时候再苦口婆心。"只要晨晨能做到的事情，我就鼓励他自己做：拿勺子，拉拉链，穿鞋子……晨晨不到2岁就会自己吃带鱼，略大点还要求边刺也自己处理，再大点儿就时不时地要偷懒啦！另外，我还特别喜欢给晨晨挑书买绘本，也喜欢给他念儿歌讲故事，作为一个以"教育"为职业的母亲总想在家也做点"教学活动"……

伴着春天的脚步，晨晨会说的话越来越多了……

爸爸问："世界是什么意思？"晨晨答："世界就是封面和封底。"

晨晨和妈妈一起走路，晨晨自言自语："妈妈走，我也走，我们大家一起走，走过小桥掉水里。"

妈妈给洗完澡的晨晨裹浴巾，晨晨说："谢谢保管我的人！谢谢保管我的人！"

晨晨不乖，姥姥有点生气。等她心情转好后，晨晨对姥姥说："太阳把我的眼泪晒干了。"

秋的色彩

"亲爱的晨晨，今天是你3岁的农历生日，感谢你来到我的生命里！千言万语，想说的太多太多……这一年，对妈妈来说很特别，而你也实现了自己的突破性成长，你会单脚跳、双脚跳，你会双脚交替上下楼梯，你会玩滑板车、骑自行车，你会说'我长大了'，你成了小小男子汉！"

与此同时，晨晨也越来越"立体"，犹如秋天的色彩：专注的时候是绿色的草地，安静、美好；奔跑的时候是彩色的落叶，肆意地随风飘扬、飘扬；伤心的时候是秋日丝雨，冰凉、透明……晨晨也越来越有自己的主见，有时会妥协，有时会坚持到底，有时喜欢剪纸折纸，有时喜欢做游戏做数学题。无论如何，我们都鲜活地存在着，有自己的喜怒哀乐和天马行空。

我和他爸也经常带晨晨出去玩，希望一家人有共同的五彩斑斓的足迹。我们一起坐重庆的长江索道，一次不够，再来一次。我们一起品尝各种美食，成都的辣，济南的甜，青岛的饺子，扬州的干丝。那武夷山的"大红袍"更是见证了小小男子汉爬"好汉坡"。我们一起漫步黄浦江边看世间繁华，我们一起坐大轮船看海鸥飞翔，我们一起自驾旅行偶遇冰雹。我们一起玩海水，大连的、日照的、青岛的、上海的……我们一起走过了许多地方，我们还会继续……

2016年10月，我这样写道："亲爱的宝贝，你几岁，我就几岁，春夏秋冬，我们一起慢慢长大……"

妈　妈：郑瑶洁，一个"孩子王"，总是和自己家的孩子、别人家的孩子在一起，最喜欢阅读和音乐。

孩　子：儿子王子谦，幼儿园在读，是一个哭起来有点响亮又挺爱笑的小男孩。

育儿理念

"育儿"即"育己"，春夏秋冬，我们一起慢慢长大……

89 无限真"意"在其中

◎ 钟玉霞

　　2009年春天，我的大女儿出生了，女儿由姥姥、姥爷、奶奶、爷爷四位老人帮忙照顾，一家人其乐融融。事业小有成就，家庭和睦，本以为会一直这样下去，但女儿的成长经历却改变了我的人生走向。

　　女儿入园的状况意想不到。孩子2岁半时被送去幼儿园上托班，开始时总是哭着喊着不肯去。过了两个月孩子不再哭闹，每天都按时去幼儿园，但是孩子却越来越不开心，胆子变得越来越小，遇到陌生人总往大人身后躲，原本活泼开朗爱说爱笑的宝贝有点往自闭的方向发展。每天抠手指，十根手指都是刀枪刺，作为妈妈我心急如焚，不知道该从何处下手！

　　决意辞职陪伴女儿成长。"三岁看大，七岁看老"，女儿的状况让我越来越担心，孩子的教育与成长问题让我不知何去何从。与爱人反复商量之后，我决定辞去工作回家带孩子。我不是教育科班出生，为了能给孩子更科学有效的教育，我报了中科院儿童心理学的在职研修班边学习边实践。通过系统的学习，我明白了想改变孩子，首先要改变自己。要学会全身心地接纳孩子，接纳孩子的感受，接纳孩子的缺点，接纳孩子的方方面面！

　　我果断地向幼儿园提出退学，亲自带女儿。每天白天我们到小区公园里玩沙子，到儿童游乐场与一些没有上幼儿园的小宝宝一起玩秋千滑滑梯，到江边的小水塘里捞蝌蚪捞小鱼，等等。晚上我们一起看书，一起洗漱，一起睡觉，每天睡前坚持给女儿讲半小时的故事。女儿睡熟后我继续学习，探索以何种方式和她交流，她才能听得懂而且喜欢听。刚开始我心里对自己是否用对方法没底，便先模拟，然后再一遍一遍地练习，一遍一遍地改进。每天早上我和女儿

一起起床，一起穿衣，一起洗漱，一起吃饭，一起做家务，刚开始我始终保持
与她同步，她慢我就慢，她快我就快，等她越来越熟练了便开始带她跟上我的
节奏，渐渐地，她的动作越来越快。很多事情只要跟她说好，她就能独立做得
很好，与小朋友相处也会很主动，很和谐，很快乐。女儿在潜移默化中发生了
巨大的变化，性格越来越活泼，胆子越来越大，每天都嘻嘻哈哈爱说爱笑了！

　　转眼间女儿到了上小学的年龄，开学后女儿果然轻松顺利地接受了小学的
集体生活。女儿具有非常强的独立能力和管理能力，在学校也是老师非常得力
的助手。女儿的变化，我看在眼里，喜在心里，再想到之前的种种付出终于见
到了成效，顿感无比欣慰，同时对母爱也有了更深的理解。

　　着意创办意尔易培训学校。女儿发生的这些变化让我联想到我的周边到底
有多少这样的孩子？他们得到及时的矫正了吗？为了让更多与我女儿类似的孩子
能够走出困境，健康快乐地成长，我决定自己创办一家教育培训学校，帮助家
长全身心接纳孩子，学会同步陪伴孩子全方位快乐成长。于是我在滨江区恒鑫
大厦二楼正式创办了意尔易培训学校。

　　经过几年风风雨雨的发展，意尔易的经营越来越好，这当中有许多坎坷，
更有许多欢乐。在意尔易的陪伴下，孩子变得活泼、乐观、爱学习；家长也非
常认同意尔易，并给予大力支持和肯定；同时意尔易也培养了一批热爱教育，
愿为教育付出的老师。为了能让这份爱传播得更广，我们一致同意在杭州市中
心地带庆春购书中心再开一家分校。

　　学校发展遇到意外困境。就在我们开始筹备分校的时候，我检测出怀孕
啦，惊喜来得太突然了，全家人都非常高兴！但没过多久，我又检测出胎盘前
置，孕期流血需要保胎，医生多次告诫随时可能出现大出血，一旦大出血，不
但胎儿难保，而且母亲也会非常危险。

　　感谢老天的眷顾和厚爱，让我又生了一个非常健康可爱的女儿。回顾孕期
发生的种种情况，我发现在自己最艰难的时候很多的爱回到了我身上，一起帮
我成长。在我最困难时，意尔易的所有老师也变得非常强大，在各自的岗位上
竭尽全力，非常感恩意尔易的所有老师，同时感谢爸爸、妈妈、公公、婆婆对

我的细心照顾，感谢爱人的体贴呵护！是你们让我深刻理解了友爱的力量、母爱的力量、父爱的力量、情爱的力量。这些爱的力量，是我人生的巨大财富。

对教育的情意愈加浓烈。女子本弱，为母则刚！孩子让我的内心变得越来越强大，爱让意尔易不断向前发展。不养儿不知父母恩，养育孩子的过程让我越来越感恩父母公婆。老吾老以及人之老，幼吾幼以及人之幼。亲爱的宝贝们，你们和意尔易一起成长，未来意尔易一定能帮到更多的小朋友、更多的爸爸妈妈、更多的爷爷奶奶！

妈　妈： 钟玉霞，女，毕业于化学工程专业，毕业后曾任职于某上市公司，现任意尔易培训学校校长。开办培训学校以来，具有教学和自主创业双重经历，是一名双师型教师。同时担任浙江省民办教育协会常务理事、杭州市服务业联合会常务理事。

孩　子： 大女儿若男，是一个阳光自信、充满活力的小学三年级学生。小女儿若童，是一个超可爱还没满1岁的小宝宝。

育儿理念 ～～～～～～～～～～～～～～～～～～～～～～～～～～～～～～

尊重孩子天性，培养孩子自信，激发孩子潜能，开发孩子天赋。

90　我们的小确幸

◎ 周圭

与三个娃相处，有时候孩子的简单，让人欣慰不已，感动不已，得意不已，仿佛这世界上最好的艺术品就出自我，也很好奇，像我这样懒惰的、都没什么优点的妈妈，怎么就有这些善良、勇敢、向上、阳光的孩子。只能说一切都是上天注定。

宝爸宝妈的育娃故事就比较随性了。YO宝排行老三，是被宠上天的公主。可能是因为YO宝刚生下来就被转院去浙江大学医学院附属儿童医院做全面体检，从里到外所有的检查都做了，整整一周的断舍离，当然最后的结果就是没毛病。二宝是个男孩，性格腼腆，乖巧懂事，虽然三宝没出生的时候他也是一个少主，但还是属于听话的孩子。老大虽然也是女孩，不过跟二宝的性格相反，不知道什么时候开始就把公主病戒了，三年级时把头发剪短，开始不穿裙子，爱运动，虽然内心还是个爱撒娇、爱黏人的公主，不过跟外面的表象已截然不同。就是这样的五口小家的日常还是够我乐的。

宝爸呢，爱喝点小酒。工作的原因，这家里的饭点总是赶不上。有天宝妈就带着YO宝去接在外喝小酒的宝爸，结果宝爸聊得正高兴，遂宝妈就要先把YO宝带回家睡觉，可是YO宝就一直要带宝爸回家，说她一个人坐车没有宝爸抱着会害怕。宝妈觉得奇怪，这平日里都是她自己一个人坐安全座椅的呀。把她在安全座椅上绑好后，我开始做思想工作，她回复"可是爸爸如果没有跟我们一起回家会喝老酒喝醉的，你要说我害怕，然后叫爸爸抱着我坐车的"。真是宝爸前世的小情人！现在宝爸已经不喝酒了，不知道是不是他们俩之间的小约定。也可能是YO宝列了帅哥排行榜，宝爸为了持续第一的地位而做的一点努力吧，爸爸第一，陈赫第二，第三第四第五之类的为娘已经不记得了，反正就这第一第二的品位为娘已经服气了。

YO宝与妈妈的小故事就比较多了，不过最近一则还是比较突出YO宝的性格的。冬日有暖阳的下午，妈妈坐在秋千上，YO宝在后面顶着一身汗，迈着稚嫩的脚步在给妈妈推秋千。"不要推了！不要推了！妈妈怕高，妈妈害怕。"妈妈急促的语气里夹杂着自嘲的笑声。"不要怕，你这么大个人了还要害怕，让别人听见你多难为情。"YO宝吃力地推着秋千，用肯定的语气安慰鼓励着妈妈，操场上回旋着妈妈自嘲、得意、开心、感动混在一起的笑声。

二宝由于性格乖巧就没有很逗趣的故事了，所以日常最多的事情就是宝妈的一味教育了："你是男孩子啊，大气一点好不好，要多照顾妹妹啊，这样以后才有女孩子喜欢你啊。""你是不是又在房间里绣花啦，跟我们一起出去骑个自行车啊。""你有没有女朋友啊？有没有女孩子喜欢你啊？你们班有没有人谈恋爱啊？"二宝就是很害羞的："妈妈——（音拖得很长的那种）没有啦！"二宝还经常从学校给妹妹带一些东西回来，比如看到很可爱的东西就会说是我妹妹要的。二宝还属于很正经的那种人，所以字写得也很正经，经常在学校里拿个"九宫格"之类的奖回来。

老大平日里就是比较逗了，不过逗得有些没正形，估计是随了宝妈。太过自由、平等的相处，她教育我的时候就更多了。今年年初开始就一本正经地跟我谈："妈妈，我觉得你应该出去工作，你这样脸皮太厚了，整天在家里蹭吃、蹭喝，无所事事，除了喝喝茶、唱唱歌、爬爬山，你就差遛遛狗了。没有狗还是因为你自己懒不喜欢养狗。你在爸爸这里骗吃骗喝骗钱还骗人。你还嫌这嫌那，你要知道爸爸是个男人，他是不会拒绝你的要求的。但是这样爸爸会压力很大的。""女儿是妈妈的小棉袄"这句话搁我们母女俩这里就不明显了。各种被嫌弃的伤害已经让我习惯了这种厚脸皮。平日里和她玩，宝爸是主角，放个风筝、打个球、骑个自行车、游个泳什么的，我被嫌弃体力跟不上他们的节奏；玩电子游戏时就更被嫌弃了，所以我就直接"被弃疗"了。三宝出生后的一段时间，宝爸就偏心了。有一次宝爸又给三宝添置了一个粉色旅行箱。老大说："爸爸，妹妹生出来以后你都不记得给我买东西了，我的心都碎了。"哈哈哈，原来她终究是个小女生，只是不敬畏我，不过没关系，我也是个女生，跟孩子一起成长的女生。

现代教育都说：母亲的高度，就是孩子的起跑线。我想借用一下龙应台的话，从妈妈的角度看孩子的世界，不难；难得的是妈妈会蹲下来，保持和孩子一样的高度看世界——我们是一样的生命，我们彼此尊重，我们一起成长。孩子的教养应该是有教无类的。

妈　妈： 周圭，自由职业，喜欢听音乐、喝茶、插花、看书。

孩　子： 大宝已经上初中了，善良，随和，能为他人着想。二宝在小学的最后阶段，耿直，自律，是个没长大的小男孩。小仙女还在幼儿园混，极其自律，自我要求很高，不管是学习，还是着装打扮，有典型的处女座强迫症。

育儿理念

让每个孩子随天赋舞动人生，我们能做的就是爱他们，然后尽力去创造好的生活环境和教育环境。

91 焉知鱼之乐

◎ 周惠珍

　　母子之间的美妙互动有许许多多个瞬间，而大多数已经化成滋养我们的情感，要以词达意好难。思来想去，就任自己犯一个母亲狭隘自负的错误，挑拣我自己最满意的成绩显摆一下，且携上几个温馨的片段。

　　我常说我和儿子是同修之人，需要陪伴互助，同样需要独处自救。当然孩子需要的帮助应该更多一些。有一回我问儿子："你为什么道理懂得一套又一套的，做起来却不是那么回事呢？"儿子指着脑袋说："这里长得太快。"然后指指心窝说："这里就慢了点。"儿子说得太对了，孩子不管多么聪明博学懂事，他就是一个孩子，父母要从孩子的角度包容和帮助他。

　　我们母子的相处是"一天之计在于晨"，我给他做点令人愉悦的早餐，然后轻轻叫醒他，我们一起享用早餐，送他上学（我宁可少睡一会儿，也一定要把自己梳洗打扮好），这已经成为我与儿子最好的时光，虽然短暂匆忙，但是，有时候他会向你求解昨日留在心中的疑惑，有时候他会送给你几个小秘密，有时候我们讨论饮食和健康，有时候甚至只是一个默默的吃饭的过程。我们也有自己独立的生活时间和空间。晚上回家，各自躲进自己的天地，他做作业、听音乐、看球赛，我写字、看书、喝茶。当然我会偷偷地监视他，毕竟少年任性。他有时也会轻轻地看我写字，见我差不多好了，就放点音乐，泡一壶茶，此刻你就不漏声色地准备好他跟你推心置腹吧，此刻倾听比教诲更重要。

　　我从不打算要我的孩子全盘继承我的三观，说实话，因为我觉得自己尚不健全。但是自从我开始憧憬养孩子时起，就有坚持的目标，我要带领我的孩子一起做快乐的人，因此我儿子就叫"鱼"，焉知鱼之乐。要快乐，首先要成为一个善良阳光的孩子，所以善良是我必须教导他的。

他长到6岁，我就开始断断续续带他参加公益活动，尤其他五六年级的时候几乎每周末都去做义工。有一次去给一个孤寡老人打扫卫生，一打开门，苍蝇扑面而来，臭气熏天，鱼戴上口罩默默地跟着大家忙进忙出，还跟老爷爷开玩笑"现在头发也理了，衣服也换了，家里也弄干净了，你好找个老伴了"。我笑着流眼泪了。儿子从来不拒绝参加活动，周末起早也不抱怨，活动中抢着干活，不嫌累不嫌脏，乐于省下零花钱用来捐助。今年，我们在贵州结对的孩子们的信来了，鱼读完后跟我说："妈妈，我上次没有问你要的两个月零花钱是给他们了吧？等我自己赚钱了，我还会继续做的。"我同样简单地用"好的"两个字回应他，即使内心万分激动。说到捐零花钱的事，我很欣慰他成熟了，当我第一次提到捐钱的时候，他很理性地跟我说，他乐意捐但不能全部捐掉。

善良的孩子，自然就懂得敬老爱幼。我奶奶去世前两年卧床不起，他每周日跟我去探望，会建议我给老人买什么食物，且必先在老人旁边陪一会儿再去玩。因为不和外公住在一起，节日里他会主动给外公打电话问候一下；给外婆过生日时，他提醒我也要给外公买礼物。家里老人都喜欢他，因为他总是见面就嘘寒问暖；家里弟弟妹妹也喜欢跟着给他们当马骑的鱼哥。

善良的孩子，自然就懂得谦让有礼。与小伙伴起冲突时，儿子最经典的一句话是"给他一个机会改正吧"。我也担心过他会变得软弱甚至不再分辨是非，"吃亏是福"，但吃的不是懦弱和愚昧的亏。直到有一天，他的老师跟我说鱼在球场上因抱不平跟人打架，我就放心了。

善良的孩子，自然阳光快乐。从小到大，老师换了又换，但他总是说老师是妈妈，小学的老师叫他阳光男孩，初中的班主任称他是暖男。

孩子的快乐还来于他的生存能力。最基本的是生活自理能力，能为自己或为家人做简单的三餐，能关注天气情况穿对衣服带对出行装备，能使用简单的劳动工具。有条件，就送他去远游，去历练。我明显感受到鱼多次出国游学的经历，让他变得大气，光凭这一点即使没有其他收获也已经够了。我还觉得健康是一个人快乐的源泉之一，所以我会灌输给他一些养生知识，这个是很多父母忽视的，他们只知道亲自为孩子调理身体，却忘了这个项目得交给孩子自己来做。

鱼的身心一直都在健康地成长，这是我的期盼和骄傲。作为父母，必须要有接受孩子平庸的肚量。我不是天才，我的孩子也不是天才。当身边的孩子都在上兴趣班和补习班的时候，我也曾动摇过，但是我太贪玩了，于是母子俩一拍即合。因为我始终相信，只要我的孩子身心健康，他就不会平庸。

妈　妈： 周惠珍，最喜欢的称谓是周老师，因为在中学语文教师的岗位上足足站了12年。现任职于政府机关。生活简单，梦想斑斓，书法和茶是主要的消遣。

孩　子： 侯铭轩，2002年出生的金牛座男孩，高大帅气的身板挡不住内心的天真阳光，是妈妈的贴心小草，还是优秀的公益小蚂蚁。

育儿理念 ～～～～～～～～～～～～～～～～～～～～～～～～～～～～～～

母子一场，同修一场，终能互以为傲。作为母亲，一辈子为儿师表，帮助他用善良和爱打好生命的底色，把属于他的空间交给他自己去尽情折腾。好母亲，是一幅黑白分明、刚柔并济、意趣盎然的书法作品，也是一杯幽香层叠、甘润典雅、莲开荷放的清茶。

92 亲子，让心有温度

◎ 周娇琴

　　每个孩童的成长都伴随着父母的焦灼与矛盾。冬时忧其寒，病时畏其苦。斥责孩子时，明知规则意识对人成长很重要，又心怀不忍；孩子随心所欲时，深知自由意志下的快乐是身心健康的保证，却又唯恐其贪图享乐，滋养惰性而少了勤勉；孩子挑灯夜读时，该喜其有求知欲，却忧会劳其身；深知挫折是一种人生必不可少的高贵的教育，可真让小孩陷于困境时，又唯恐其心灵受挫，进而自卑退缩。孩子的成长没有回头路，只有发现问题时及时修正。焦灼与矛盾的父母，没有一刻会松下肩头的责任和各种担忧。

　　而获得松心和宽慰的第一层次是：孩子能在规则之下，身心健康地独立管理好自己。这也是孩子懂得感恩回馈的第一层次。独立地洗脸刷牙，独立地脱衣安然睡下，独立地完成作业，独立地控制情绪，处理好力所能及的生活境况等。如孩子以高唱国歌的方式克服断电后独居一室时黑暗带来的恐惧，或断电后冷静地找到手电筒帮助大人接好保险丝，或能独自做好饭菜，或一句"放心吧，我能处理好，你做你的事去"。孩子怀着感恩之心，知晓管理好自己，就是宽慰父母的一种方式，做父母的怎能不愉悦？独立能力是父母送给子女最好的礼物，唯有各种境况下都能笑傲江湖的孩子，才不让父母操心。

　　感恩心灵的升华是懂得由爱自己，推己及人，转为施爱于家人。一个懂施爱的人，克服了自私，因而境界更宽广。毕淑敏说，一个不懂得爱的孩子，就像不会呼吸的鱼，出了家庭的水箱，在干燥的社会上，他不爱人，也不自爱，必将焦渴而死。我愿我的孩子是因宽厚和善为人而愉悦的人。而我也将沐浴在被爱的阳光中，享受爱的温暖。

如果将爱解释成呵护，随着孩子的成长，我经常可以领受到这种角色被转换，我被呵护的柔意。我病了，无力，一只小手伸过来，既小心又想用劲地握着我的手，牵着我走。进超市，见孩子默默地又忙碌地寻找什么，初以为寻找他自己想要之物，却不想递来一包糖，说是薄荷糖凉喉，可以消除妈妈的咽喉疼痛，瞬间才明白本是一路聒噪的小孩，今天坐在车位上却出奇安静，原来是以默默而出人意料的方式传递着对母亲的呵护。明明比我还矮许多，却喜欢伸手攀在我的肩头，还得意地笑道：“我和妈妈一样高了。”那肩膀传过来的温度，竟有我被爱护的幸福。

憋仄的世事，让成人世界刻板而无趣，孩子以其浑然不知的状态，自然而特有的方式，引领成人走入本就存在，却被远远抛弃的或温情或五彩斑斓的世界，从某种意义上说，这是一种心灵的救赎。这精神的获得，其意义层次远远高于感受亲情。

孩子不经意间发出的疑问经常是“天问”，叩击成人的心灵去重新反思生活。如“人变成机器会怎样”，纵观周围，多少人已是机器控。“妈妈，为什么天天有车祸”“我以后要发明不会撞死人的汽车”，试想生活中有多少灾祸不是人为的呢？

孩子爱亲近动物，于是我也随之感受到了前所未有的乐趣：红毛蜘蛛伸着带长毛的长脚，爬上手臂，黏黏的，痒痒的；小松鼠软乎乎的，温顺地在人手上蹭蹭、嗅嗅，过些天便自由地在屋顶直立身体，用晶亮的眼睛探人；蝴蝶犬初碰雪时的拿鼻试探，继而头拱，再而四脚欢快地在雪地弹跳。每每回想，忍俊不禁。孩子带领成人亲近自然与动物，重唤起心间的温情脉脉与慈爱，对习惯冷漠和猜忌的成人而言，这何尝不是一种福音？

有一抹绿叫万年青，身形亭亭，叶片盎然伸展，在圆柱形透明玻璃瓶里，以小石子铺底，清水相伴。喜欢这种纯净感，简单、自然、无遮拦，却耐品味。亲情路上，与孩子相伴，恰似此。

妈　　妈： 周娇琴，高中语文教师。喜欢摄影、电影、绘画、瑜伽等，善于发现各种美的形式，去接近，去追溯，去提高对美的感知力，增加文化的厚度。

孩　　子： 女儿悦悦，2003年出生，因为刚出生时睡梦中就会有笑意而得名。大名杨汝翼，希望她张开双翼，飞翔出自己的天地。个性独立，不撒娇，有时泼辣。喜欢阅读，绘漫画，写漫画剧。立志考美院，憧憬深造漫画电影业。儿子杨铭昊，2007年出生。个性纯良，憨厚，有点小羞怯。长得壮，人称"山豹"。不善写字，不会画画，善投篮，喜围棋，爱军事、战争、历史、自然纪录片，百看不厌。憧憬做狙击手。

育儿理念

　　孩子既然出世，做父母的就该学会高质量的陪伴，帮助孩子塑造好人格和能力，能悦纳缺失，能定位其人生选择。培育孩子的最高理想：在各种境况下他们都能笑傲江湖。

93 教会孩子自信地社交

◎ 周珺

孩子自从会独立行走之后，他就开始享受一个更大更自由的空间。这时候，孩子开始渐渐展示他的社交能力。有专家称，孩子1岁半以后，他的"自我中心"思维会逐渐向"社会化"思维转变，但是这个社会化思维表现在哪里呢？我想，这表现在孩子更强大的自我意识的出现吧。

模仿是孩子重要的生存技能

当孩子刚会独立行走时，你会发现他的模仿能力猛增。比如你在家里做任何事情，他都喜欢模仿和参与。如果你扫地，他会抢下扫把，自己扫地。如果你读报纸，他会抢过报纸，做出一副看报纸的样子。

如果你阻止他，认为他是个捣蛋鬼，那你是在扼杀他的存在感。如果你不阻止他，这又太浪费时间。有一次，我说："宝宝，让妈妈先扫地好吗？妈妈扫完后，宝宝再扫一次，检查一下妈妈有没有扫干净，好不好？"没想到Toni居然同意了。等你把扫把主动交给孩子，他不仅表现得很懂事，也很自信。

原来，家长不破坏孩子的参与，就是在培养孩子的社交能力。如果你做的事情有危险，或者你很忙，可以派给孩子做另一件"零活"，绝对不要打击他模仿你的积极性。生活中，参与和帮忙，是一种重要的社交技能。而模仿更是一种强大的生存技能，孩子学会的速度越快，对他日后的成长越是益处多多。

孩子和其他小朋友在一起的时候，特别喜欢模仿比他年纪大的孩子。有一次，有个小姐姐主动拉Toni的手，两个孩子手拉手走来走去。他觉得很有趣。大人在边上也大声叫好。很快，他就主动去拉其他小朋友的手，非常喜欢这种手拉手走来走去的游戏。

安全感是孩子社交能力的基础

初次带孩子到户外玩，孩子会特别黏人，动不动就要妈妈抱，抱起来就不肯下来。妈妈只要抱着孩子，给足满满的爱，孩子就会安静下来。只有妈妈给予孩子更多的关爱和安全感，孩子才能更好地去面对外部世界。安全感是孩子发展社交能力的重要力量来源。

在孩子的社交初期，妈妈要紧跟孩子，不停地鼓励和肯定孩子。只要孩子进入小朋友圈子，和同伴已经玩成一片的时候，妈妈就要和孩子保持适当距离，不要让孩子的视线老聚焦在妈妈身上。只有给孩子充分的个人空间，让他按照自己的方式跟小朋友玩耍，才能培养出他自己的社交能力。如果爸爸妈妈在场，距离太近，即使不说话，也会有干预，孩子会习惯性地只和爸爸妈妈玩，那么外出社交的意义就丧失了。

让孩子在户外完成更多的任务

到了陌生环境，孩子常常会胆怯被动，喜欢独自玩耍，或者只和家人玩耍。Toni是家里的独苗，加上居住的楼层较高，到户外玩的次数太少，所以显得特别内向，不合群。

他坐在手推车上，把解开的搭扣再扣上，以示拒绝合群。我为了让Toni自己爬下手推车，故意离开。虽然和小朋友们在一起，但他还是不肯离开手推车。后来我给他换了尿布，要求他把尿布扔到垃圾桶里去。这是Toni常做的家务事，一听到我这个命令，他习惯性地爬下手推车。我带他走向垃圾桶，他很自信地扔掉尿布。这时候，边上的行人都在夸他，Toni顿时变得自信起来，开始主动到小朋友中间玩。

原来，指派孩子在户外完成任务，是孩子对陌生环境的破冰术。之后，每当我带Toni去陌生的地方，都会指派他完成一些任务。比如帮妈妈扔垃圾；帮妈妈照顾别的小弟弟，别让小弟弟跑到人行道上去；到公园对面捡片叶子回来。诸如此类任务，Toni完成后，我都会大声称赞，于是Toni会挺着胸脯，自信满满地进入小朋友的圈子。

和大人分享能增强孩子的社交自信心

在家里，妈妈通常都会鼓励孩子把食物分给其他家人，有时候妈妈不妨让孩子分享的领域更广泛一些。比如让孩子戴爸爸的围巾，让外婆玩孩子的电动车。要让孩子习惯与家人玩"分享"的游戏，这样，孩子在和其他小朋友一起的时候，会表现得更加积极主动。

陪伴孩子到户外玩时，妈妈可以让孩子带件玩具，和其他小朋友互换玩具玩，也可以让他把带的食物分享给其他小朋友。妈妈尽量引导孩子告诉其他小朋友，这是什么玩具，这是什么食物，如何玩，怎么吃，等等，让孩子与其他小朋友的互动有更多内容。这也是有意识地在培养孩子的语言交流能力。

除了与其他小朋友的社交分享，妈妈还可以多带孩子进入大人的社交圈子，鼓励孩子与"大朋友"进行"分享"，也能增强孩子的社交自信心。我发现Toni得到叔叔阿姨们的夸赞之后，会受到莫大的鼓舞，自信心大增。等他再和小朋友一起玩时，他会更加积极主动地去交往。

妈　妈: 周珺，杭州人，媒体工作人员，国家二级作家，出版过多部长篇小说、人物传记和报告文学等。

孩　子: 周恩光（Toni），男，2015年生，性格开朗活泼。妈妈撰写此文时，孩子1岁多。

育儿理念

孩子有自己的理解和表达，作为一个带有惯性思维的家长，我并不确定自己的教育方式是否最好，但我想，能让孩子保持纯真、快乐、开朗，就是有效的方式吧。

94 让阅读成为孩子最美的姿态

◎ 周敏华

　　我一直认为一个人最迷人、最值得赞美，也是最经得起审美的一个姿态，是阅读！我认为一个人坐在那里阅读的姿态可能是世界上最美的姿态，不论是坐在桌子前，还是很休闲地躺在床上，甚至是坐在厕所里，都是人世间最优雅的姿态。

——曹文轩

　　孩子进入小学后的第一年，当很多妈妈都在迷茫、忙碌、不安、无助的时候，我可以坦然地说："我没有，那一年我很轻松！"儿子在新书发下来以后就开始津津有味地阅读，他的识字量和阅读能力，应付小学低年段的课文绰绰有余，连孩子的班主任都夸赞我"孩子的学前教育真的很成功"。这样说倒不是炫耀自己花了多少时间在孩子的教育上，其实是很遗憾的，孩子求知欲最旺盛的那几年，我在学校里起早摸黑地做班主任，然后是家中老母一场大病，把我们的所有精力和关注度转移了，孩子就在这样的夹缝中成长了。慢慢地，他学会了自己阅读，喜欢不时地问我们一些问题，或者也曾试图和我们探讨过什么，记忆已经不那么深刻了，孩子就在我们的忽视中，学会了自己阅读。

　　三年的时间，能让一个孩子摆脱幼稚走向成熟和理性的，只有阅读，阅读是最佳的手段。周末的家，总是很安静，孩子经常会在自己房间或是客厅书架旁，安静地看书，看得高兴了，一定还会呼唤我们和他一起分享。

　　在孩子的阅读中，我一直在思考我做了什么值得我拿来炫耀？或是作为经验总结，教给孩子的表弟表妹？在孩子还只有2岁的时候，或者更早，我就开始给他读书，读童话故事，有人说"讲"故事（用自己的话说故事内容的方式）可能孩子更能接受，我倒是认为，那时候孩子理解力有限，他更多的是去感受文字，而不是理解文字，因此书面的语言更加规范和流畅，更能形成一种听觉上的美感。

印象很深刻的一件事情，同同3岁左右，那段时间他反复要我给他读一篇童话《狼和七只小羊的故事》，每次我说给他讲故事，他只要听这个故事，这样的情况大概持续了一周，有一天他在我们的"怂恿"下给我们讲故事，讲的故事就是之前我给他讲的《狼和七只小羊的故事》，故事很长，他居然一字不差的全部背下来了，当时让我们大家都很吃惊。事后想想，他只是单纯把这些文字的顺序记住了，如果我是用自己的话讲述的，反而会造成故事的缺憾，所以我觉得孩子在小的时候给他讲故事还是不要选择"用自己的话讲"。

等孩子到了四五岁时候，自然就会反抗。那时候我每天临睡前都要很痛苦地胡编乱造，因为孩子不再喜欢书上程式化的故事了，他喜欢天马行空的想象世界。有时候我太困了，我的故事可能是前后矛盾的，或是前言不搭后语，但孩子只觉得这个世界太奇妙了。

再后来，孩子学会自己阅读了，我所做的就是买书。我认为孩子的书籍要丰富，一般孩子小的时候总是喜欢一些百科知识，这是他们认识探究世界的开始，所以我准备了一些诸如《美国国家地理——少儿版百科知识》《自然图鉴》《启发DO科学》之类的书。这都是一些很有价值的书，一开始他很多字不认识，但是看看图片也是一种享受。我认为很长一段时间孩子都可以反复阅读这些书，一定也能从中获得很多有意义的知识和感受。

关于绘本，我听说得很早，但是真正给孩子阅读的时间稍晚了一些，我买了很多经典的绘本，如《我爸爸》《我妈妈》《小黑鱼》《再见，小兔子》等。由于孩子接触这些书已经在他读中班以后，阅读这些书就变得很轻松，很随意了，而我也没能真正地和孩子共同分享这些书，这是很大的遗憾，我觉得孩子两三岁就可以看此类书籍了。

进入大班以后，孩子的书籍变得更加丰富多彩，而我的任务除了继续提供一些我认为有价值的书，如《成语故事》《十万个为什么》《中国神话故事》《希腊神话故事》《西顿动物小说选》《手斧男孩》《法布尔昆虫记》，也会买一些孩子们在热传的书，如《绝对小孩》，同同一样看得津津有味。

　　我想孩子最需要的还是和爸爸妈妈一起分享阅读的快乐，这点我做得太不够了，就以这篇文章来回顾我儿子幼年时代的读书经历吧。如果有人与我有一样的感受，于我而言也算是一种慰藉吧。

妈　妈：周敏华，一名平凡、平庸的中年中学高级教师。没有轰轰烈烈的教育教学事迹，只想在"这太阳底下最光辉"的岗位上，勤勤恳恳成为一名普通教师，安静教书，从容生活。

孩　子：一个阳光好学，多才多艺的小男孩，现在正处于青春别扭期。

育儿理念

　　坚持阅读，把阅读当作是人生最大的兴趣爱好，一直是我想灌输给孩子的。从绘本，到漫画，到童话，到小说，到英文名著阅读，每一步走来，都能欣喜地看到孩子从字里行间，从侃侃而谈中随带的自信与从容，这也许是我给孩子最好的礼物。

95 邈与墨

◎ 周涌涌

早晨来到茶馆，焚了香，开了音响，浇了花，温一壶茶，拿起手中的书，这就是我一直期待的生活。

邈墨茶馆，室内是先生和我设计的，我喜欢这样娴静、惬意的生活。里面的陈设摆件也是我们去不同的地方淘来的，每个物件有着自己的历史和故事。

茶馆的名字，是源于我们的两个女儿，一个叫邈，一个叫墨，同时邈是长远，墨是沉稳，希望我们的茶馆持久安稳。邈与墨，我们现在力所能及地、尽量多地坚持带她们去旅游，去户外，珍惜这看似渺小的每一个瞬间，我们能给予最多的是陪伴。邈墨茶馆也一样，我们坚持和给予自认为不错的陪伴，慢慢地一起见证着他们的成长……

作为母亲，我给予了家庭全部的情感，这种全部换回了我自己的完整，让我自己的世界不那么慌张和无所适从，同时我的一切也影响着我的孩子，她们对事物充满着好奇与期待。

玩是孩子认识一切事物的最本质的源头，在玩中寻找兴趣，在玩中体会约束与规矩，在玩中学会敬畏。有了规矩就有了边界，即是所谓的教养。在我们的道德和行为底线的前提下，我们鼓励邈和墨可以大胆地去玩，给予她们最大限度的个性成长空间，她们就会对事物产生兴趣，有了兴趣就可以启发自觉。邈和墨从小趴在地上看蚂蚁，趴在小溪边玩水，光着膀子在钱塘江的浅滩里玩泥巴、捉螃蟹。她们在商场的喷泉水池里玩水，衣服脏了，湿了，光着膀子在商场里高兴地奔跑，很多人围观，我带着她们直接去买了衣服。邈现在大一些，知道害羞了，不会在人面前光膀子了。孩子在每个年龄段都有她的特定行为和可爱之处，我们也适应和跟随着她们不断地成长与变化。在家里，先生是制定规则的人，不管是谁，做错了，必须道歉，把事情原委都要讲清楚，作为父母，有时候也会犯错，我们也会向邈和墨道歉。我们给予空间，放得开，但必须要有规矩。

我们希望看到的是她们的思维方式，而非技能。就像狮子，母狮在生下幼狮时，幼狮们在打闹、玩耍、撕咬中慢慢长大，等到该学捕猎的时候，母狮先是让幼狮们观看，这是身教；带上幼狮一起捕猎，学会的不是抓一只羊的技能，而是面对不同动物自己要做出的不同策略；当开始吃捕食到的猎物时，按照次序，先是公狮，再是母狮，接着是幼狮，这就是规矩。我们希望的是她们以后能拥有获得幸福的能力，能够对变化的事物有适应力。

春天，我们带着她们在洱海边，躺着晒太阳，对下一站的旅程充满期待。初夏，我们会去山里游泳，山水很冷，可还是抑制不住地兴奋。秋天，我们会带着邈逃课半日，去大自然里搭帐篷、捉鱼、烧烤，享受着大自然给予的神奇。冬天我们去河里踩冰，邈和墨的脸冻得发紫，可还是高兴地踩雪踩冰。平淡的生活很美好，在她们心中播下美好的种子，她们的眼界就会变得开阔。发现美好的心，将成为她们内隐的成长资源。

邈从母体带出来的性格偏外向，邈很黏人。墨从母体带出来的性格偏内向，墨很独立。在云南8天的旅程，两姐妹都在一起。墨在很有安全感时都要欺负姐姐，在觉得周边充满着不确定因素时就抱紧姐姐。邈很疼墨，墨再怎么欺负邈，只要墨对着邈说："姐姐，爱你！"邈就笑颜大开了，这也是邈的性格，很柔软，墨打她了，她不会打回去，只会告诉大人，有时我也会叫邈打回去。墨的性格很强硬，自己力所能及的事情从来不叫大人帮忙，想做成什么尽力默默去做，受到不称心的待遇就立即反击。8天的旅游，邈和墨基本上很独立，吃饭走路等都自己解决，对任何去的地方充满兴趣和期待。墨受邈的影响很大，邈的成长直接影响着墨，墨的言行举止都会跟着邈。爷爷奶奶也会带着邈和墨去旅游，自驾，游轮，海边，墨每到一个新的地点就说到一个新家，在一个全然不同的地方，她的小脑袋瓜一直在探求新的领域。

茶馆离家很近，每天邀和墨都会来茶馆，茶馆有只猫叫乌拉，邀很怕乌拉，墨是跟着姐姐一起怕乌拉（墨其实是不怕的），可是邀和墨却享受着这种害怕，看乌拉吃饭、喝水、睡觉。茶馆还有个景观水池，里面养着花草和金鱼，墨很喜欢去看鱼喂鱼，和鱼说话与游戏。邀和墨很喜欢在茶馆里，或玩或跑或安静地喝茶，邀每次会很自豪地介绍茶馆："茶馆是我和妹妹的名字，我叫邀，妹妹叫墨。"邀墨茶馆，希望我们的茶馆能够成为一种精神与标识，邀与墨喜欢的话，希望以后它也能成为邀与墨的茶馆，这是一件很美好的事。

妈　妈：周涌涌，邀与墨的妈妈，从事建筑设计，全职带墨到1岁半，之后就开了邀墨茶馆。和从事的专业有关，茶馆是自己设计的，平时喜欢带着邀与墨旅游。

孩　子：邀与墨。

育儿理念 〰〰〰〰〰〰〰〰〰〰〰〰〰〰〰〰〰〰〰〰〰〰〰〰〰〰〰〰〰〰〰〰〰〰〰〰

给予孩子们充分处理事件的权力，一般不去过多理会与评判，让孩子们增进彼此之间的感情。

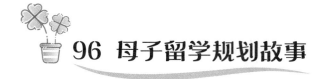

96 母子留学规划故事

◎ 朱丹

我的儿子P于2013年入读加州大学伯克利分校，这之前，他在北京市海淀区101中学接受了六年的传统教育。他的留学准备，是从初一开始的。

练就"有质量"的口语

我总结P的英语学习，他的起步阶段属于生存式英语学习。

球场是一个特殊的环境，他是一下子被扔到国际学校的冰球队里的，听不懂、说不出，他在球队里就无法生存。但是孩子们在球场上，谈话的语境还是很有限的。于是，我和P共同努力去拓宽话题的种类。

P在球队里努力交朋友，我在场下结识家长，母子两个都挺忙活。用了这样的方法，我们不再像P刚刚加入球队时那么"特别"了。场上的中国后卫，场下的中国妈妈，跟这群国际学校的队员和家庭逐渐融合。P经常被邀请去队友家里玩，在夏天参加烧烤活动，在队友生日时参加生日聚会，在万圣节和队友们相约去整蛊搞怪，我帮助孩子们化妆……在冰场之外，我们玩得同样开心。

所谓"拳不离手，曲不离口"。P沉浸在这样的语言环境里，这个环境从冰场延展到场外，话题越来越宽泛，语言的质量自然随之提高。

层层递进的暑假安排

斯坦福的两个暑期课程：

第一个课程是A+ Summer School（夏季学校），是为学有余力的美国学生开设的深化课程。我希望P在这个课程中了解美国同龄学生的学术水平，了解美国中学生的课堂学习方式，看看自己的英语能力是不是足以应付同龄美国学生的课堂学习。

第二个课程是Public Speaking（公众演讲），学习批判性思维和辩论的方法。令我意外的是，P作为一个母语非英语的学生，在三场辩论中居然赢过一场。我看过他带回来的辩论提纲，确切地说是小纸条，上面论点、论据写得密密麻麻的。P后来跟我说，为了做足准备，他按老师的要求阅读了很多参考资料，读得没本地孩子快，就熬夜读。每次辩论的前一天，他都和搭档准备到凌晨三四点才睡，准备各种应对方案，累得快"吐血"了。

在斯坦福，P爱上了飞盘。后来，他在自己创办的KanKan Sports项目中，也加入了极限飞盘项目。

P终于平安地从斯坦福归来。我用四个字形容他——眉飞色舞，哦，还有——口若悬河。我要他总结一下这个假期，他也回答我四个字——激情、自由，还有一个宣言："我要去美国读大学！"

融入社会、传承文化

新闻里说，九门小吃的老字号撤店了，也许是因为九门商业运作的问题，也许因为是老字号自身的经营问题，也许是因为消费观念变化了……传统手艺正渐渐从人们视线中消失，P觉得真可惜！我发现了他的这些感想以后，就设计了一个"学习小吃制作，留住老北京味道"的活动。

我找到的是杜振阳师傅，他是老北京小吃传人，在西城区就业中心开办了小吃班，专门帮助下岗工人再就业。培训班里都是老阿姨。每次上课大家除了看杜老师演示就是围观P。她们觉得太搞笑了，这么个毛头小子来凑什么热闹？ P呢，见了谁都彬彬有礼，都是长辈啊！几次下来，他学会了做豌豆黄、炸排叉、烤黄金酥。在小吃班的另类收获，就是见识到了各色人物，弥补了没住过大杂院的不足。这里锅碗瓢盆，家长里短，人情冷暖，五味杂陈。原始的手工制作过程，不紧不慢的精工细作，还能让人体味到一种生活哲学。大杂院里的长辈们也跟P学会了怎么和孙辈相处。可惜后来P实在是没时间再去。

中学生需要接触一些"烟火气"。申请大学的时候，这段经历也被巧妙地写入了P的申请文书中。

专业方向的探索

P从初中起就有"生物情结"。101的生物小组曾探索南极，当年轰动一时。

那时P爱上了金鱼，写过一篇关于鱼鳍的小论文，论述鱼如何运用鳍自由游弋。高一的时候P正式提出以后要学生物。

我们就拜了中国科学院植物研究所的研究员童哲老师为师。跟着他上植物的组织培养课程。那段时间，P的卧室窗台上摆了一溜儿的烧杯，每个杯里都有绿萝的叶子。他在按照童老师的指导做实验，每天要观察和记录。我则要按照P列的单子采购必备用品。一个学期下来，P掌握了组织培养的基本原理，还在童老师的指导下完成了对绿萝叶子的实验。实验结束以后，P宣布了一个决定：他发现自己并不是"那么"热爱生物，明确了以后不会报考生物专业。

以开放的心态去探索自己的兴趣，不强迫这种探索非要达到什么必然的结果，这才称得上是放手。在合适的时候，给他一根手指般的小小推力，既推动他成长，又会让孩子觉得舒适。

妈　妈：朱丹，大学时主修西方财务，1995年在零售领域创业。2007年进入留学咨询行业。乐于挑战，兴趣广泛，对生活充满激情。

孩　子：丛沛恩，毕业于加州大学伯克利分校环境经济专业。

育 儿 理 念 ───────────────

家庭教育的关键在于顺势而为。这依赖于长期规划和有效执行。孩子的成长过程即完善自我认知的过程。培养孩子的创新思维、独立思考能力和沟通合作能力。

97 和旦兄聊天

◎ 朱慧琴

旦旦是我10岁的儿子，因为在元旦出生，所以小名顺便就叫了旦旦，而我常戏称他为旦兄。每晚睡觉前与旦兄的聊天仿佛是我们之间的一种仪式，有时聊他的校园生活，有时聊一本书，有时聊人生与哲学，天南地北，海阔天空。这样的对话竟然生出了很多有趣的教育意味来。

快与慢

晚上是最适合读诗的时间，读完一首美美的诗，再静静地睡。

"旦兄，我们一起来读木心的《从前慢》吧。"

"妈妈，锁了是什么意思呀？是死了吗？"

糟了，旦兄又开始发问了。

"应该是心门锁了的意思吧。"我突然觉得也许旦兄的理解也可以。

"哦，妈妈，我知道了，以前是马车，所以很慢，现在是高铁、飞机。"

"嗯，这首诗让妈妈想起小时候交笔友的事。"

"什么是笔友啊？"

"就是几个朋友之间相互通信，那时候，我们不在一个学校，一封信寄出，就热切地等待对方的回信，通常要一两周的时间。那种等信的感觉现在回想起来十分美好。你们这一代真可怜，都没有收到过手写的信吧？"

"我只收到过圣诞老人的回信，不过现在我知道那回信肯定是你写的，对不对？"

"哈哈，当然是圣诞老人亲自写的啦。不过，你们现在有电子邮件，快得很，马上就能收到，不像我们以前，要漫长地等待。"

"嗯，妈妈，你不是说过任何事情都有两面性吗？也许，快和慢各有好处。"

"是啊，可也许因为我老了，我越来越怀念慢的日子。每天忙忙碌碌，行色匆匆，总感觉好像丢了什么，体会不到生活的美好。你还记得我们一起看的朱赢椿在一席的演讲《慢慢慢下来》吗？"

"嗯，记得，妈妈，他还在自己的住处插了一块'慢'的牌子。"

"我真羡慕他呢！他有很多时间，可以喝茶，弹琴，发呆，观察蚂蚁、蝴蝶、小虫子等各种小动物。这些貌似悠闲或者说无用的时光，倒给作为设计师的他带来很多启发。你看他的书《蜗牛慢吞吞》中的小蜗牛，多优雅地爬行。也许生活该慢一点，才能有艺术，才能发现美。"

"可是，妈妈，你每天不都是催我快一点快一点吗？"

"那是因为你实在太慢了。"

"所有的妈妈都爱催孩子，可是你不知道，越催越慢。你不是给我读过《牵一只蜗牛去散步》吗？上帝说我也是一只蜗牛，你怎么就不欣赏我的慢呢？"

"哦，好吧，对不起，是妈妈的修行不够，妈妈努力吧。"

圆与方

"圆形和方形分别给你什么感觉？"我问。

"我觉得圆嘛，很光滑，攻击力不强；方形嘛，方方正正的，攻击力要强一点。"（喜欢玩游戏的旦儿，满脑子都是什么攻击与防守。）

"你的感觉挺对呀。"我开始"说教"了，"这外圆内方嘛，我的理解是，待人要柔软，内心要正直，有原则。当然，比较庸俗的解释也会说处世要圆滑，但我不喜欢，我更愿意理解为智慧。我想，一个人很圆滑世故，也许他自己也不一定开心。真诚做人，最轻松也最快乐。"

我又问："你再想想还有什么东西也是外圆内方的？我提示一下，一种钱币。"

"铜钱！"旦兄马上想到了，还补充说，"这铜钱里面也有正直的观念。"

"是的，铜钱很好地体现了中国天圆地方的宇宙观和外圆内方的处世观。古人认为，宇宙是圆的，如大伞，地是方形的，像棋盘。所以这种方圆的思想也被大量运用到古代造物上。比如，建筑中有很多圆与方，四合院呀，四四方方的。还有前段时间我们去松阳古村落看到的老房子的天井，也是方方的，以及圆的和方的窗户，透过这形状望去，就是一幅绝美的画。"

"对的，对的，妈妈，我想起来了，上次你还拍了很多窗里窗外的景色，简直是大片呢！"

"去过北京，那就更了解建筑中的圆与方了，比如你去过的鸟巢与水立方，你没去过的天坛和地坛。如果感兴趣，可以找一些资料和纪录片看看。还有，古代的城市往往被称为'城池'，是由城和池（护城河）组成，城在内，多为方形，池在外，多为圆形。我们的汉字，也被称为方块字，你看以前的很多印章，也大多是方形的。平时多观察和思考，肯定能找到很多很多的例子。"我搜肠刮肚，把我知道的都用上了。

"嗯，还真的很多呢。"旦兄感慨。

妈　妈：朱慧琴，虽然是一个公务员，主要从事青少年思想政治教育工作，但是保有一颗童心，喜欢阅读、美食、旅行、亲近自然，喜欢一切跨界和好玩的东西。既忧国忧民又关心草木虫鱼，平时也常做做美食，写写文章。

孩　子：儿子张天择，11岁，阳光活泼，元旦出生，所以小名叫旦旦。

育儿理念

父母要有定力，和孩子一起成长。生活即教育。教育的最终目标是激发孩子的内在原生动力，实现自我教育。

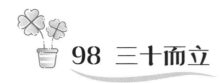

98 三十而立

◎ 朱锦绣

这三天是高考的日子。

想起2005年5月12日美国BPJ诗刊主编John和妻子Ann来书吧看望我们时，聊起盛厦谈恋爱多少会影响高考的情况，他们俩问我孩子开心和高考成功哪个更重要。因为他们俩从1987年开始就作为美国富布莱特学者来中国高校教学，深知高考对中国家庭的重要性。我说："成功的孩子未必开心，但是开心的孩子将来会成功。"

实际上，周围的人都替盛厦担心，连我老母亲都抱怨我们不加劝阻。我的小姐妹定真直截了当地说我："锦绣，你怎么拎不灵清啊。"

我说："你们才拎不灵清呢。他又不是电视机，可以打开这个频道，关掉那个频道。孩子身体发育了，情感也是同步发育的。喜欢女生，性取向正常啊。他又没有错。错在我们这个考试制度啊。再说，他是介于读重点大学和普通大学之间，又不是有得读和没得读之间。我想整个杭州市高考生中可能只有他最开心了，每天是唱着歌去学校的，因为有女生在那等他啊。"

后来高考成绩出来了。我发短信告诉关心又不便过问的亲朋好友：盛厦成绩出来了，只比一本线高出43分。但是我们一家三口还是满意这个结果的。因为别的孩子过的是沉重压抑的三年，他却是轻松快乐的三年，顺带还尝到了初恋的甜蜜滋味。

而后是选择学校，是重点大学普通班还是普通大学重点班？我们一家没有多少纠结就选择了后者，因为选择不喜欢的专业去学，那会是一件很痛苦的事情，是吧？他进入了浙江工商大学章乃器学院就学，我的同事问我："朱老师，你为什么让厦厦压力还这样大啊？"他们指的是这个学院实行淘汰制，每学期有10%的学生出局。

我说："没有啊。他从小玩到大，到了大学有点压力也是可以的。再说他如果从这个学院'出局'，还可以选择别的学院继续读啊。"

"你只要比倒数第八名高一点，不被夹住尾巴就行了。"我对孩子说。当时他们一个年级有70名学生。

有一次，他有门成绩因为电脑故障分数少了20分，在这个淘汰制的学制里，学分还是很关键的。一位在那任教的朋友告诉我情况属实，我就让孩子去教务处申请改正。但是隔一天那朋友告诉我，这成绩已经上报到教务处了，如果改过来的话，就变成教学事故了。那晚，我坐公交车到下沙校区找盛厦谈心：我们不能只顾自己而不顾别人，如果一定要去改正的话，不单单影响那个考官，更会影响我的朋友和同事、学院的关系。少了这20分，影响你的可能是能否早点选专业（他们学院前两年是基础强化学习，到第三年选专业），并不会严重到要离开大学。

孩子同意了。

到了第三学年，没有淘汰要求了，我发了条短信给他：热烈祝贺盛厦同学顺利留学章乃器学院！

还记得盛厦开始读小学的那个夏天，我们从翠苑小区的中套房子搬到了古荡小区的大套房子，当时我们可以去读求是小学或者学军小学，但是我和他爸爸商量后的结果是：就近读书。我们认为不一定非要到最好的小学去读，而且好学校也不一定都是优秀的教师。优秀的教师不仅仅是教好书，更要赋予孩子学习的快乐和终身的自信。小学阶段最主要的是养成良好的学习习惯。事实证明我们这样的选择是明智的，孩子凭空就比远途就学的孩子多出了休息时间和玩耍时间。

小学四年级，又听到他们要换班主任，换来的是益乐小学代课的李萍老师。家长们知道后让我和他们一起去校长那里要求换老师。那天孩子身体不舒服，我便到他的教室门口张望，正听到李老师用甜美温婉的语调和学生交流：

"我是李老师。李老师对大家的学习情况还不大了解，但是在李老师眼里你们都是爱学习求上进的学生，希望我们大家通过努力，期末时我们每个人的学习成绩都有很大的提高……"

我回到学校的接待室和其他家长们说，我们应该觉得庆幸，我们的孩子有一位有爱心的老师做他们的班主任。

孩子读高中了，第一次家长会我便与他的班主任姚琦老师商量，我说他连中考也没有停止玩网络游戏，可否在不影响学习的情况下，允许他继续他的兴趣爱好，因为我们也不想在家长联系本上和孩子一起欺瞒老师。数学专业毕业的姚老师很开明，她说网游其实也是可以锻炼孩子智力的。孩子在高中期间成绩直线上升，学校里还要他介绍学习经验，孩子问我："我有什么经验可以介绍的呢，总不至于说玩网络游戏有助于提高学习成绩吧？"我说："不妨实话实说啊，你的情况也可以给老师同学提供一个个案参考啊。"他后来说得很巧妙："每个人有适合自己的学习方式，也许适合我的不一定就适合你。"

他看到好的东西就会想到妈妈。逛街时看到一件轻软的薄棉衣，便发我照片，还让店家穿在身上比画大小视频直播给我看。买了带回来给我穿上，果真是我的风格！配上朋友送我的大围巾，美美的，我的心里也是美滋滋的。

现在，他30岁了，看着他气定神闲地管理着书吧，我内心是安宁的，也是欣慰的。

妈　妈：朱锦绣，杭州纯真年代书吧女主人。

孩　子：盛厦，30岁，已成长为杭州纯真年代书吧少主人。

育儿理念 ~~~~~~

成功的孩子未必开心，但是开心的孩子将来会成功。

99 成长中的春夏秋冬

◎ 朱丽雅

　　那一年那一天我的生命中多了一个你。4745个日子，是多少个春夏秋冬？无数个场景都珍藏在心田。

　　初为菜鸟妈妈时，我的随身记录本上不再是诗和画，悄然变成了你每天的吃喝拉撒。记得你1岁左右，我下班进家门刚把你抱住，就立马感觉到了你超常的温度，而家里的保姆阿姨却浑然不知，顿时心疼得簌然泪下。小小孩的成长中有多少个让妈妈提心吊胆的不眠之夜呢？还好，幼小的你也可能知道体谅妈妈，很庆幸这样的日子不算多。那时候不管上班多疲惫，回到家的头等大事就是陪你玩，陪伴你坐立行走、牙牙学语，感受你点点滴滴的变化。亲自给你制作各种食品，希望你尽量吃得健康、丰富、营养。你一天天长大，家里的世界已不能满足你日益增长的好奇心，于是就决定早点送你上幼儿园。

　　第一天送你上小小班时，我躲在窗外，周围的孩子们哭成一片，而你却不动声色地张望着，望了一会儿小眼睛里也含了泪花，却只打了个转没有流下。没想到你这么平静地就适应了人生最初的陌生和变化。我是妈妈，也是你上的幼儿园里其他班级的一位老师，那时在幼儿园里遇到我，你总是和其他孩子一样喊我一声"老师好"，只有跨出幼儿园大门时你才会喊我"妈妈"。我也专心地工作，在上班时间尽心陪伴班里的孩子们，不会特地去关照你。我们仿佛达成了一种默契，小小的你似乎也明白每个人在不同的场合有不同的身份。

　　老师说你是班里很让人省心的孩子，什么事情都可以自己独立完成。从你上小小班后，我辞退了家里的保姆，在家开始了更为独立的养育。2岁的你也开始独睡一个房间，短短几天就完全适应了。我依然在下班之后给你足够的陪伴，陪你看书、讲故事，陪你听音乐、涂鸦，陪你在公园、郊外玩耍。对小小的你来说有一片自由奔跑的场地，或者看看花鸟虫鱼，玩玩沙石、玩玩水，都已经很快乐了。因此在假期时我会经常带你去附近山清水秀的地方玩一玩。温州就有很多的美景，楠溪江、瑶溪、洞头等又近又美的地方都留下了我们欢快的回忆。平常的日子里，每天一大早我就拉着你的小手徒步20分钟到幼儿园，就这样走过了1460个日子，那条林荫道上留下多少我们的脚印？

你第一次背着书包穿上校服消失在校园的拐角处后，我依然在大门口远远地凝望。我们依然手牵手每天一起徒步到校园。我为你选择的是一所不对分数斤斤计较、学习氛围比较宽松的一流小学。学校的老师们也都很宽容、温暖，常常会给予个性化的欣赏与鼓励。我希望在小学阶段你除了学习学校规定的科目以外，能有多一些自由支配的时间，能做一些自己感兴趣的事。后来，不知是哪一天起你自己背着书包开始独自徒步上学，你快捷的脚步在人行道上越过密密麻麻的人群和车流，2190个日子也就飞快地一晃而过了。

如今你已经成为一名初中生。很幸运你又上了自己心仪的中学，来到一个同样温暖的新集体。可是学校离我们的家比较远，那段道路每天都严重地堵塞。为了你能早上多睡一会儿，不慌不忙地吃好早餐去上学，下午放学能早点到家，免受高峰时段挤车之苦，我果断地选择了把家搬到学校附近，每天你又可以轻松地步行上学去。中学的学习要比小学时辛苦许多，我不能帮你分担学业上的压力，只能尽力为你创设生活上的便利。也希望能常常分享你点点滴滴的快乐与收获，更希望当你偶尔失落难过时，我也能给你一点力所能及的安慰和疏导。

你第一次拿起画笔任性地涂鸦，那些杂乱的线条是最美的宣告。于是你跟着哥哥姐姐们度过无数个七彩的周末，那厚厚的画夹里有你斑斓的童年。稍大些时我也带你拜师学习，但为你选择的依然是可以表达个性的学习方式，而不是为了比赛和考级。朋友、亲戚、老师们看到你天真个性的画作甚是喜欢，常要了去装饰他们的家。上了初中之后，你可能已经很久没有随心所欲地把玩调色盘了，但我仍希望画笔一直是你无声的朋友，需要时可以让你心情明亮。虽然你现在已很少拿起画笔，但你可以在需要时抽空看着视频自学沙画，短短的时间内就可以在同学和老师面前淡定而出色地表演。相信每一种艺术形式的学习都是另一种学习的铺垫。看似简简单单的收获，其实是建立在无数次练习的基础上。学习艺术，不一定要将艺术当成职业，也很难成为艺术家，但相信艺术可以丰富我们的人生，充盈我们的心灵。艺术可以使我们在孤单的时候也不会觉得寂寞无聊。

十几个春夏秋冬，无数个记忆片段……此刻写下这些文字，一起轻轻珍藏！

未来的日子会怎么样？谁也无法知晓。愿你健康快乐地成长，从容地迎接生活中的各种挑战！随着你的成长，我也在努力成长！

妈　妈： 朱丽雅，从事幼教工作20多年，爱涂鸦，爱抹沙，爱创意，爱生活中的各种小美好。

孩　子： 儿子缪欣宸，已是一名高中生。看起来理智、温情、内敛，内心却浪漫、文艺。在繁忙的作业之余，只要有点空就会抱起吉他弹一曲。每周末也依然保留着与音乐、与美术相约的悠闲时光。

育儿理念

孩子小时候，妈妈是他的第一任老师，孩子长大了则处处是妈妈的老师！互相陪伴、一起成长！

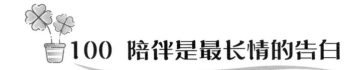

100　陪伴是最长情的告白

◎ 朱利峰

　　我始终相信，孩子的成长一定要有父母的陪伴，作为母亲，我毅然放弃了稳定的工作，选择了离家近的工作，能够随时随地照顾孩子。孩子是我首先考虑的对象，在教育孩子的问题上，我个人觉得孩子的品格、美德、身心健康很重要，内外兼修的美才是骨子里散发出来的真正的美。父母的一言一行是孩子模仿的对象，所以我和孩子他爸一直以身作则，时时、处处、事事严格要求自己，成为孩子学习的榜样，比如要求他吃饭扶着碗，那么我们首先自己端好碗；要求他碗里不要剩米粒，那么我们也绝不能剩饭。

　　芸妞刚学会走路时，经常摔跤，每次摔跤后都哇哇大哭，轩宝总是先把妹妹扶起来，然后帮她揉揉，用小手拍打着地，安慰妹妹："哥哥帮你教训过地了，下次不会摔跤了。"芸妞在学走路的过程中真的少不了哥哥的陪伴。爸爸抱着芸妞，抚摸着轩宝的头说："那又是谁把地给摔痛了，没有做错事的地又被谁打了一通，更疼了？"轩宝诧异道："爸爸，是我打的，可是……""你打的赶紧说声对不起。"轩宝很讶异，但是似乎又明白了什么，对着地说："对不起！"自此，孩子们多了一份责任和担当。在孩子的教育问题上，母亲的影响力总是会被先提到，而父亲对孩子的影响，似乎被淹没了，其实在孩子们的成长过程中，父爱的力量也是极为重要的。

　　每个孩子都是金子，要经常与孩子多沟通，找到孩子平时难以察觉的闪光点，大加赞赏并积极引导。轩宝还没上小学时，就特别爱记录一些他觉得有意义的事情，为了鼓励孩子多写，我每天下班到家总是先修改孩子的作文，指出错别字，写得不错的地方就用红色波浪线再加五角星的方式标注出来，并表扬他写得优美的地方。所幸感恩孩子能入读夏衍小学，并遇上翁吉英这样一位好的班主任兼语文老师，轩宝在翁老师的不断鼓励下，鼓足信心，不断天马行空地写出了很多想象力超群的作文。《拔牙歌》发表于《少年文学之星》；《中秋夜》发表于《少年文学之星》；《小蘑菇成长记》荣获第十一届"老百晓"杯全国小学生原创网络作文大赛二等奖；《鳄鱼和大象》荣获《少年作家》征文小奖赛三等奖……目前已经有10余篇文章获奖。

儿子看到自己的成绩，渐渐变得骄傲自负了，有一次在我面前滔滔不绝地炫耀他的成绩，"停！"爸爸毫不犹豫地阻止他的作为。"怎么？爸爸。""轩宝，荣誉很可贵，但是这些荣誉的背后，你看到了妈妈给予了多少？老师付出了多少？看似光鲜，但是一个不懂得感恩的人，拿着这些成果一味地炫耀自己，你不觉得那样一点都不光荣吗？"轩宝沉默了，转身对我说："谢谢妈妈！"相比孩子拿的奖状荣誉，我更希望我的孩子能诚实勇敢，善良有爱，敢于担当。

父母都希望孩子是全才，琴棋书画样样能，我们对轩宝也不例外，吉他、跆拳道、国画、书法……刚开始，我总是替他做决定，凡事学了就不能半途而废，但是看着投进去的钱得不到相应的收获，渐渐地，我也明白，应该尊重孩子的选择，由孩子去决定要与不要，因为一味地强求，只会让他更加反感、排斥，作为父母，应该顺其自然让孩子自己去发现兴趣所在。上了这么多的兴趣班，他却钟爱足球。我很不支持，总觉得会耽误他的学习，老公宽慰我说："我们引导得好，足球也可以成为他学习的一股动力，足球是兼具了理性和感性元素的运动，可以让人不自觉地理性思考，更好地释放负能量，同时也培养了孩子的团队精神。"此后，我们将轩宝的教育方式运用到了芸妞这儿就更加娴熟了，芸妞喜欢舞蹈、画画，非常有天赋。只要是孩子们有兴趣做的事情，我们应该尊重孩子的选择。

爱人者，人恒爱之。爱是人间最美的情感，因为有爱，生命才会有意义。我和孩子他爸一直投身于公益事业，所以轩宝和芸妞也是十足的公益小达人。每周末，我们家都会为小朋友们开展国学经典公益诵读活动，无论刮风下雨都一直坚持着。我们家还参加了为贫困山区小朋友捐书的活动、"平安护航

G20""倡导地铁文明出行""情系敬老院""爱心腊八粥"等活动，令我印象深刻的是"关爱聋哑儿童"的活动，他们的世界是无声的、寂静的，轩宝和芸妞同他们一起互动做游戏，一起跳舞，努力通过各种交流方式，引导他们开口，为生活在无声世界里的孩子送去丝丝温暖。

　　相信随着孩子的成长，我们与孩子的相处方式、沟通方式都会不断地发生变化，有一句话说"陪伴是最长情的告白"，就让我们陪伴我们的孩子一起成长吧！

妈　妈：朱利峰，一名社区基层的领导干部，主要从事妇女儿童教育创新工作。
孩　子：儿子轩宝10岁，三年级学生；女儿芸妞6岁，幼儿园中班在读。

育儿理念

　　让孩子们自由自在地享受童年，快快乐乐地成长，用爱心点亮生命，打好人生底色。

爱的纪念册

你几岁,
　　我就几岁

你几岁，
我就几岁